Landkreis München – ganz persönlich

LANDKREIS MÜNCHEN

ganz persönlich

Impressum

Herausgeber
neomediaVerlag GmbH
Goebelstraße 61/63, 28865 Lilienthal
Tel. 04298 93 33 9 - 0
info@neomedia.de
www.neomedia.de

Idee und Konzeption
Rainer Wendorff

Redaktion/Lektorat/Texte
neomediaVerlag GmbH
Christina Winter
Christian Rolke

Dagmar Zimmermann
Patrick Guyton
Juliane Braun

Grafik/Layout
Nele Eilts

Projektakquise
Benjamin Gläser
Julia Montag

Bildnachweis
Sebastian Gabriel: Seiten 6, 9, 16, 17, 18, 19, 20, 21, 28, 32, 33, 52, 53, 54, 55, 62, 63, 70, 73, 88, 89, 90, 111, 116, 129, 138, 139, 158, 159, 166, 167, 171, 172, 173, 175, 180, 181, 190

Robert Haas: Seiten 39, 44, 45, 46, 47, 56, 57, 66, 94, 95, 162, 163, 165, 204, 205

Doris Rohe: Seiten 5, 164; Mario Piera Balbastre: S. 11; Ewa Wiese Cloumedia: S. 12; Robert Sprang: S. 13; Klaus Leidorf: Seiten 15, 41, 213; markusreuterphotography: Seiten 26, 27; Josepha und Markus: Seiten 22, 23; philip-herzhoff-isenhoff: S. 29; Juli Eberle: S. 35; Photo anbe: S. 36; Michael Till: S. 37; JULIA SCHUBERT: Seiten 50, 51; Gerard Conners: Seiten 58, 59, 60; Rico Winkler: S. 61; Thomas Einberger: Seiten 68, 69; UniBwM, Institut für Systemdynamik und Flugmechanik: Seiten 71, 72; luis Zeno Kuhn: S. 74; laniz media: S. 75; Angela M. Schlabitz: S. 77; AFK Geothermie: S. 80; FFW Aschheim: S. 80; AschheiMuseum: S. 79, 81; Simone Hörmann: S. 82; LICHTSCHACHT - Studio für Fotografie Maisenhälder & Schwickerath GbR: S. 83; Gemeinde Gräfelfing: Seiten 38, 84, 85, 149, 176, 178, 179, 188, 189; C. Lechner: S. 91; E.Strabel, Sauerlach: S. 92; Markus Hurek: S. 96; Pia Steen: Seiten 97, 128, 151; Leonie Lorenz: Seiten 102, 103, 104, 105; ©BR/Werner Schmidbauer; in Lizenz der BRmedia Service GmbH: S. 108; Inke Franzen: S. 109; unrat.exxe, Kornwestheim: S.114; Kedrion S.p.A. in Bolognana, Italien: S. 117; Pascal Bünning: S. 118; Gisela Schenker: Seiten 120, 121, 122, 123; Martin Duckek: S. 126; Susanne Freitag: S. 127; Johannes Hegering: S. 130; Sexauer: S. 131; Kathrin Makowski: Seiten 132, 134, 135; Inlaicos: S. 133; Massimo Fiorito: S. 139; BRAUEREIGASTHOF HOTEL AYING: 140, 141, 142; Carina Pilz: S. 143; Andreas Leder: Seiten 146, 147; Thomas Lauer: S. 147; Marcus Schlaf: S. 148; Barbara Volkmer: S. 150; S2 Statement Media GmbH: S. 152; ASSMANN BÜROMÖBEL GMBH & CO. KG: S. 153; Dr. Isabel Thielen für InnoVision Grundstücksverwaltungsgesellschaft mbH: S. 153; Moni Lohr: S. 170; Markus Voelter: S. 174; Gemeindearchiv Gräfelfing: S. 177; A2 photography: S. 182; Susanne Krauss: S. 183; Max Ott: S. 185; Catherina Hess/Süddeutsche Zeitung Photo: S. 189; Kerstin Keysers: S. 194; TSV Neuried: Seiten 195, 196, 197; Jens Burde: Seiten 198, 199; Martin Brunner: S. 207; Benny Horne für Vogue Germany Juli 2020: Seiten 210, 211; Fam. Stegner privat: S. 212; Zeppelin GmbH/Kilian Bishop: S. 215

Porträt- und Firmenfotos stammen, soweit nicht anders vermerkt, von den jeweiligen Personen und Unternehmen.

Printed in Germany 2024

Das Manuskript ist Eigentum des Verlages.
Alle Rechte vorbehalten.

Dem Buch liegen neben den Beiträgen der Autoren Darstellungen und Bilder der Firmen und Einrichtungen zugrunde, die mit ihrer finanziellen Beteiligung das Erscheinen des Buches ermöglicht haben.

Druck
BerlinDruck GmbH + Co KG, 28832 Achim

Bibliographische Information der Deutschen Bibliothek

Die Deutsche Bibliothek verzeichnet diese Publikation in der Deutschen Nationalbibliographie; detaillierte Daten sind im Internet über http://dnb.dbb.de abrufbar.

ISBN 978-3-931334-99-4

Aus Gründen der besseren Lesbarkeit wird auf die gleichzeitige Verwendung verschiedener geschlechtlicher Sprachformen verzichtet. Sämtliche Personenbezeichnungen gelten gleichermaßen für alle Geschlechter.

Das Landkreisbuch „Landkreis München – ganz persönlich" wird herausgeben in einer Buchreihe der neomediaVerlag GmbH. Zu den jüngsten Veröffentlichungen zählen:

- Landkreis Schwäbisch Hall. Ein Landkreis – Viele Erfolgsgeschichten
- Der Ortenaukreis – im Herzen Europas
- Landkreis Tuttlingen – ganz persönlich
- Landkreis Ludwigsburg. Heimat – Verbunden
- Landkreis Breisgau-Hochschwarzwald – Verbindungen
- Zuhause im Oldenburger Münsterland – Der Landkreis Cloppenburg – ganz persönlich
- Landkreis Fürstenfeldbruck – ganz persönlich
- Kreis Düren – ganz persönlich

Weitere Bücher in dieser Reihe finden Sie unter: www.landkreisbuch.de

Inhalt

10	**Eine vielstimmige Liebeserklärung an den Landkreis München** Vorwort
12	**Wie lockt man eine Berlinerin nach Ismaning?** Nicole Belstler-Boettcher
16	**Mit Luft und hoher Präzision zu feinster Technik** AeroLas GmbH
18	**In Oberschleißheim eine neue Heimat gefunden** Peter Benthues
22	**Eine Brücke zwischen Historie und moderner Welt** AGROB Immobilien AG
24	**Drei Generationen, unzählige Projekte und eine Heimat** Albert Hauptstein Bauunternehmung GmbH & Co. KG
26	**Ich bin dankbar dafür, diesen Ort meine Heimat nennen zu können** Corinna Binzer
29	**Schrott gehört hier nicht zum alten Eisen** ALFA Rohstoffhandel München GmbH
30	**Modernste Arbeitswelten bei der Allianz** Allianz Campus Unterföhring
32	**Mit Sicherheit immer im Einsatz** ASM Fernmeldegeräte
34	**Mit der asuco machen Anleger das Rennen** asuco Fonds GmbH
35	**Ein Traditionsunternehmen des kommunalen Wohnungsbaus** Baugesellschaft München-Land GmbH
36	**Meine wiedergewonnene Heimat hier gefunden** Harry Blank
39	**Viele Stoffe, leuchtende Farben, und nichts brennt** bautex-stoffe GmbH
40	**Zentrum der bayerischen Tenniswelt** Bayerischer Tennis-Verband e.V.
42	**Alles fußt auf einem bodenständigen Fundament** Brauereigasthof Hotel Aying

44	Unser Leben hier ist stinknormal. Und das ist wunderbar.
Paul Breitner	58	Im Ort nennt man mich den „Gentleman of the Blues"
Gerard Conners
48	Elektronische Bauteile für die ganze Welt
Bürklin GmbH & Co. KG	62	Berthold Michels lässt Daten rasen
Comtel Electronics GmbH
50	Generation um Generation in Meisterhand
Central-Reinigungs-Anstalt für Glas und Gebäude Wilhelm Greiner GmbH & Co. KG	64	Systeme für sichere Abgasreinigung
CS CLEAN SOLUTIONS GmbH
52	Was führt eine Amerikanerin nach Haar?
Fancher Brinkmann	67	Seit über 24 Jahren im Einsatz
Daily Shine GmbH
54	Empfindliche Güter in sicheren Händen
Claus Spedition GmbH	68	Grüne Transformation – von Garching bis in die USA
Deutsche Pfandbriefbank AG
56	Elektronik mit Herz und Verstand
Components at Service GmbH	70	Fahrzeugen das dynamische Sehen beibringen
Prof Dr. Ernst Dieter Dickmanns
		73	Vielfältige Ausbildung in Sachen Bier und Geschmack
Doemens
		74	Die Seen in Unterschleißheim sind heilige Orte für mich
Castro Dokyi Affum
		76	Der Königsweg der Kaskadenfermentation
Dr. Niedermaier Pharma GmbH
		78	Athene, Erste Hilfe und die Geothermie in Aschheim
Helmut J. Englmann
		83	Boutique-Beratung zum Wohlfühlen
Enghofer Koch Consulting GmbH

84	Gräfelfing ist herrlich vielfältig und erfreulich unterschiedlich Florian Ernstberger	112	Der Müllradler von Aying genießt und schützt die Natur Roman Hackl
86	Der Erfolg eines Tüftlers und einer Bankkauffrau ETTINGER GmbH	115	Family first – wir sind mehr als eine Firma Josef Randlshofer & Sohn Hoch- und Tiefbauunternehmen GmbH
88	Von Traumplätzen und braven Wildschweinen Julie Fellmann	116	Die Brücke in ein neues Leben Kedrion Biopharma GmbH
92	Ein halbes Jahrhundert Qualität und Innovation aus Sauerlach Gruber Holding	118	Der kleine Charly in Venedig Jeanette Hain
94	Von Gräfelfing aus weltweit die Zellen im Fokus ibidi GmbH	120	Was aus einer Münchner Apotheke entstand Kyberg Pharma Vertriebs-GmbH
96	Es hat viele Vorzüge, in einer kleineren Gemeinde zu leben Jan Fleischhauer	124	Gräfelfing – das Superding ist geblieben Brigitte Hartl
98	Im Dienst für die Sicherheit – von Technik und Gesellschaft Industrieanlagen-Betriebsgesellschaft mbH	126	Ein Übriges tun – gelebtes Unternehmensmotto seit 1973 LHI Leasing GmbH
102	Kunst und Kultur bestimmen mein Leben Hajo Forster	129	Es menschelt im Hightech-Alltag MHR Vertriebs- und Service GmbH
106	Ismaninger Markenzeichen im Medienbereich JANUS Productions GmbH	130	Garching, Universitätsstadt mit dörflichem Charme Prof. Dr. Heinz-Gerd Hegering
108	In Neuried kann ich ungefiltert so sein, wie ich bin Andreas Geiss	132	Ein Hort der Schönheit und Sicherheit Brigitte Hobmeier

136	Der einmalige Spirit von Wartenberg msg systems ag	158	Ein Wissen, das es nicht in Lehrbüchern gibt ProPack AG
138	Facettenreiche Leistungen für eine lebenswerte Umgebung Müller-BBM AG	160	Familienunternehmen in bereits vierter Generation Richard Anton KG
140	Wir leben und arbeiten dort, wo andere Urlaub machen Angela Inselkammer und Franz Inselkammer Senior	162	Mit kleinen Gesten Großes bewegen Isabell und Dominik Klein
144	Internationale Kontakte und familiäre Herzlichkeit Münchner Mineralientage Fachmesse GmbH	166	In Unterschleißheim lagert tonnenweise Federleichtes ROHDEX GmbH & Co. KG
146	Freude an Sang und Klang für alle Generationen Musikschule Ismaning e.V.	168	Mit Herz, Hand und Verstand zum Schulabschluss Rudolf-Steiner-Schule Ismaning Freie Waldorfschule e.G.
148	Gräfelfing muss man einfach erleben! Dr. Dirk Ippen	170	Die ersten Versuche erinnern an schwangere Regenwürmer Kathie Knuth
150	Das Bauchgefühl sprach eindeutig für Pullach Bibi Johns	174	Schweres heben. Großes bewegen. Zukunft gestalten. Schmidbauer GmbH & Co. KG
152	Gebäude, Labore und Büros auf Maß geschneidert mw büroplanung GmbH	176	Mein wunderschönes Gräfelfing, meine Heimat Sonja Mayer
154	Der vielseitige Durststiller für Südbayern Orterer Getränkemärkte GmbH	180	Kompetentes Wirtschaften im sozialen Bereich Schwan & Partner GmbH
156	Entwicklung der Gemeinde mit Blick auf die Gesamthistorie Rolf Katzendobler	182	Auf dem Land bist du weder Jet- noch Trendsetter Sophie Pacini
		184	Planegg als Lebenszentrum und Kraftort zugleich Harald Puetz

186	Der Heimat und der Tradition verbunden SLPN GmbH & Co. KG
188	Mein Gräfelfing – eine Gemeinde im Gleichgewicht Dr. Eberhard Reichert
191	Synergie aus Tradition und Fortschritt SPINNER Werkzeugmaschinenfabrik GmbH
192	IT-Begeisterung von Kindesbeinen an Steigauf Daten Systeme GmbH
194	Ein lebenswerter Ort mit kurzen Wegen Dr. Oliver Schulze Nahrup
198	Eine traditionsreiche Manufaktur für Zahnarztwünsche ULTRADENT Dental-Medizinische Geräte GmbH & Co. KG
200	Als Tennisprofi war Riemerling mein Ruhepol Hansjörg Schwaier
202	Tradition und Moderne ideal miteinander verbunden VR-Bank Ismaning Hallbergmoos Neufahrn eG
204	Die Blaskapelle ist aus meinem Leben nicht mehr wegzudenken Florian Sepp
206	Der kulturelle Glanz entstand in der Aula der Schule Peter Settele
208	Als Komplettentsorger unterm Radar und doch präsent Wittmann Entsorgungswirtschaft GmbH
210	Ich habe die Brotzeit nach New York gebracht Julia Stegner
214	Abgehoben und doch immer auf dem Boden geblieben Zeppelin GmbH
216	Übersicht der PR-Bildbeiträge

Eine vielstimmige Liebeserklärung an den Landkreis München

Was bedeutet es, im schönen Landkreis München zu Hause zu sein? „Hoamat is' a Gfui" – so fasst es Corinna Binzer zusammen. Andreas Geiss antwortet: „Für mich ist Heimat der Ort, an dem ich mich wohl- und aufgenommen fühle. An dem ich ungefiltert so sein kann, wie ich bin." Castro Dokyi Affum definiert Heimat „über die Leute und die Verbindungen, die entstehen."

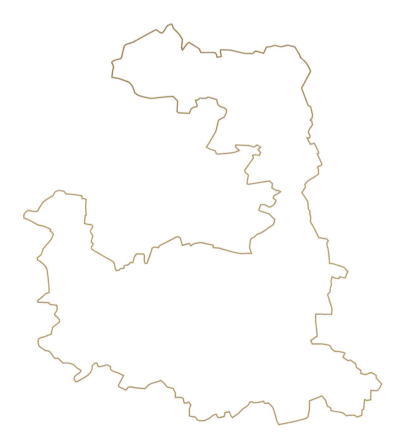

So unterschiedlich das Verständnis des Begriffs „Heimat" ist, so vielseitig sind auch der Landkreis und seine Gemeinden selbst. All diese Facetten bringt das Buch „Landkreis München – ganz persönlich" in einem beeindruckenden Repräsentationsband zusammen.

Lassen Sie uns gemeinsam auf die Reise gehen und „Heimat" in liebevollen Zeilen und Bildern erleben. Im Mittelpunkt stehen dabei die Menschen der Region: Namhafte Persönlichkeiten, die mit uns ihre ganz eigene Verbindung zur Region teilen. Zusammen wandeln wir auf den Spuren ihrer Vergangenheit, spazieren durch die beeindruckende Landschaft ihrer Gemeinde und spüren die Energie der Gemeinschaft. Innovative Unternehmerinnen und Unternehmer, die Großes im Landkreis bewirken und ihn mit ihrem Handeln individuell bereichern, stellen ihre Visionen und Werte vor.

Mit den Geschichten und Erinnerungen erschaffen wir gemeinsam eine vielstimmige Liebeserklärung, eine Ode an die Schönheit, Vielfalt und Kraft der Region. Dieses einmalige Gefühl von Zugehörigkeit und Wertschätzung ist in der Gemeinschaft aller beteiligten Projektpartnerinnen und Projektpartner entstanden. Denn dieses beeindruckende Werk würde ohne deren großartige Zuarbeit und das entgegengebrachte Vertrauen heute nicht in Ihren Händen liegen.

So möchten wir den engagierten Gemeinden des Landkreises München danken: Sie haben unsere Buchidee mit offenen Armen und Ohren empfangen und uns bei der Konzeption mit wertvollen Kontakten zu spannenden Persönlichkeiten unterstützt. Den Autorinnen und Autoren des Landkreisbuchs möchten wir herzlich für

Das Projektteam von „Landkreis München – ganz persönlich":
(v. li.) Christian Rolke, Benjamin Gläser, Christina Winter, Thorben Wendorff, Yahya Tüfekciler, Yannick Schäfer, Maren Stoppel, Julia Montag und Nele Eilts

ihr Vertrauen danken: Danke, dass Sie Ihre ganz persönliche Motivation, im Landkreis München zu wurzeln, mit uns geteilt haben.

Die beeindruckenden Zeilen und Fotoaufnahmen in diesem Werk sind teils in Eigenregie, teils mit der Unterstützung unserer motivierten Redakteurinnen und Redakteure sowie Fotografinnen und Fotografen entstanden. Und so möchten wir uns zum einen bei unseren freien Mitarbeitenden und zum anderen bei den Mitgliedern unseres Projektteams für ihre Energie und Mühen bedanken.

Liebe Leserin, lieber Leser, wir wünschen Ihnen mit unserem Buch „Landkreis München – ganz persönlich" viele inspirierende Momente und hoffen, dass Sie beim Stöbern und Entdecken ebenso viel Freude haben werden, wie wir bei der Konzeption und Ausarbeitung des Projekts.

Herzliche Grüße
Ihr Projektteam

Wie lockt man eine Berlinerin nach Ismaning?

Nicole Belstler-Boettcher

geb. 1963 in Berlin, zwei Töchter | 1979 - 1981 durchgehende Hauptrolle in der Serie „Was sich liebt, das neckt sich" | 1986 Windsurfing für „F2" auf Sardinien | 1986 Freie Fernsehredakteurin BR, Studium Germanistik, Philosophie und Kunstgeschichte | 1994 - 2011 durchgehende Hauptrolle in „Marienhof" (ARD) | versch. TV-Produktionen, u. a. Tatort, Traumschiff, SOKO Stuttgart und SOKO München | Schauspielerin Komödie Frankfurt, Komödie im Bayerischen Hof in München, Kleine Komödie am Max II in München, Theater am Dom in Köln, Theater an der Kö in Düsseldorf, Contra-Kreis-Theater in Bonn und Komödie am Altstadtmarkt in Braunschweig | seit 2018 Synchronsprecherin von „Big Mom" in der Animeserie „One Piece"

Wenn eine waschechte Berlinerin nach Bayern zieht, dann muss es die große Liebe sein oder ein verdammt schöner Fleck Erde. Als meine Mama Grit Boettcher endlich mit meinem Papi zusammenkam, war schnell klar, dass Bayern der Standort, das Zentrum ihres Lebens und Liebens werden würde. Über ihre Liebesgeschichte zu schreiben, würde jetzt zu weit gehen, das lässt sich in der Biografie der Mama nachlesen, ich konzentriere mich heute auf unsere Heimat seit den 70er-Jahren: Ismaning.

Meine Eltern hatten also beschlossen, in München zu bleiben. Die Landeshauptstadt war auch damals schon recht teuer, und so haben sich die beiden ins Auto gesetzt, die Isar und die Vororte abgefahren, um ein bezahlbares, schönes Bauland zu finden. Das absolute Herzensgrundstück entdeckten sie direkt an der Isar.

Leider verstarb mein Vater Dr. Wolfgang Belstler kurz nach dem Kauf des Grundstücks, aber glücklicherweise hatte meine Mama den Wunsch und Willen, ihren und Papis Lebenstraum zu Ende zu bringen. Damit meine Mama den Rücken frei hatte, um die Finanzierung zu stemmen, wuchs ich zunächst bei meiner Omi in Berlin auf.

Und Mama hat das Unmögliche geschafft: Trotz insolventer Bauträger hat sie unser wunderschönes Zuhause erschaffen, und so zog meine Mama im Jahr 1972 in das Haus, in dem wir noch heute wohnen. Meine Omi und ich zogen drei Jahre später aus Berlin hinterher. Und so begann unser Leben, begleitet von Hunden und Katzen, am idyllischsten Platz in Ismaning.

Ich besuchte das Gymnasium in Garching mit dem sicherlich nicht niedrigsten Niveau, aber der morgendliche Schulweg mit dem Fahrrad durch die Isarauen war für mich unschlagbar. Als Kind und Jugendliche habe ich die beiden Orte als unerschöpfliche, glücklich machende Outdoorspielstätten wahrgenommen. Es gab zwei wunderschöne türkise Seen etwas abseits vom Weg – sie waren dadurch nur schwer zugänglich und absolute Geheimtipps, die aber leider der übereifrigen Begehung zum Opfer gefallen sind. So geheim waren die beiden Seen scheinbar doch nicht. Heute sind von den magischen Gewässern leider nur noch tote Tümpel mit Spazierwegen übrig geblieben.

Trotzdem sind die Isarauen nach wie vor eine wunderschöne Landschaft mit vielseitigen Gassiwegen – übrigens wirken tägliche Spaziergänge mit den Hunden lebensverlängernd. Selbst dann, wenn man den oft übereifrigen, leider ziemlich rücksichtslosen Fahrradrasern, die allerdings fast nie aus Ismaning stammen, durch beherzte Sprünge zur Seite ausweichen muss – meine Mama möchte deswegen nicht mehr an der Isar spazierengehen. Die Kids sind aber meistens sehr umsichtig auf ihren Zweirädern unterwegs, und ich finde es sehr spannend, den Mini-Bikern auf der selbstgebauten Bahn neben dem Rodelhügel bei ihren waghalsigen Sprüngen zuzusehen. Sehr cool, dass auch die heutige Jugend die Isar für tolle Outdoorspiele nutzt.

Spaziergänge im Ismaninger Moos kann ich ebenfalls sehr empfehlen – ruhig, schön und keine Fahrradraser, selbst eine Lamaherde kann man dort finden. Wenn die Mama nicht spazierengehen mag, setzt sie sich in unseren Garten, schaut den vorüberlaufenden Hundebesitzern zu und beobachtet die Isar, die man zumindest im Winter bei spärlicher Belaubung vom Garten aus sehen kann. Gerne trifft man sie auch im Ismaninger Biergarten, früher besuchte sie das Seniorenheim, um den Bewohnern vorzulesen. Seit Corona hat sie sich angewöhnt, mehr Zeit zu Hause zu verbringen, unterhält sich aber über den Gartenzaun mit den Spaziergängern – so kommt die Gemeinde ein Stück weit zu uns nach Hause.

Wir schätzen an Ismaning, dass wir alles haben, was wir brauchen: Die Mama saust gerne mal mit ihrem Radl zu unserem „Benz Haushaltswarenladen" – dort findet man alles, was man fürs Haus benötigt. Man kennt sich, und man hilft sich, in den meisten Geschäften kenne ich die Angestellten beim Vornamen, und natürlich haben meine Töchter auch den Ismaninger Kindergarten in der Dorfstraße und die Grundschule am Kirchplatz besucht – in diese Schule ging übrigens auch mein Bruder Tristan.

Wenn ich doch nach München fahre, genieße ich die hervorragende Anbindung. Als wir in die Gemeinde zogen, waren das Unternehmen „Specht Konserven" und die Fliesenfabrik „Agrob" mit ihren wundervollen Anfertigungen, die auch in unserem Haus noch teilweise vorhanden sind, die bekanntesten Attraktionen von Ismaning. Heute befinden sich auf dem ehemaligen Gelände der Agrob überwiegend Fernsehproduktionsfirmen. Nicht zuletzt durch diese Entwicklung, die S-Bahn-Anbindung, die Nähe zur Autobahn – nach München braucht es nur 20 Minuten mit dem Auto – und zum Flughafen ist Ismaning eine beliebte, nicht ganz günstige Kleinstadt geworden.

Trotzdem zeichnet sich die Kommune durch einen bemerkenswerten Zusammenhalt aus. Als die Isar 2005 starkes Hochwasser führte und unser Bach dadurch extremen Rückstau hatte, der die Häuser in Ufernähe erwischte, war die Freiwillige Feuerwehr sofort zur

Das Rathaus in Ismaning

Stelle und hat mit Sandsäcken versucht, Schlimmeres zu verhindern. Ich erinnere mich noch daran, dass ich aus dem Wintergarten das eingelaufene Wasser schippte, als das Katzenfutter auf einem Tablett mit einer Welle Grundwasser aus der Küche angespült wurde. Wir mussten das Haus leider komplett renovieren und die Wände drei Monate lang trocknen lassen – netterweise durften wir alle betroffenen Einrichtungsgegenstände auf dem Wertstoffhof entsorgen, die Ismaninger halten einfach zusammen. Auch der Burschen- und Deandlverein Ismaning organisiert viel für die Gemeinschaft, Sport und Spaß gibt es über die Bergfreunde.

> Als Kind und Jugendliche habe ich die beiden Orte als unerschöpfliche, glücklich machende Outdoorspielstätten wahrgenommen.

Kulinarisch hat Ismaning auch einiges zu bieten, gerne gehen wir zum authentisch-urigen „Spicy Thaifood", Gäste über 80 Jahre können in diesem Restaurant

> Ismaning hat also einiges zu bieten – von Kunst über Kultur bis Kulinarik. Die Lebensqualität lässt sich mit den schönen Seniorenresidenzen bis ins Alter genießen.

Blick in die Vergangenheit: Grit Boettcher und Nicole Belstler-Boettcher

kostenlos essen – eine wundervolle Geste gegenüber armen Rentnern.

Natürlich kann man auch hervorragend bayerisch oder italienisch essen, denn wir haben eine relativ große Auswahl an Restaurants und Biergärten. So sitze ich im Sommer gerne im Biergarten des Gasthofs „Zur Mühle".

Wer etwas erleben möchte, dem empfehle ich das Bauerntheater in Ismaning – bei den Aufführungen spürt man die Liebe und den Enthusiasmus aller Mitwirkenden, die Mama lobt alle Beteiligten immer sehr – und das will was heißen. Auch die kulturellen Programme sind bemerkenswert. Immer einen Besuch wert sind auch das Kallmann-Museum, die temporären Lichtskulpturen im Schlosspark, die Konzerte und Lesungen im Schlosspavillon, der Eisweiher und seine zeitweisen Installationen und das schöne Ismaninger Schloss, in dem heute das Rathaus beheimatet ist.

Ismaning veranstaltet auch ein eigenes Volksfest mit vielen Attraktionen wie etwa einem Oldtimerkorso durch die Kommune – dort sind wir mit unserem Mercedes Oldtimer-Cabrio auch schon mitgefahren, ein Riesenspaß. Und alle zwei Jahre findet im „Prof. Erich Greipl Stadion" – ja, wir haben in Ismaning ein eigenes Fußballstadion – das Greipl Charity Sommerfest meiner Ismaninger Freundin Saskia Greipl statt.

Ismaning hat also einiges zu bieten – von Kunst über Kultur bis Kulinarik. Die Lebensqualität lässt sich mit den schönen Seniorenresidenzen bis ins Alter genießen. Sicherlich gibt es noch einiges mehr, als ich jetzt preisgegeben habe, aber ein paar Geheimtipps sollen auch Geheimtipps bleiben.

Wir sind richtig glückliche Ismaninger, die wahnsinnig gerne hier leben. Mittlerweile kommen im Sommer meine Freunde aus München raus an den Isarstrand, da er einfach schöner und leerer als in der Stadt ist.

Mit Luft und hoher Präzision zu feinster Technik

Wir atmen Luft, pumpen mit ihr einen Fahrradschlauch auf oder erzeugen mit ihr mittels einer Windanlage Strom. Luft ist aber auch ein Gasgemisch, mit dem bei Antriebssystemen insbesondere für die Elektronik und Mikroelektronik eine „Revolution" erreicht wurde. So bezeichnet es Michael Muth, der Gründer, Inhaber und Geschäftsführer der Firma AeroLas GmbH in Unterhaching.

Luftlagertechnik ist das Schlüsselwort für die Lösungen, die das Unternehmen erforscht, entwickelt und produziert. Muth erklärt die Funktionsweise auf eine vereinfachte Art: Beim menschlichen Körper arbeiten Muskeln und Gelenke zusammen. Auch bei Antrieben für Präzisionsmaschinen wie beispielsweise Schleifspindeln oder Wafersägen befinden sich bewegliche und unbewegliche Komponenten im Wechselspiel. Um die dabei entstehende Reibung zu verringern, verwendet man sehr häufig Kugellager oder Schmieröl.

AeroLas hingegen setzt auf eine andere Technik, von der mittlerweile mehr als 100 Patente erteilt wurden: auf teils winzig kleine Lager aus Luft zwischen den einzelnen zueinander bewegten Teilen der Maschinen. Düsen blasen Luft in einen sehr schmalen Zwischenraum, um die Berührung und Reibung zu verhindern – die Luft fungiert als eine Art Gelenkschmiere. „Die Dynamik und die Genauigkeit sind dabei viel höher als bei allen anderen Methoden", so Michael Muth.

Wenn der AeroLas-Gründer über die Luftlager spricht, spürt man weiterhin die Begeisterung, die ihn Mitte der 1990er-Jahre als Maschinenbauer an der Technischen Universität München (TUM) erfasst hat. Damals hat er gemeinsam mit anderen Forschern an der Technik gearbeitet, getüftelt und gefeilt. 1997 wurde AeroLas als Spin-off der TUM gegründet – die von Muth mitentwickelte Luftlagertechnologie wurde die Grundlage des Unternehmens, das sich aus der Universität München ausgliederte und in die Selbstständigkeit begab. Wichtigster Förderer an der TUM war Joachim Heinzl, langjähriger Professor für Feingerätebau und Mikrotechnik.

Michael Muth, Gründer, Inhaber und Geschäftsführer von AeroLas

Dass es mit dem Spin-off vor allem in den ersten Jahren alles andere als reibungslos lief, erzählt der Unternehmer freimütig. Kleinere Neugründungen haben es seiner Erfahrung nach anfangs schwer, größere Unternehmen als Geschäftspartner zu gewinnen. Diese sind aber überlebenswichtig, da die Produkte sonst nicht in einer höheren Stückzahl hergestellt werden können.

Trotz zahlreicher Rückschläge dachte Michael Muth niemals daran, aufzugeben und in die Wissenschaft zurückzukehren. Nicht einmal, als er eine Absage für ein erstes großes Projekt, bei dem ein Weltraumteleskop auf einem Gelenk gelagert werden sollte, erhielt. Ingenieure großer Firmen waren zu Beginn immer der Meinung, dass die Luftlagertechnologie nicht funktioniere. Doch Muth ist ein Kämpfertyp – „jetzt erst recht" lautete fortan seine Devise.

Heute gibt es kaum noch Zweifel an der Technik, und AeroLas ist inzwischen auf über 30 Beschäftigte angewachsen. Michael Muth bezeichnet sein Unternehmen als „Denkschmiede", sie ist das Zuhause von hoch qualifizierten Akademikern. Dazu gehört etwa der 44 Jahre alte Maschinenbauer Dr. Ran Zhang, der 2003 von China nach Deutschland kam. Am Computer entwickelt er derzeit einen speziell gewünschten luftgelagerten Antrieb im Auftragswert von 500.000 Euro, der den individuellen Wünschen eines Kunden aus der Halbleitertechnik entspricht. Neben seiner Entwicklungskompetenz ist Dr. Ran Zhang als Muttersprachler wichtig für die Kundenbetreuung, denn die meisten Auftraggeber kommen aus Asien. So liefert der Betrieb im Monat Hunderte von Produkten an zahlreiche Kunden, darunter der weltgrößte Halbleiterkonzern Samsung mit Hauptsitz in Südkorea. Auch der US-amerikanische Pharma- und Biotechkonzern Pfizer ist ein wichtiger Kunde, der Schlüsselprodukte von AeroLas in Single Source einsetzt. Die Produktion der Hochtechnologieprodukte wurde inzwischen in eine Zweigstelle nach Aying ausgelagert. Michael

Die mehr als 30 Beschäftigten des Unternehmens entwickeln und fertigen auch individuelle Kundenwünsche – überwiegend für Auftraggeber aus Asien

Muth sieht seine Firma technologisch als Weltmarktführer und Pionier der Luftlagertechnologie.

> Michael Muth bezeichnet seinen Betrieb in Unterhaching als „Denkschmiede", sie ist das Zuhause von hoch qualifizierten Akademikern.

Dennoch gelten die Fertigungen weiterhin als Nischenprodukt: „Viele Kunden müssen noch überzeugt werden, aber wir sind auf dem besten Weg. Mein Ziel ist es, dass der Luftlagertechnik in der breiten Masse der Durchbruch gelingt. Die Produkte funktionieren mit all ihren Vorteilen – mein Unternehmen ist ein Laden voller Diamanten, die es alle zu schleifen gilt." Mit 64 Jahren denkt Muth daher auch keinesfalls ans Aufhören.

AEROLAS GMBH
Grimmerweg 6
82008 Unterhaching

www.aerolas.de

In Oberschleißheim eine neue Heimat gefunden

Peter Benthues

geb. 1937 in Zobten am Berge | 1946 Vertreibung aus Polen | Schulzeit in Elze (Niedersachsen) | 1958 Abitur in Hildesheim | 1958 - 1960 Militärdienst; Austritt als Leutnant der Reserve | ab 1960 Jurastudium in Tübingen, Berlin und Würzburg | 1965 Heirat mit Dr. Brigitte Benthues | 1970 - 1974 Tätigkeit im Bayerischen Staatsministerium des Innern in München | 1974 - 2002 Verwaltungsleitung des Landesuntersuchungsamtes für das Gesundheitswesen Südbayern als Leitender Regierungsdirektor | 1981 Umzug nach Oberschleißheim | vielfältiges soziales und politisches Engagement | 2012 Verleihung des Bundesverdienstkreuzes | vielfaches kirchliches Engagement

Gern komme ich der Bitte von Bürgermeister Markus Böck nach, meine Beziehungen zu meinem jetzigen Heimatort Oberschleißheim wiederzugeben. Dabei wohne ich erst 45 Jahre hier in diesem wunderschönen Ort im Norden von München, aber ich habe mich mit meiner Familie in wunderbarer Weise bestens eingelebt und fühle mich mit Oberschleißheim heimatlich verbunden.

Ich wurde 1937 in Zobten am Berge, einer kleinen Stadt nahe von Breslau in Niederschlesien, als viertes von sechs Kindern geboren. Hier verlebte ich eine sehr glückliche Kindheit, bis wir im Jahr 1946 von dort vertrieben wurden. Meine Schulzeit verlebte ich in Elze, wo mein Vater als vertriebener Rechtsanwalt und Notar schon 1951 zum Bürgermeister gewählt wurde. Leider erlag er aber schon ein Jahr später mit 49 Jahren bei einer Rede vor rund 10.000 Menschen einem Herzinfarkt.

Nach meinem Jurastudium wurde ich 1970 ins Bayerische Staatsministerium des Innern in München versetzt und war hier in der Gesundheitsabteilung und im Ministerbüro tätig. Der Bayerische Innenminister Dr. Bruno Merk beauftragte mich 1974 mit der Leitung der Verwaltung des neu geschaffenen Landesuntersuchungsamtes für das Gesundheitswesen Südbayern. Hier war ich bis zu meiner Pensionierung im Jahr 2002 tätig und besonders auch mit der Neuorganisation und der Zusammenführung der Fachbereiche für Medizin, Chemie und Tiermedizin und dem Neubau in Oberschleißheim beschäftigt, meine ersten Berührungspunkte mit meiner heutigen Heimat.

Es gelang mir, in Oberschleißheim ein Grundstück zu erwerben, und ich zog mit meiner Familie 1981 in unser neues Domizil. Hier konnte meine Frau eine Praxis als Allgemeinmedizinerin eröffnen, die sie bis zu ihrem Ruhestand 2006 als sehr beliebte Ärztin im Ort führte. Leider verstarb sie 2020 nach längerer Krankheit.

Der Umzug nach Oberschleißheim war für mich persönlich ein Highlight. Nach elf Jahren München mit allen Vor- und Nachteilen sehnte ich mich nach einem überschaubaren, persönlichen Umfeld, was ich in Oberschleißheim schon vor dem Umzug in idealer Weise vorfand: die Nähe zur Großstadt mit ihrem großen Kulturprogramm, die guten Verkehrsverbindungen mit S-Bahn und Autobahn, nahe den geliebten Bergen und der Arbeitsplatz gleich um die Ecke. Beruflich hatte ich schon viele Menschen hier kennen- und schätzen gelernt, sodass uns unser Einleben nicht allzu schwerfiel. Bald konnte ich dem oft zitierten Spruch von Bürgermeister Hermann Schmid voll beipflichten: „Oberschleißheim ist die schönste Gemeinde Bayerns, wenn nicht sogar Europas."

Zunächst trugen die drei Schlösser mit dem wunderschönen Schlosspark, die Ruderregatta, der Berglwald oder die Landschaft in Badersfeld großen Anteil daran, sich bald heimisch zu fühlen. Aber wesentlichen Anteil hatten die Menschen in Oberschleißheim, die es uns so leicht gemacht haben, hier endgültig Wurzeln zu schlagen.

Es war wohl ein väterliches Erbe, dass ich mich gern politisch, sozial, kirchlich und kulturell schon an den früheren Orten meines Lebens engagierte. So war ich

Die historische Jakobuskapelle auf dem Friedhof Hochmutting

in München-Laim schon fast zwölf Jahre im Bezirksausschuss und in der katholischen Kirche aktiv. In Oberschleißheim fand ich bald genau die Betätigungsfelder, die mir in meinem Engagement auch wichtig waren.

Neben dem Beruf im Landesuntersuchungsamt bemühte ich mich deshalb bald, mich in die örtliche Gemeinschaft einzubringen. So war ich über 30 Jahre Vorsitzender des Pfarrgemeinderates der katholischen Pfarrei St. Wilhelm. Hier gelang es mir, dass die Kirche St. Wilhelm 1985 einen Kirchturm erhielt. Die Gründung eines Fördervereins St. Wilhelm vor mehr als 20 Jahren ging auf meine Initiative zurück. Ich war Mitbegründer des Kranken- und Altenpflegevereins, in dem ich jetzt noch im Vorstand tätig bin. Auf Initiative des damaligen Bürgermeisters Hermann Schmid wurde der Verein „Freunde von Schleißheim" gegründet, in dem ich von Anfang an, heute als stellvertretender Vorsitzender, im Vorstand sitze und als Mitglied der Barockgruppe ein wenig dazu beitragen kann, die historische Bedeutung Oberschleißheims lebendig zu machen.

Als die historische Jakobuskapelle auf dem Friedhof Hochmutting zu verfallen drohte, beantragte ich im Gemeinderat die Gründung eines Fördervereins, dem ich mit der Altbürgermeisterin Elisabeth Ziegler seitdem als 2. Vorsitzender vorstehe. Uns gelang es, die Restaurierung dieser Kapelle zu Ende zu bringen, sodass Kardinal Marx sie im Juli 2022 wieder ihrer Bestimmung übergeben konnte.

> Der Umzug nach Oberschleißheim war für mich persönlich ein Highlight. Nach elf Jahren München mit allen Vor- und Nachteilen sehnte ich mich nach einem überschaubaren, persönlichen Umfeld, was ich in Oberschleißheim schon vor dem Umzug in idealer Weise vorfand.

Politisch engagierte ich mich von Anfang an im CSU-Ortsverband. 1990 wurde ich erstmals in den Gemeinderat von Oberschleißheim gewählt, dem ich noch immer angehöre. Da kurz danach der 2. Bürgermeister Max Gaul verstarb, übernahm ich gleich zu Beginn das Amt des Fraktionsvorsitzenden. Bei der Kommunalwahl 1996 wurde ich erstmals in den Kreistag des Landkreises München gewählt, dem ich bis 2008 angehörte.

> Mit dem Krieg in der Ukraine konnte ich einer Familie aus Kiew in meinem Haus ein Zuhause geben und erlebe dabei wunderbare Menschen, mit denen ein Zusammenleben auch für mich eine große Bereicherung darstellt.

Als Bürgermeister Schmid bei der Kommunalwahl 1996 überraschend nicht mehr kandidierte, überredete mich die CSU, mich als Bürgermeisterkandidat zur Verfügung zu stellen. Meine Frau war zwar nicht begeistert, aber dennoch stellte ich mich der Aufgabe. Erst in der Stichwahl unterlag ich der Bürgermeisterkandidatin der SPD, Elisabeth Ziegler – übrigens zur Freude meiner Frau. Das hinderte mich aber nicht, mich weiterhin für die Gemeinde einzusetzen. So engagierte ich mich von Anfang an auch dafür, die Schwachstellen der Gemeinde zu beseitigen wie das Fehlen eines Seniorenheimes oder die verkehrliche Situation. Ich trat der Bürgerinitiative „Bahn im Tunnel" bei, die ich später 15 Jahre lang leiten durfte.

Mein soziales Engagement zeigt sich auch in meiner anfänglichen Mitwirkung im Helferkreis zur Betreuung der Flüchtlinge im Jahr 2015, beim Oberschleißheimer Tisch und bei den Friedhofsfahrern im VdK. Mit dem Krieg in der Ukraine konnte ich einer Familie aus Kiew in meinem Haus ein Zuhause geben und erlebe dabei wunderbare Menschen, mit denen ein Zusammenleben auch für mich eine große Bereicherung darstellt. Auch für mich, mit meinen drei Kindern und elf Enkelkindern, hat Familie einen sehr hohen Stellenwert. Mein besonderes Hobby, das Fotografieren, konnte ich bei der jahrelangen Herausgabe der CSU-Zeitung „Oberschleißheim aktuell" einbringen, deren Redaktion ich jahrelang leitete. An schönen Motiven mangelt es in Oberschleißheim wahrlich nicht. Besonders gefreut habe ich mich über die Verleihung der Bürgermedaille durch die Gemeinde Oberschleißheim im Jahr 2002, das Bundesverdienstkreuz am Bande durch den Bundespräsidenten (2012) und die Korbiniansmedaille durch Kardinal Reinhard Marx (2017).

Der gebürtige Niederschlesier fühlt sich Oberschleißheim sehr verbunden

Eine Brücke zwischen Historie und moderner Welt

Historische Ziegelgebäude reihen sich neben moderne Bauten. Natur, soweit das Auge reicht. Das Naherholungsgebiet der Isar ist nur einen kurzen Spaziergang entfernt. Die Innenstadt und der Flughafen sind in 20 Minuten erreichbar. Willkommen im AGROB Medienpark, der unter anderem Büros, Produktionsstudios und Sendeeinrichtungen beherbergt. Während das Gelände Anfang der 1990er-Jahre noch brachlag, hat es sich inzwischen zu einem modernen, zukunftsgerichteten Medienstandort entwickelt, der von der AGROB Immobilien AG bewirtschaftet und verwaltet wird. Was viele nicht wissen: Die AG ist eine der ältesten Aktiengesellschaften Münchens.

Der Medienpark befindet sich auf dem ehemaligen Gelände des Fliesen- und Keramikherstellers AGROB

Wer mehr über die Historie des Unternehmens erfahren möchte, muss in den Geschichtsbüchern zurückblättern: Im Jahr 1867 war das Unternehmen Agrob einer der bedeutendsten Hersteller hochwertiger Fliesen- und Keramikprodukte in Deutschland und wesentlich am Aufbau der Stadt München beteiligt. 2.500 Menschen arbeiteten hier, bis die Fliesenproduktion in Ismaning 1990 eingestellt wurde, nachdem immer mehr internationale Konkurrenzprodukte auf den Markt drängten.

Zwei bis drei Jahre dauerte es, bis die beiden Medienunternehmer und Studienfreunde Leo Kirch und Ehrensenator Erwin Nagel das Gelände entdeckten. „Die Gebäude waren damals in keinem guten Zustand", berichtet der heutige Vorstand Achim Kern. Ein Glück, dass sich mit Leo Kirch, einem Medienexperten, und Erwin Nagel aus dem Bausektor, zwei Experten des Themas annahmen. Ihnen gelang es, die alten Bauten in ihrer Grundstruktur zu bewahren. In den letzten Jahren wurde darauf aufgesetzt und die Grundstruktur sowie das Gelände wurden sukzessive weiterentwickelt.

Die mehr als 100.000 Quadratmeter umfassenden Mietflächen des 35 Hektar großen Areals sind nahezu voll vermietet. Es stehen zur Verfügung: zwei Bushaltestellen, die im 10-Minuten-Takt angefahren werden, Carsharing, eine DHL-Packstation, E-Lade-Möglichkeiten und als Herzstück eine Kantine, die jüngst umgebaut und auf eine junge, moderne Küche ausgerichtet wurde, welche die rund 2.500 Mitarbeiter am Campus versorgt.

Das „Who is Who" der Medienbranche ist auf dem Areal zu Hause: Funke Mediengruppe, Antenne

Die moderne Kantine versorgt rund 2.500 Mitarbeiter

Bayern, HSE, ARRI oder SPORT1 und DAZN. Um das operative Geschäft im Medienpark kümmert sich Achim Kern mit seinem achtköpfigen Team.

Besonders wichtig ist der AGROB dabei das gute, partnerschaftliche Miteinander unter den Mietern. Mehr und mehr siedeln sich auch Unternehmen außerhalb der Medienbranche an. Dass für die AGROB Immobilien AG ein kleines, eingespieltes Team arbeitet, empfindet Achim Kern als sehr positiv. Die Abläufe sind schnell, Entscheidungen werden rasch und effizient getroffen. „Wir haben keinen großen Verwaltungsapparat mit vielen Abteilungen. So verzichten wir auf lähmende und kostenintensive Prozesse." Dies ist auch ein Riesenvorteil für die Mieter und deren Mitarbeiter.

Die Mieter und Nachbarn auf dem AGROB-Gelände kennen, schätzen und mögen sich. Der beste Beweis: Das Sommerfest, das Mitte 2023 gefeiert wurde, und von dem man noch heute schwärmt. Einladungen, Essen, Licht oder Ton – die unterschiedlichen organisatorischen Mosaiksteinchen der Feierlichkeit wurden unter den einzelnen Unternehmen aufgeteilt. „Es war eine tolle Stimmung. Das Sommerfest hat auch gezeigt, wie divers die Unternehmen auf dem Gelände sind."

Die AGROB denkt über das eigene Gelände hinaus und engagiert sich auch in der Region: „Wir fördern Institutionen wie Handball-, Fußball- und Tennisvereine, wir legen Wert auf die Jugendarbeit und treten als Sponsor auf." Viele Ismaninger pflegen eine Verbindung zur AGROB, ob im Kontext des sozialen Engagements oder als Arbeitnehmer. „Ich möchte das Unternehmen menschlich und mit Umsicht, aber auch

> **Wir haben keinen großen Verwaltungsapparat mit vielen Abteilungen. So verzichten wir auf lähmende und kostenintensive Prozesse.**

erfolgreich führen – das erwarten unsere Aktionäre von uns."

Wo es noch hingeht? Die AGROB besitzt Entwicklungsflächen und Wertschöpfungspotenzial mit Baurecht, um Grundstücke weiterzuentwickeln oder alte Hallen zu ersetzen und moderne Gebäude umzusetzen. „Wir haben die Vision, den Campus zu erweitern. Der Charakter des Geländes soll aber erhalten bleiben. Wir haben eine hervorragende Ausgangssituation geschaffen, um in eine weiterhin erfolgreiche Zukunft gehen zu können."

AGROB IMMOBILIEN AG
Münchener Straße 101
85737 Ismaning

www.agrob-ag.de

Drei Generationen, unzählige Projekte und eine Heimat

Wenn sich Gerhard Hauptstein an seinen Großvater erinnert, kommt er ins Schmunzeln. Ein bunt geschmücktes Dorf habe Erich Hauptstein gesehen, als er 1949 als junger Vertriebener aus Schlesien (heutiges Polen) mit dem Zug am Bahnhof im oberbayerischen Deisenhofen einfuhr. Im Ort waren Straßen und Häuser herausgeputzt, da die 1200-Jahr-Feier anstand. „Für den Opa war klar: Wenn ich hier so empfangen werde, dann steige ich gerne aus." Gesagt, getan. Der Grundstein für ein Leben in Oberhaching und die spätere Firmengruppe Hauptstein war gelegt.

Heute sind die Unternehmen im Leitungsbau tätig und betreuen Bau- und Immobilienprojekte in den Metropolregionen Berlin, München und Leipzig. Jüngstes Projekt: Einer der größten und modernsten LKW-Sicherheitsparkplätze Deutschlands an der A9 mit anliegendem Hotel und Restaurant in Vockerode nahe Dessau. Ob der Opa den Erfolg damals vorhersehen konnte? Sicher nicht. Nach seiner Ankunft fasste er Fuß, verliebte sich in die Bürgermeistertochter Anna Müller und heiratete sie. „Ein ‚Zugroaster' und eine Bürgermeistertochter, das war großes Kino", sagt Gerhard Hauptstein, der heutige Inhaber der Albert Hauptstein Bauunternehmung, mit einem Augenzwinkern. Beruflich war der Opa Handwerker durch und durch. Ein gelernter Metzger, der eine zweite Ausbildung zum Fliesenleger machte, später sogar noch zum Meister aufsattelte.

Dieses Wissen gab er an Albert Hauptstein, den Vater von Gerhard Hauptstein, weiter, der zunächst ebenfalls eine erfolgreiche Ausbildung zum Fliesenlegergesellen im väterlichen Betrieb absolvierte – aber 1977 gleichfalls den Drang nach Selbstständigkeit verspürte und seine eigene Firma gründete. Im Angebot: Garten- und Landschaftsbau. Der Slogan: „AH – Ihr Partner rund ums Haus".

Albert Hauptstein startete mit drei Gastarbeitern und verstand sich wirklich als Partner für die Kunden. Auch, weil er nicht nur Pflaster und Steine legte, sondern sich bereits fertig errichtete „Traumgärten" mit Mauern und Wegen vorstellen konnte, als die Projekte noch im Anfangsstadium steckten. Sein Können spiegelt sich noch heute in vielen Gärten, Hofeinfahrten und Außenanlagen der Region wider. Beispiele für das unternehmerische Geschick und Können von Albert Hauptstein gibt es einige: 1983 gründete er die Firma HAU+S Bauträger. Nach der Wende sanierte und modernisierte er ab 1992 auch Bestandsimmobilien in Ostdeutschland und verwaltete diese. Bereits vier

Ein Unternehmen in Familienhand: (v. li.) Sebastian, Bettina, Albert und Gerhard Hauptstein

Jahre zuvor kam der Wunsch auf, mit der PORGRANA GmbH Granit und Natursteine direkt aus Italien zu importieren – heute gibt es unter diesem Namen Immobilienverwaltung und -vertrieb aus einer Hand. Was den Firmengründer Albert Hauptstein ausmachte?

> Der Papa war ein Macher, ein Vorbild für andere. Umtriebig, fleißig, kreativ, immer auf der Suche nach Perfektion in Kombination mit hoher Risikobereitschaft.

„Er war seiner Zeit voraus. So arbeitete er bereits vor über 40 Jahren mit großer, maschineller Pflasterverlegung. Was heute Standard ist, war damals visionär", erinnert sich Gerhard Hauptstein. Albert Hauptstein war einer, der groß dachte. Und sehen konnte, was in Zukunft gebraucht wird. Sicher mit ein Grund, warum er seinen Garten- und Landschaftsbaubetrieb 1997 um ein weiteres Geschäftsfeld vergrößerte: den Bau von Energie- und Kommunikationslinien. Lastwagen, Bagger und Walzen stehen heute natürlich trotzdem noch auf dem Firmengelände in Oberhaching, da sie für die tägliche Arbeit im Kabelbau – der natürlich mittlerweile auch um den Bereich Glasfaserausbau erweitert wurde – gebraucht werden. Wann immer es die Zeit zulässt, dreht Gerhard Hauptstein mit seinen beiden kleinen Söhnen auf dem Hof eine Runde. Gerhard Hauptstein selbst kam 1999 ins Unternehmen und widmete sich gleich dem zuletzt hinzugekommen Leitungsbau – und bekam vom Vater alsbald auch die Leitung des Bauunternehmens anvertraut.

Seit 2016 lebt Gerhard Hauptstein mit seiner eigenen Familie im renovierten Haus des Großvaters, wo er als Enkel dem Opa immer die Nudelsuppe zum Mittagessen brachte. Gerhard Hauptstein mag die Region. Die Nähe ins Voralpenland auf der einen Seite – die Landeshauptstadt München auf der anderen. Zwischen den kostenbaren, privaten Momenten behält er stets die Unternehmen im Blick. Die Aufgabe, die ihn derzeit am meisten in Anspruch nimmt: Die Projekte in Vockerode. Ein Vorhaben, das sein Vater Albert Hauptstein seinerzeit mit vollem Tatendrang und Herzensblut angefangen hat und das er nun nach dessen Tod im Jahr 2021 mit der gleichen Hingabe weiterführt.

„Der Papa war ein Macher, ein Vorbild für andere", sagt Gerhard Hauptstein. „Umtriebig, fleißig, kreativ, immer auf der Suche nach Perfektion in Kombination mit hoher Risikobereitschaft." Ganz so, wie es sich eben für einen Unternehmer gehört. In seinem Unternehmertum sind Gerhard Hauptstein Loyalität, Ehrlichkeit, Wertschätzung und Harmonie wichtig – auch und gerade im Team, das rund 60 Mitarbeitende umfasst. Werte, die er auch seinen beiden Söhnen vorlebt. Für sie hofft er, dass sie in Oberhaching eine Heimat finden. So wie der Uropa es damals bei der Ankunft am Deisenhofener Bahnhof getan hat.

Ein kostbarer Moment: Gerhard Hauptstein dreht mit seinen beiden Söhnen eine Runde auf dem Hof.

ALBERT HAUPTSTEIN
BAUUNTERNEHMUNG
GMBH & CO. KG

Raiffeisenallee 6a
82041 Oberhaching

www.hauptstein.de

Ich bin dankbar dafür, diesen Ort meine Heimat nennen zu können

Corinna Binzer

geb. 1967 in München, eine Tochter | 1970 Umzug nach Unterhaching | 1973 - 1984 Grundschule, Gymnasium und Realschule | 1985 - 1987 Ausbildung zur Bürokauffrau | 1988 - 1989 Teamassistentin | 1989 - 1995 Aufbau Produktionswerk Niederbayern als Chefsekretärin | 1996 - 1997 Assistentin Werbeleitung | 1998 - 2001 Leitung Messe und Veranstaltungen national | 2001 - 2003 Assistentin GL in Schauspielagentur | ab 2003 Schauspielerin am Theater, in Film-, Kino- und TV-Produktionen | 2006 Veröffentlichung des ersten Bands von „Münchner Sturmwarnung" – bis 2012 folgen drei weitere Bücher | 2019 Soloprogramm „Aus Therapiert." | 2023 Soloprogramm „Sie is sie – Schicksalsjahre einer Binzerin"

Der Begriff „Heimat" beschreibt die Beziehung zwischen Mensch und Raum. Meistens wird der Begriff auf den Ort angewendet, in den man hineingeboren wird und in dem die frühesten Sozialisationserlebnisse stattfinden. Hier werden angeblich Identität, Charakter, Mentalität, Einstellungen und Weltauffassungen geprägt. Ich finde, Heimat ist Auslegungssache. Heimat ist für mich nicht zwangsläufig der Ort, an dem man geboren wurde oder aufgewachsen ist. Lassen Sie es mich so sagen: „Hoamat is' a Gfui". Dieses Gefühl habe ich hier in „meinem" Unterhaching – meiner persönlichen Heimat.

Meine Kindheit habe ich größtenteils bei meinen Großeltern in Berg-am-Laim verbracht, da meine Eltern beide berufstätig waren. Freitagmittags wurde ich abgeholt, habe das Wochenende mit meinen Eltern in Unterhaching verbracht und bin Sonntagabend wieder zurück in die Stadt gefahren. Auf die Wohnung in Unterhaching ist mein Vater durch einen Arbeitskollegen aufmerksam geworden, mein Vater hat sie meiner Mutter im Rohbau gezeigt, und beide waren sich einig, dass sie unser Domizil werden sollte. Das war 1970, ich war drei Jahre alt und habe die Baustelle bestimmt sehr interessant gefunden. Die Straße zum Mietshaus war noch nicht geteert, und Unterhaching hatte noch keine 14.000 Einwohner – bis heute hat sich die Zahl fast verdoppelt.

Als Teenager bin ich dann ganz hierhergezogen. Ich fand es spannender, mit der S- und U-Bahn zum Gymnasium zu fahren als mit der Straßenbahn. Obwohl ich in der Stadt zur Schule gegangen bin, hatte ich hier meine Freunde. Wir waren die sogenannte „Bankerl-Clique", weil wir uns immer an einer bestimmten Bank getroffen haben. Uns Jugendlichen hat es an Freizeitangeboten nie gemangelt. Freibad, Freizeitheim und unzählige Sportmöglichkeiten. Mein erstes eigenes Geld habe ich mir mit dreizehn Jahren im Supermarkt am Pittinger Platz verdient. Vier Jahre lang habe ich dort immer freitagnachmittags und samstags ausgeholfen.

Unterhaching wurde noch mehr zu „meinem Revier", als ich angefangen habe, beim TSV Unterhaching Handball zu spielen. Nach dem Training sind wir immer in die Wirtschaft neben der Hachinga-Halle. Dort spielten sich an Heimspieltagen auch die Wochenenden ab: Vormittags waren die Kleinsten und die Jugendmannschaften dran, in dieser Zeit haben wir Größeren uns um den Verkauf der Wurstsemmeln und Getränke für die Zuschauer gekümmert. Nachmittags habe ich in der Jugend selbst gespielt und abends die Großen angefeuert. Später als Damenmannschaft waren wir quasi die „Vorgruppe" des Herrenspiels. Die Halle war immer brechend voll, und es herrschte eine unglaubliche Stimmung. Das ist auch heute noch so. Als Sportbegeisterte gehe ich entweder zum Handball in die Hachinga-Halle, zum Volleyball in die Geothermie Arena oder zum Fußball in den Sportpark. Hochklassiger Sport wird dort überall geboten. Alle paar Wochen wird zudem unser Fußballstadion zur American Football-Hochburg.

Als meine Tochter 1985 geboren wurde, war klar, dass auch sie in Unterhaching ihre Heimat finden sollte. Sie ging hier in den Kindergarten, zur Schule und machte auch ihre Ausbildung hier. Das Wichtigste aber war, dass auch ihre Großeltern im gleichen Ort wohnten. Meine Mutter ist auch hier geblieben, als mein Vater sehr plötzlich mit erst siebzig Jahren verstarb. Und so wohnen noch immer drei Generationen Binzer in Unterhaching. Meine Mutter mit unserem Familienhund nahe dem Perlacher Forst. Meine Tochter mit Ehemann am Ortsausgang Richtung Ottobrunn und mein Mann und ich mittendrin, quasi neben dem Maibaum.

Meine ersten Schritte in Richtung professionelles Schauspiel habe ich auch hier gemacht. 2003 haben wir zwei Einakter von Tschechow unter der Regie von Marcus H. Rosenmüller auf die Bühne gebracht, vor ausverkauftem Haus im Kultur- und Bildungszentrum Unterhaching. Proben durften wir auf der kleinen Bühne bei der Freiwilligen Feuerwehr. Im Gegenzug haben wir schon einige Male bei Festivitäten im Feuerwehrhaus Lesungen abgehalten. Die meisten Mitglieder kenne ich schon seit meiner Jugend.

Auch wenn man Unterhaching kurzfristig oder über einen längeren Zeitraum aus familiären oder beruflichen Gründen mal verlassen hat: Wir sind alle wieder zurückgekommen. Ich hatte das Glück, dass die Wohnung unter meinen Eltern frei wurde – das war für mich 1995 der Zeitpunkt des Heimkommens, nachdem ich 1989 beruflich nach Niederbayern gegangen war.

Hier in Unterhaching fühle ich mich wirklich bestens versorgt: Ich habe hier alle „meine" Läden, die ich brauche. „Meinen" Bäcker, „meine" Obst- und Gemüsefrau, „meinen" Metzger, „meinen" Supermarkt, „meinen" Buchladen, „mein" Schreibwarengeschäft, „meine" Ärzte und „meine" Handwerker. Man spricht

Corinna Binzer kennt und liebt Unterhaching von Kindesbeinen an

da ja immer drüber, als wenn einem so ein Laden oder Dienstleister gehören würde. Aber wenn man so lange und vor allem so gerne hier lebt, dann hat man irgendwann das Gefühl zu dem einen oder anderen Unternehmen dazuzugehören.

> Das macht für mich übrigens auch diese lebenswerte Gemeinde aus. Keine totale Anonymität, man schaut noch auf den Nachbarn.

Und so fühle ich mich auch, wenn ich hier mit meiner Familie zum Essen gehe. Egal welches Lokal wir wählen, es gibt immer eine herzliche Begrüßung und dieser folgt meistens ein kurzer Ratsch, was in der Zwischenzeit alles passiert ist. Apropos Ratsch – auch wenn unsere Gemeinde mittlerweile sehr groß ist: Wenn ich durch den Ort gehe oder radle, dann treffe ich immer jemanden, bei dem ich kurz stehen bleibe und einen Ratsch halte. Das macht für mich übrigens auch diese lebenswerte Gemeinde aus. Keine totale Anonymität, man schaut noch auf den Nachbarn.

Die treffe ich auch oft an meinem Lieblingsort: dem Hachinger Bach. Zu jeder Jahreszeit bin ich gerne dort. Am liebsten mit unserem Familienhund Chico an einem heißen Sommertag. Dann hält uns nichts mehr, und wir springen ins Wasser und gehen im Bach spazieren, bis uns ein Brückerl bremst. Die Enten haben mittlerweile schon keine Angst mehr vor uns, da sie wissen, dass wir sie in Ruhe lassen. Und wenn mir das nicht reicht, dann bin ich durch die gute Verkehrsanbindung ganz schnell an einem großen See, in den Bergen oder in Österreich und Italien.

Manchmal gehe ich mit ein bisschen Wehmut und einem Hauch von Nostalgie durch Unterhaching. Vom fast noch dörflichen Charakter der Achtzigerjahre ist nichts mehr zu sehen. Wir „Alten" erinnern uns noch daran, wie die einfahrende S-Bahn jeden Verkehr lahmgelegt hat, weil es die Unterführung noch nicht gab. Dass anstelle des Ortszentrums eine riesige Wiese war, auf der ein Zirkus und das Bürgerfest gastierten – und das ganze Jahr über stand da der kleine Hengst „Moritz". Er ließ sich weder von jedem füttern noch streicheln.

Die umliegende Natur wie der Perlacher Forst, die nahezu perfekte Infrastruktur sowie die bequem und schnell erreichbare Münchner Stadt machen Unterhaching einfach für sehr viele Menschen attraktiv, und sie alle wollen gerne meine Nachbarn werden. Ich gönne es jedem von ganzem Herzen.

> Wenn ich aus dem Urlaub oder von längeren Dreharbeiten zurückkomme und das Ortsschild Unterhaching sehe, dann habe ich immer ein Lächeln auf den Lippen und ein warmes Gefühl ums Herz.

Wenn ich aus dem Urlaub oder von längeren Dreharbeiten zurückkomme – egal aus welcher Himmelsrichtung – und das Ortsschild Unterhaching sehe, dann habe ich immer ein Lächeln auf den Lippen und ein warmes Gefühl ums Herz. Das ist für mich das absolute Heimatgefühl. Ich bin die Corinna – und da bin ich daheim!

Das Ortsschild Unterhaching hat für Corinna Binzer eine besondere Bedeutung

Schrott gehört hier nicht zum alten Eisen

ALFA Rohstoffhandel recycelt Metalle aller Art fachgerecht

Von der Waschmaschine über das Auto bis hin zur kleinen Schraube: Bürger und Unternehmen kaufen und benutzen viele Produkte, die aus Metall bestehen oder Metalle enthalten. Doch was passiert, wenn Dinge aus Metall alt oder defekt sind und entsorgt werden müssen? Im Landkreis München ist das Unternehmen ALFA Rohstoffhandel München GmbH auf das fachgerechte Recycling von Metallen aller Art spezialisiert.

Der Stammsitz der Firma ist in Gräfelfing. Wie aber Metalle weiterverarbeitet werden, sieht man anschaulich beim Recyclingfachbetrieb Preimesser in Kirchheim, ebenfalls im Landkreis München. Preimesser ist eine Tochter und ein Partner der ALFA-Gruppe.

Auf die große Betriebsfläche werden ausrangierte Produkte gebracht, die Metalle enthalten. Das sind beispielsweise Autos, Öltanks, Baustahl, Kabel, Zinnprodukte oder Stahlplatten. Andreas Lippl, Betriebsleiter des Recyclingbetriebes, weiß: „Wir allein haben hier um die 300 verschiedene Qualitäten an Metallen."

Meist bringen Lkw das Material. Auf dem Gelände des ALFA-Betriebes wird es vorsortiert und in verschiedenen Lagerboxen untergebracht. „Die Metalle werden von verschiedensten Kunden angeliefert", erzählt Ursula Althoff, Projektleiterin bei ALFA. Dazu zählen Wertstoffhöfe des Landkreises und der Stadt München, Bauunternehmen, Handwerksbetriebe und das Kleingewerbe. Die Metalle werden bei dem Recyclingbetrieb Preimesser und bei anderen oftmals per Hand aufgearbeitet und dann zum Beispiel mit der Schrottschere in chargierfähige Größe gebracht. Schredderanlagen der ALFA-Gruppe trennen das Material in verschiedene Sortengruppen. Das recycelte Eisen wird als Stahlschrott an Stahlwerke und Gießereien in ganz Deutschland und Norditalien verkauft. Somit werden die Rohstoffe wiederverwertet. Dieses Recycling ist umweltgerecht. Zudem haben nahezu alle ALFA-Betriebe einen Bahnanschluss, über den die Stahlwerke besonders umweltschonend beliefert werden.

1996 ist die ALFA Rohstoffhandel München GmbH gegründet worden. Das Familienunternehmen beschäftigt – größtenteils in Bayern – 800 Mitarbeitende, die sich auf 25 Betriebe aufteilen. Zwei Betriebe der ALFA Gruppe befinden sich im Landkreis München: Preimesser in Heimstetten, sowie die ALFA Recycling in Garching, die auf das Recycling von Holz spezialisiert ist und damit einen weiteren wichtigen Bereich des Recyclings von Rohstoffen abdeckt.

ALFA ROHSTOFFHANDEL MÜNCHEN GMBH

Bahnhofstraße 106
82166 Gräfelfing

www.ta-recycling.de

Modernste Arbeitswelten bei der Allianz

Die Allianz ist eine der größten Versicherungsgesellschaften der Welt mit Hauptsitz in München und einer Reihe von Besonderheiten. Wer hat schon einen Beachvolleyballplatz, eine mobile Fahrradwerkstatt und ein eigenes Theater in der Firma? Der Campus Unterföhring als weltweit größter Standort der Allianz bietet 11.500 Beschäftigten vieles, was man sich als attraktive Zusatzleistungen nur vorstellen kann. „Es soll für jeden und jede etwas bei der Arbeit dabei sein", sagt Ingo Schulz, der für den täglichen Betrieb vor Ort verantwortliche Abteilungsleiter . „Auch für junge Menschen wollen wir ‚Wow!' sein", ergänzt er. So gibt es einen Raum für Mütter, eine Kinderkrippe, drei Fitnessräume, Carsharing und ein Amazon-Schließfach für den Empfang privater Pakete. Die gastronomischen Angebote reichen von vegetarischen Köstlichkeiten bis hin zu After-Work-Partys auf den Dachterrassen.

In Unterföhring hat der Versicherungskonzern den Vorteil, dass es viel Fläche gibt: Was 1990 auf dem freien Feld mit dem Bau eines Rechenzentrums begann, wurde im Laufe der Jahre zu einem rund 250.000 Quadratmeter Bruttogeschossfläche umfassenden Areal. Die großzügige Architektur der vier Bürogebäude mit imposanten Hallen, riesigen Innenhöfen und Fußgängerbrücken wirkt futuristisch. Hier wurden Schritt für Schritt immer mehr Einheiten der Allianz vom Standort München zusammengeführt.

Auf dem Campus sind inzwischen 15 Gesellschaften der Allianz angesiedelt – von der Lebens- über die Sach-/Industrie- bis hin zur Krankenversicherung einschließlich Vertrieb und internen Dienstleistungsgesellschaften wie Allianz One Business Solutions, Allianz Kunde und Markt sowie Allianz Technology. Mobiles Arbeiten hat dort in den letzten Jahren deutlich zugenommen und die Arbeitswelt verändert. „Wir haben während Corona komplett umgebaut und viele Einzelbüros aufgelöst. Unser Fokus liegt jetzt auf New Work", erklärt Schulz. Jede Abteilung konnte ihre Räume an die spezifischen Anforderungen anpassen: Es gibt Rückzugsbereiche, Räume für Web- oder Live-Meetings, Telefonboxen, Lounges und Sitzgelegenheiten auf den Gängen.

Im Winter wird seit der Energiekrise freitags nur eines der vier Gebäude für die dann eher weniger als üblich

Besonderheiten auf dem Allianz Campus: Das eigene Beachvolleyballfeld und das bunte Kunstwerk der Unterföhringer Gymnasiasten zum Christopher Street Day

anwesenden Menschen genutzt, die ins Büro kommen wollen oder müssen. Die Idee entstand im Unternehmen sowie im Dialog mit der Gemeinde Unterföhring. Dort sorgte man sich, dass eine kritische Situation für die Strom- und Energieversorgung entsteht, wenn freitags auch viele Anwohner im Homeoffice arbeiten. Durch die Bündelung in einem Gebäude spart der Campus jetzt viel Energie. Wobei die Allianz an diesem Standort von Fernwärme durch Geothermie profitiert – direkt vom lokalen Energieversorger.

Die Verbindungen des Allianz Campus zur Gemeinde Unterföhring sind vielfältig: Mitarbeitende der Allianz haben mit Spendenaktionen und Sprachunterricht für die im Ort untergebrachten Flüchtlinge geholfen. Jugendliche Flüchtlinge bekamen Ausbildungsplätze und manche anschließend sogar einen festen Job. Für die Nachbarschaftshilfe wird einmal in der Woche auf dem Campus gekocht. Die Großküche mit ihrem hauseigenem Personal hat kein Problem, Nachwuchs zu finden. Dieser findet es attraktiv, dass es mit der Trattoria San Felice auch ein Abendrestaurant für besondere Anlässe auf dem Gelände gibt, wo à la carte gekocht wird. Dazu kommen die familienfreundlichen Arbeitszeiten, ein wertschätzender Umgang und aussichtsreiche Chancen, in der Umgebung eine Wohnung zu finden.

Bienenstöcke auf den Dächern der Bürogebäude liefern Honig – mit dem die Hobby-Imker beim deutschlandweiten Wettbewerb der Allianz antreten. Auf den Dächern eines der Häuser ist eine Fotovoltaikanlage geplant, sodass dann neben dem eigenen Honig auch eigener Strom produziert werden kann. Und in den Innenhöfen brüten manchmal Enten. Durch die großen Glasfronten wurde das Heranwachsen der Küken schon freudig beobachtet. Dass die Gebäude auch im Innern sehr lebendig und bunt sein können, zeigt eine

| Auch für junge Menschen wollen wir „Wow!" sein. Wir erfinden uns immer wieder neu.

Aktion zum Christopher Street Day: Jungen Menschen aus dem örtlichen Gymnasium wurde angeboten, Teile der Häuser bunt anzumalen. „Wir erfinden uns immer wieder neu", freut sich Schulz, dem es seit zehn Jahren auf dem Allianz Campus Unterföhring nie langweilig geworden ist.

ALLIANZ CAMPUS
UNTERFÖHRING

Dieselstraße
85774 Unterföhring

www.allianz.de

Mit Sicherheit immer im Einsatz

Vormittags zum Beratungsgespräch nach Bad Tölz, mittags die Installation einer Einbruchmeldeanlage in Friedrichshafen überwachen, nachmittags zur Baustellenbesprechung nach Nürnberg und abends noch einmal zurück ins Büro nach Gräfelfing. Dazwischen noch Absprachen mit Zulieferern, Projektplanung mit Partnern, Anlagenwartung und dabei auch noch gute Laune. Das beschreibt in etwa den Arbeitsalltag von Andreas Manz, Meister der Elektrotechnik und Inhaber der ASM Fernmeldegeräte GmbH in Gräfelfing, und seinem Team.

Mit ihren 16 qualifizierten, fest angestellten Elektrotechnikern und zehn starken, selbstständigen Fachkräften plant, installiert und wartet die ASM seit mehr als 35 Jahren Brandmeldesysteme und Sicherheitstechnik wie Einbruchmeldeanlagen, Videoüberwachung oder intelligente Zutrittskontrollen für Privat- oder Großkunden. Die Einsatzorte sind in Privatvillen, Schulen, Gebäudekomplexen, Möbelhäusern, Hotels bis hin zu Ferienanlagen, Stadien, Krankenhäusern und Flughäfen.

Das Portfolio ist spannend und lang, die Tage sind es meist auch. Gerade bei Großaufträgen wie der Installation der Brandschutz- und Sicherheitstechnik in der 2018 fertiggestellten Center-Parcs-Anlage in Leutkirch oder an den Flughäfen in Leipzig, Norwegen und Südafrika kommt es einmal mehr auf das richtige Team an. Verlässlichkeit, Qualifikation und Expertise, aber auch Menschlichkeit und ein gutes Miteinander weiß nicht nur Geschäftsführer Andreas Manz zu schätzen. Auch die Mitarbeiter und Mitarbeiterinnen von ASM Fernmeldegeräte, die im Hintergrund für einen reibungslosen Ablauf sorgen und Störungen, E-Mail-Anfragen und Telefon koordinieren, wissen um die familiäre Atmosphäre und die flachen Hierarchien, die im Betrieb spürbar sind.

Obwohl die Projekte eng getaktet und die Tage fast immer zu kurz für alle anstehenden Aufgaben sind, gibt es kaum ein Problem, das nicht gemeinsam mit Andreas

Andreas Manz, Inhaber von ASM Fernmeldegeräte

Das Unternehmen plant, installiert und wartet seit mehr als 35 Jahren Sicherheitstechnik

Im Portfolio hat ASM auch individuell gestaltete Brandmeldesysteme

Manz gelöst werden kann. „Bei der Geschäftsführung sind Tür und Ohr immer offen!", berichten seine Mitarbeitenden. Die Wege im Familienbetrieb sind kurz, die Hierarchien sind flach. „Ohne meine Leute geht hier nichts", sagt Manz, der sichtbar stolz auf seine Mannschaft ist. „Ohne mich aber auch nicht!", ergänzt er lachend.

Neben der Verbundenheit zu seinem Team ist es vor allem der Einblick in die unterschiedlichsten Bereiche, die diesen Beruf so spannend machen. Es gibt kaum eine Branche, die ASM Fernmeldegeräte noch nicht unter die Lupe genommen hat, sei es eine Kindertagesstätte, ein großer Bürokomplex oder eben auch ein riesiger Freizeitpark. Vor allem Projekte mit besonderen Anforderungen haben es Andreas Manz angetan, der die Leidenschaft zur Technik bereits in Kindheitstagen durch seinen Vater entdeckte. „Er war ein Vollbluttechniker", erinnert sich der heutige Inhaber, der den Betrieb von seinem Vater übernommen hat.

„Richtig interessant werden die Projekte, wenn es spezifische Herausforderungen gibt!", sagt Manz. „Oder die Rahmenbedingungen besonders sind, beispielsweise, wenn wir die Brandmelde- und Sicherheitstechnik eines Krankenhauses bei laufendem Betrieb auf den neuesten Stand bringen und zeitgleich Patienten versorgt werden müssen. Dann ist Timing gefragt. Wir müssen Hand in Hand arbeiten. Und auf jeden Mitarbeitenden muss zu hundert Prozent Verlass sein." Und Verlass ist auf Andreas Manz und sein Team. Mit Sicherheit.

> Obwohl die Projekte eng getaktet und die Tage fast immer zu kurz für alle anstehenden Aufgaben sind, gibt es kaum ein Problem, das nicht gemeinsam mit Andreas Manz gelöst werden kann.

ASM FERNMELDEGERÄTE
Seeholzenstraße 8
82166 Gräfelfing

www.asm-fernmeldegeraete.de

Mit der asuco machen Anleger das Rennen

Die Suche nach attraktiven Kapitalanlagen beginnt man nicht unbedingt in Oberhaching. Aber das ist ein Fehler, zumindest aus Sicht von mehr als 15.000 zufriedenen Anlegern, darunter zahlreiche Family Offices und Stiftungen. Die gute Verkehrsanbindung, ein flexibler Vermieter, der günstige Gewerbesteuersatz und ein ideales Umfeld für den radbesessenen Gründungsgesellschafter Dietmar Schloz machten die Entscheidung leicht, den Firmensitz des inhabergeführten und bankenunabhängigen Emissionshauses für Vermögensanlagen mit Bezug zu Immobilien im Jahr 2009 nach Oberhaching zu verlegen. Oberhaching ist seitdem Heimat des Hidden Champions und Marktführers asuco in einer für Anleger lukrativen Nische.

Die asuco ist darauf spezialisiert, die Gelder ihrer Anleger über den Zweitmarkt geschlossener Immobilienfonds zu investieren. Dabei wird unter „Zweitmarkt" der Markt verstanden, an dem Anteile von vor Jahren vollplatzierten geschlossenen Immobilienfonds gehandelt werden.

Die Geschäftsidee besteht darin, Anleger wirtschaftlich an einem breit diversifizierten Portfolio zu beteiligen, das aus rund 450 Immobilien aller Nutzungsarten besteht. Durch die Besonderheiten des Zweitmarktes können die Immobilien mittelbar deutlich unter deren Marktwerten erworben werden und ermöglichen daher neben einem teilweisen Inflationsschutz hohe laufende Erträge und Veräußerungsgewinne, auch bei sinkenden Immobilienpreisen. Durch die breite Risikostreuung besteht zudem eine hohe Sicherheit.

Als erfahrener Anbieter bietet die asuco ihren Anlegern viele Vorteile, wie etwa die hundertprozentige Partizipation an Einnahmenüberschüssen und am Wertzuwachs, eine zuverlässige Rückzahlung, feste überschaubare Laufzeit, hohe Flexibilität durch das Rückkaufangebot in Sondersituationen und eine vereinfachte steuerliche Behandlung.

Die für die Anleger erzielten Ergebnisse sprechen für sich: Die laufenden Auszahlungen lagen in der Vergangenheit bei rund 5,5 bis 8 Prozent pro Jahr. Darüber hinaus bestehen hohe, noch nicht realisierte Vermögenszuwächse. Der Zweitmarkt und die asuco machen als durch CO_2-Ausgleich klimaneutrales Unternehmen eben den Unterschied, ganz so wie die liebenswerte Gemeinde Oberhaching.

ASUCO FONDS GMBH

Keltenring 11
82041 Oberhaching

www.asuco.de

Der radbesessene Gründungsgesellschafter Dietmar Schloz beim 24-Stunden-Rennen

Ein Traditionsunternehmen des kommunalen Wohnungsbaus

Menschen ein Zuhause geben – das ist seit 70 Jahren die Hauptaufgabe der Baugesellschaft München-Land (BML). Denn die BML schafft für die Menschen in der Region guten und sicheren Wohnraum. Wohnraum, den man sich auch im Münchner Umland leisten kann.

Zur kommunalen Wohnungsbaugesellschaft gehören heute 30 Gesellschafter, darunter der Landkreis München und 27 Kommunen aus dem Landkreis. Nicht nur für sie ist die BML mit ihrem Tochterunternehmen, der BML BauService, eine kompetente Partnerin in allen Fragen rund ums Bauen und Wohnen.

Baut die BML neu, übernimmt sie beispielsweise alle Bauherrenaufgaben – von der ersten Projektidee über Machbarkeitsstudien bis zur Übergabe der Wohnungen an neue Mieter oder Wohnungseigentümer. Modernisiert die Baugesellschaft Immobilien im eigenen Bestand oder für ihre Gesellschafter, geht es darum, deren Vermietbarkeit und Werterhalt zu sichern.

Außerdem verwaltet die BML nicht nur öffentlich geförderte, belegungsgebundene oder frei finanzierte Wohnungen und Gewerbeeinheiten, sondern bietet ihr gesamtes Wissen in diesem Kompetenzbereich auch ihren Gesellschaftern an.

Da aber nichts so beständig ist wie der Wandel, gehört es auch zur BML-Tradition, dass sie auf die sich verändernden politischen, wirtschaftlichen und gesellschaftlichen Rahmenbedingungen reagiert. Und so

Der Führungsstab der BML: (v. li.) Daniel Krieg, Katharina Ladue, Karl Scheinhardt (Geschäftsführer), Doris Knodt und Renate Karl

geht es bei der BML heute um Fragen des effizienten und innovativen Bauens ebenso wie um neue Wohnkonzepte, die der demografische Wandel bedingt.

Es geht darum, an der Digitalisierung und ihren Möglichkeiten zu wachsen. Und nicht zuletzt geht es auch um das zentrale Thema Klimaschutz, für das die BML größere Summen in einen unternehmenseigenen Klimapfad investiert. In der Wohnungswirtschaft erschöpft sich dieses Thema aber nicht in der Einsparung von CO_2 oder regenerativen Energien: Klimagerechtes Bauen hat auch viel mit Lebensqualität zu tun. Mit einem Ort zum Wohlfühlen. Genau damit steht die BML für lebenswertes Wohnen im Landkreis München – seit 70 Jahren.

BAUGESELLSCHAFT MÜNCHEN-LAND GMBH

Ludwig-van-Beethoven-Straße 12
85540 Haar

www.bml-online.de

Meine wiedergewonnene Heimat hier gefunden

Harry Blank

geb. 1968 und aufgewachsen in Aichach; verheiratet; zwei Kinder | Abitur am Deutschherren-Gymnasium, Aichach | Tanzausbildung in Jazz Dance, klassischem Ballett und Modern Dance | 1988 Umzug nach New York; Schauspielstudium, Neighborhood Playhouse School of the Theatre | 1992 Umzug nach Berlin, anschließend u.a. wohnhaft in Straßburg, Rom, Wien und München | Mitwirkung in zahlreichen bekannten TV-Serien und Filmen | 2007 - heute Darsteller in der BR-Serie „Dahoam is Dahoam" | 2010 Geburt der Zwillinge | 2013 Umzug nach Gräfelfing

Ich bin in Aichach geboren und aufgewachsen, gut 50 Kilometer von meinem heutigen Wohnort Gräfelfing entfernt. Mit 19 bin ich nach New York gegangen, habe in Berlin, Straßburg, Rom, Wien und München gelebt. Und nun also Gräfelfing, eine Gemeinde mit knapp 14.000 Einwohnern vor den Toren Münchens. Hier habe ich das Gefühl, wieder angekommen zu sein.

In jungen Jahren zog es mich halt in die große weite Welt. New York, Schauspielstudium an der Neighborhood Playhouse School of the Theatre. Das war schon etwas! Etwa dreieinhalb Jahre studierte ich dort, bevor ich nach Berlin zog. Es folgten, wenn man mal vom in meinen Augen zwar pittoresken, aber auch langweiligen Straßburg absieht, weitere Metropolen. Wenn man viel dreht, ist es eigentlich egal wo man wohnt. In großen Städten mit anderen Kulturen zu leben, bringt viele Vorteile mit sich, aber eben auch Nachteile.

Nach dieser längeren Phase des Reisens fühlte ich mich erschöpft, hatte mich mit meinen Lebensorten irgendwie verzettelt. 2004 zog ich wieder nach Bayern und lebte im Münchener Glockenbachviertel mit dem Viktualienmarkt gleich um die Ecke. Wir hatten eine schöne Wohnung und fühlten uns wohl. In München bewegte sich zu dieser Zeit viel. In den letzten 15 bis 20 Jahren ist es wesentlich großstädtischer geworden.

Im Jahr 2007 begannen die Dreharbeiten für die BR-Serie „Dahoam is Dahoam", in der ich seitdem den Mike Preissinger spiele. Drei Jahre später gab es auch privat eine bedeutende Veränderung: Unsere Zwillinge, Sohn und Tochter, kamen zur Welt, und meine Frau Simone und ich suchten nach einer Wohnung, die uns als Familie mehr Platz bot. Eigentlich wollten wir gar nicht raus aus München, aber in Gräfelfing haben wir genau das gefunden, was wir suchten. Es war für mich etwas vollkommen Neues, vor den Toren Münchens zu leben, und es war großartig hier, in der Gartenstadt Gräfelfing. So viel wunderbare Natur, Bäume gelten hier fast als heilig. Und dennoch nur 16 Minuten mit der S-Bahn bis München-Hauptbahnhof.

Hier in Gräfelfing kam ich dann noch mal ganz anders zur Ruhe. Dieser pinienartige Duft der Waldkiefern, der im Sommer in der Luft liegt; ich liebe ihn. Das hat so ein italienisches Flair. Ich habe meinen neuen Lebensort von Anfang an als wiedergewonnene Heimat empfunden. Hier habe ich mich extrem geerdet. Auf die Großstadt vor der Tür möchte ich jedoch nicht verzichten. So richtig aufs Land – das wäre nichts für mich. Wir wollten das auch so für die Kinder. Dass ich mich hier von Beginn an so wohlfühle, das war auch für mich selbst eine höchst positive Überraschung. Ich hatte hier das Gefühl, mich wieder mit meinem Ich aus meiner Kindheit zu verbinden und mich von der anderen Person, die, auch durch meinen Job bedingt, in mir entstanden war, nicht zu entkoppeln. Und so habe ich meine, wenn man so will, alte oder doch eher neue Heimat gefunden.

In Gräfelfing bekommt man alles zum Leben, was man braucht. In der Bahnhofstraße habe ich es schon am Umzugstag genossen, direkt vor dem damaligen Tengelmann parken zu können. Nicht einmal einen Chip für den Einkaufswagen brauchte ich. Das hat mir unheimlich gut gefallen. Es war für mich ein Gefühl, als

Harry Blank schätzt an Gräfelfing unter anderem die wunderbare Natur

sei ich wieder in den Siebzigern angekommen. Alles war nicht so streng getaktet wie in der Großstadt, wo man viel stärker einem äußeren Rhythmus unterworfen ist. Und wenn einem beim Einkauf danach ist, hält man ein kleines Pläuschchen mit dem Geschäftsführer des heutigen Edeka-Marktes.

Dennoch kann man aus meiner Sicht in Gräfelfing nicht von einer Dorfmentalität sprechen. Hier ist man nicht sofort per du, und man lässt sich gegenseitig viel Raum. Und das kommt mir auch entgegen. Ich bin nicht unbedingt der Typ, der mit jedem ein Schwätzchen halten muss. Und gerade weil ich, zumindest hier in Bayern, durch meine Rolle des Mike Preissinger recht bekannt bin, genieße ich es, so wie andere sicherlich auch, in Ruhe gelassen zu werden. Man wird hier nicht beäugt, sondern die Gräfelfinger lassen die, die sich ihren schönen Ort zum Leben ausgesucht haben, einfach gewähren. Süß sind auch die kleinen Märkte in der Bahnhofstraße oder der Weihnachtsmarkt, der

> Hier in Gräfelfing kam ich dann noch mal ganz anders zur Ruhe. Dieser pinienartige Duft der Waldkiefern, der im Sommer in der Luft liegt; ich liebe ihn. Das hat so ein italienisches Flair.

nur an zwei Sonntagen in der Adventszeit stattfindet, mit kostenlosem Puppentheater für die Kinder. So etwas gibt es in der Stadt nicht mehr.

> So nah an der Großstadt und doch steht schon mal ein Reh im Garten, ein Frosch schafft es durch die Terrassentür ins Wohnzimmer oder eine Blindschleiche schlängelt sich durchs Gras.

Der Paul-Diehl-Park an der Würm

Gräfelfing empfinde ich als im positiven Sinne extrem behütet. Wenn man sich hier die Kinder und Jugendlichen anschaut: Die sehen schon sehr happy aus. Die ganz großen Probleme der Welt scheinen hier etwas außen vor zu sein. Es geht einem einfach gut, unter anderem auch deshalb, weil die Gemeinde sich sehr stark engagiert und ihre Verantwortung für die Menschen, die hier leben, wirklich wahrnimmt. Wir zählen zu einer der einkommensstärksten Kommunen in Deutschland, und ich habe das Gefühl, dass die Gemeinde das auch zurückgibt. Hier wird menschennah agiert, zum Beispiel wenn es um den Bau von Flüchtlingsunterkünften geht, die sehr schön gestaltet sind. Außerdem ist die Gemeinde wahnsinnig kinderfreundlich. Das zeigt sich an den vielen Kitas, Schulen und Spielplätzen.

Und dann umgibt uns hier extrem viel Natur. Direkt hinter unserem Haus beginnt der Wald, der zum Kreuzlinger Forst gehört. So nah an der Großstadt und doch steht schon mal ein Reh im Garten, ein Frosch schafft es durch die Terrassentür ins Wohnzimmer oder eine Blindschleiche schlängelt sich durchs Gras. Ich liebe das wirklich! Für die Kinder ist der Wald ein Spielparadies. Dort haben viele Schnitzeljagden stattgefunden oder es wurden Iglus gebaut. Und beim Joggen bekomme ich da wunderbar das Gehirn frei. Ansonsten bin ich auch gern an der Würm oder nutze im Sommer die schönen Naturfreibäder dort.

Ich kann wirklich sagen, dass wir uns hier in Gräfelfing im wahrsten Sinne des Wortes niedergelassen haben. Wir möchten hier bleiben und werden hier unsere Kinder großziehen – in diesem wunderbaren Ort, der mir zur neuen Heimat geworden ist.

Viele Stoffe, leuchtende Farben, und nichts brennt

Stoffe, Stoffe, Stoffe. In allen Farben, die das Spektrum hergibt: von leuchtenden Tönen über verschiedenste Rot-Möglichkeiten bis hin zu unendlich viel erscheinenden Varianten an Blau und Grau. Das ist die Welt von bautex-stoffe in Oberhaching.

Allerdings haben all diese Textilien eine Gemeinsamkeit, und das ist der Kern und das zentrale Geschäftsfeld. „Die Stoffe sind schwer entflammbar", verrät Geschäftsführer Manfred Weis. Das ist in Deutschland die höchste Sicherheitsnorm, die es für Textilien solcher Art gibt. Gebäude, für die das vorgeschrieben ist, werden mit diesen Stoffen als Vorhänge oder Gardinen bestückt. Dazu gehören etwa Schulen und andere öffentliche Stellen, Hotels oder auch Kreuzfahrtschiffe.

„1964 hat mein Vater mit einem kleinen Handel für Dekostoffe angefangen", erzählt Weis. Zu Beginn fast ausschließlich für Schulen. Dort waren Vorhänge zur Verdunkelung von Räumen sehr gefragt, um etwa Filme zu zeigen. Auch wurden Tageslichtprojektoren in den beginnenden 1960er-Jahren in den Klassenräumen immer beliebter. „Mein Vater startete mit nur zwei verschiedenen Stoffen in je 20 Farben", so Weis. Das war noch im mittel-fränkischen Arnstein. Auf Lager sind jetzt 1.000 verschiedene Posten. Es folgte die Spezialisierung auf die schwer entflammbaren Stoffe. Bei Verdunkelungsstoffen ist das Unternehmen Marktführer.

Manfred Weis sieht die Firma, die er seit 20 Jahren leitet, als „Top-Anbieter für Europa". Die Exportquote liegt bei mehr als 70 Prozent – überwiegend in die EU, aber auch in die USA, nach Australien und Middle East.

Geschäftsführer Manfred Weis im Lager seiner schwer entflammbaren Textilien: 1.000 verschiedene Stoffe sind vorrätig.

In Saudi-Arabien war bautex-stoffe bei einem Mega-Hotelneubau beteiligt. In Frankreich hat Weis viele Beherbergungsbetriebe von innen gesehen. Mehr und mehr setzt das Unternehmen auf das „Green Label": Die Stoffe sollen so umweltschonend wie möglich entstehen, viele sind mittlerweile aus recyceltem Polyester. Gefertigt wird hauptsächlich in China und in anderen Ländern in Fernost.

Der 60-jährige Manfred Weis reist durch die halbe Welt und unterstützt dabei die Vertriebsmitarbeiter vor Ort. Im Lager in Oberhaching – es gibt noch ein sehr großes Zolllager in Großbritannien – zeigt er die langen Regale mit den vielen eingepackten Stoffbahnen. Er schaut auf eine große, versandfertige Lieferung. „Ach ja", erinnert er sich, „das ist für das neue Hotel-Casino in Las Vegas."

BAUTEX-STOFFE GMBH
Bajuwarenring 2
82041 Oberhaching

www.bautex-stoffe.de

Zentrum der bayerischen Tenniswelt

Egal, wo man sich in der TennisBase Oberhaching befindet, man sieht, spürt – und ja – riecht den Tennissport hautnah. Kein Wunder, geben sich hier doch an manchen Tagen deutsche Toptalente und -profis die Klinke in die Hand. Die TennisBase ist Bundesstützpunkt des Deutschen Tennis Bundes, Leistungszentrum des Bayerischen Tennis-Verbandes und der Ort, an dem Philipp Kohlschreiber mit 14 Jahren seine Karriere begann.

Seitdem hat das BTV-Zentrum im Münchner Süden etliche Profis auf dem Weg in die Top 100 der ATP-Weltrangliste betreut und begleitet. „Kohli" schaffte es wie sein langjähriger Trainingspartner Florian Mayer in die Top 20 der ATP-Weltrangliste. Kevin Krawietz hat an der Seite von Andreas Mies mit seinen beiden French-Open-Siegen im Doppel Tennisgeschichte geschrieben. Auch der ehemalige Davis-Cup-Spieler Daniel Brands und der heute als Trainer höchst erfolgreiche Dieter Kindlmann sind nicht nur Insidern ein Begriff. Rund 30 Topathleten und -athletinnen im Alter von 14 bis 35 Jahren finden heute in der TennisBase ihre sportliche Heimat, sei es in der Profisportabteilung oder dem BTV-Tennisinternat.

Um die idealen Trainingsmöglichkeiten für Profi- und Amateursportlerinnen und -sportler zu schaffen, wurde das 1994 eröffnete Tenniszentrum ab April 2018 umfangreich erweitert und umgebaut. Im ersten Bauabschnitt lag der Fokus auf dem Ausbau der Sportinfrastruktur des DTB-Bundesstützpunktes. So wurde neben einer Kleinsporthalle für sämtliche Ball- und Rückschlagspiele sowie Athletiktraining eine neue Zweifeldhalle errichtet: Damit verfügt die TennisBase in Oberhaching insgesamt über sieben Hallenplätze mit Rebound-Ace-Belag. Im Außenbereich entstanden im Rahmen des Umbaus fünf Sandplätze, ein Hartplatz und ein neuer Center-Court mit 500 Zuschauerplätzen – ideale Bedingungen für internationale Turniere.

Im neuen, 200 Quadratmeter großen Cardio- und Kraftbereich finden Trainingsgeräte der neuesten Generation Platz. Für volljährige Profisportlerinnen und -sportler wurden auf dem Gelände vier neue Appartements errichtet – mit dem bereits bestehenden Wohnraum des Tennisinternats verfügt die TennisBase somit über 18 Appartements mit insgesamt 24 Betten.

Die BTV-Zentrale bietet viel Raum für Kreativität und gelebte Kommunikation

Die TennisBase in Oberhaching bietet ideale Trainingsbedingungen

BTV-Präsident Helmut Schmidbauer (re.) und Philipp Kohlschreiber in der TennisBase

In der zweiten Bauphase bis Mai 2020 folgte die Fertigstellung des repräsentativen, 1.304 Quadratmeter umfassenden Verwaltungsgebäudes. Anfang Juni 2020 hat die Geschäftsstelle des Bayerischen Tennis-Verbandes ihre Büros im Erdgeschoss in Betrieb genommen, ein Stockwerk darüber sind die „Nachbarn" eingezogen: die Tennis Deutschland Service GmbH (TDS), eine große Praxis für Physiotherapie (physio & performance base) und eine Zweigstelle des renommierten Münchner Zentrums für Orthopädie und Sportmedizin (ZFOS) mit Davis-Cup-Arzt Dr. Tim Kinateder. „Ob Leistungssport, Trainerausbildung, Organisation des Wettspiel- und Turnierbetriebs, Vereinsberatung, Verwaltung oder medizinische Betreuung – hier in Oberhaching sind viele Kernbereiche der Verbandsarbeit an einem Ort gebündelt", zeigt sich der langjährige BTV-Präsident Helmut Schmidbauer, zugleich auch Vizepräsident des Deutschen Tennis Bundes, begeistert.

Das neue BTV-Clubhaus, wie manche die Verbandszentrale nennen, bietet den Mitarbeiterinnen und Mitarbeitern moderne Arbeitsplätze und viel Raum für Kreativität und gelebte Kommunikation. Dieser Geist sei auch nach außen spürbar, so Schmidbauer: „Die neuen Räumlichkeiten haben sich zu einem offenen Haus und zur zentralen Anlaufstelle für alle bayerischen Tennisvereine entwickelt. Immerhin werden von hier aus rund 2.000 Vereine mit mehr als 327.000 Mitgliedern betreut. Tendenz steigend!" In der Lobby, in diversen Besprechungsräumen und im großen Pavillon, der einen herrlichen Blick über den Center-Court und die Gesamtanlage bietet, finden sich viele verschiedene Möglichkeiten für Gespräche, Seminare und Vorträge.

> Ob Leistungssport, Trainerausbildung, Organisation des Wettspiel- und Turnierbetriebs, Vereinsberatung, Verwaltung oder medizinische Betreuung – hier in Oberhaching sind viele Kernbereiche der Verbandsarbeit an einem Ort gebündelt.

Bei der Gestaltung wurde großer Wert darauf gelegt, dass die Grundtugenden des Tennissports, das Branding und die Geschichte des BTV sowie viele kleine Details sich überall in den Innenräumen stilprägend wiederfinden. Außerdem war es ein zentrales Anliegen, das Image des BTV als – bei aller Tradition – moderner Sportverband auch in der Architektur umzusetzen.

BAYERISCHER TENNIS-VERBAND E.V.

Im Loh 1
82041 Oberhaching

www.btv.de

Alles fußt auf einem bodenständigen Fundament

Keine Frage: Weit über den Landkreis München hinaus ist Aying ein Begriff. Das liegt vor allem an den Unternehmen der Familie Inselkammer. Das sind der Brauereigasthof Hotel Aying, der samt anspruchsvollem Hotel imposant direkt in der Dorfmitte am Maibaum steht, das Ayinger Bräustüberl und die Ayinger Privatbrauerei am Ortseingang. Angela und Franz Inselkammer Senior engagieren sich nicht nur innerhalb ihrer Betriebe. Aufgrund ihres ehrenamtlichen Engagements sind sie auch aus dem Landkreisgeschehen nicht wegzudenken.

„Wenn man heute von außen auf unser Unternehmen schaut, mag es sehr imposant wirken. Aber angefangen hat es, wie vieles andere auch: Mit einer Landwirtschaft und einem kleinen Gasthof. Auf diesem bodenständigen Fundament haben unsere Vorfahren mit viel Fleiß und Mut das Unternehmen weiterentwickelt. An diese großartige Vorarbeit konnten mein Mann und ich nahtlos anknüpfen", sagt Angela Inselkammer, die gemeinsam mit ihrem Mann Franz die Geschicke des Familienbetriebs in siebter Generation leitet.

Schon seit über 200 Jahren ist das Anwesen in Familienhand, vorher war es 450 Jahre im Besitz des Klosters Bernried. Nach der Säkularisation kann Franz Liebhard, der Ururugroßvater des heutigen Inhabers Franz Inselkammer Senior, das Anwesen, das aus einer großen Landwirtschaft und einer Gaststätte bestand, erwerben. 1878 gründet die dritte Generation der Familie eine Brauerei. Aus dieser Zeit gibt es immer noch zwei Kunden. Das unterstreicht, wie die Familie mit ihren Partnern und Mitarbeitern umgeht: Offen und ehrlich, fair und transparent, vertrauensvoll und verlässlich. „Unser Augenmerk liegt auf einer nachhaltigen Bewirtschaftung des Anwesens, sodass die nächste Generation Freude daran hat, es weiterzuführen."

Nach dem Zweiten Weltkrieg prägt der Vater von Franz Inselkammer Senior das Unternehmen. Angela Inselkammer beschreibt ihren Schwiegervater als beherzten Geschäftsmann: „Er hat angepackt und sich was getraut." Im Herzen von München kauft er beispielsweise das bis auf die Grundmauern zerstörte Platzl, um eine Absatzstätte für sein Ayinger Bier in der Landeshauptstadt zu etablieren. Eines von

Die Mitglieder der Familie Inselkammer leiten die Unternehmen gemeinsam

Die Zimmer im Brauereigasthof sind mit Liebe, Komfort und historischen Details eingerichtet

Die Brauerei vereint heimische Zutaten, Handwerkskunst und Qualitätsbewusstsein

vielen Vorhaben, die geglückt sind: Heute betreibt Peter Inselkammer Junior, der Neffe von Angela und Franz Inselkammer, das Platzl Hotel und das Ayinger am Platzl.

In Aying übernimmt Franz Inselkammer Senior 1963 die Spitze des Familienbetriebs und blickt heute mit seiner Frau Angela auf ein Unternehmen, das bestens aufgestellt ist. Trotz viel Arbeit ist auch das Familienleben geglückt. „Wir sind Eltern dreier Kinder, und alle wären in der Lage gewesen, die Betriebe zu übernehmen." Sohn Franz verantwortet mittlerweile die Geschicke der Brauerei, während Angela Inselkammer gemeinsam mit ihrem Schwiegersohn Christian Hollweck die Gastronomie und Hotellerie führt. „Es herrscht ein gutes Miteinander, jedes Familienmitglied, jede Generation ist wichtig für den gemeinsamen Erfolg."

Um ein Unternehmen zukunftsfest zu machen, sind auch immer Investitionen nötig. Ein Meilenstein der Firmengeschichte ist der Neubau der Brauerei am Ortseingang von Aying 1999. Ein Projekt, das Franz Inselkammer Senior sechs Jahre plant und für dessen Umsetzung er Brauereien auf der ganzen Welt besichtigt. Mit regionalen Baumaterialien und Handwerkern aus der Region ist eine Brauerei entstanden, die weltbestes Bier braut, über die beste Technik verfügt und Gästen für Besichtigungen offensteht.

> Unser Augenmerk liegt auf einer nachhaltigen Bewirtschaftung des Anwesens, sodass die nächste Generation Freude daran hat, es weiterzuführen.

2003 wird der Brauereigasthof aufwendig renoviert und beherbergt heute 34 besondere Hotelzimmer, Veranstaltungsräume und ein hochdekoriertes Restaurant. Sechs Jahre später folgt das Herrenhaus, das ehemalige Familienhaus. Aufwendige Renovierungen lassen die jahrhundertealte Geschichte des denkmalgeschützten Hauses spüren, so entstehen die alte Gutsküche mit gemütlicher Wirtsstube, 14 großzügige Zimmer mit offenem Kamin oder Kachelofen und eine mit alten Büchern bestückte Bibliothek. 2015 wird aus Stall und Scheunen des Museums „Der Sixthof", ein großer Veranstaltungsraum. 2013 folgt die komplette Renovierung des beliebten Ayinger Bräustüberl mit dem schönen Biergarten. Guten Gewissens lässt sich heute sagen: Alles ist bestens geglückt. Aus dem Landkreis – für den Landkreis.

BRAUEREIGASTHOF HOTEL AYING

Zornedinger Straße 2
85653 Aying

www.ayinger.de

Unser Leben hier ist stinknormal. Und das ist wunderbar.

Paul Breitner

geb. 1951 in Kolbermoor | 1957 - 1961 SV-DJK Kolbermoor | 1961 - 1970 ESV Freilassing | 1970 Abitur | 1970 - 1974 FC Bayern München | 1974 Weltmeister | 1974 - 1977 Real Madrid | 1977 - 1978 Eintracht Braunschweig | 1978 - 1983 FC Bayern München | seit 1983 Unternehmer | 1986 - 1998 Jugendtrainer TSV Brunnthal | 2007 - 2017 Markenbotschafter beim FC Bayern München

Unser Weg nach Brunnthal führte über die Nachbargemeinde Ottobrunn Neubiberg. Ein Jahr haben wir dort gelebt, und als 1972 unser zweites Kind unterwegs war, wurde das Haus zu klein. Wir haben in der unmittelbaren ländlichen Umgebung etwas Neues gesucht, denn meine Frau und ich – wir sind keine Stadtmenschen. Jeder Kilometer weiter weg von der Stadtgrenze – das sind wir. Und der nächstgelegene Ort war Brunnthal. So sind wir im November 1973 in die Gemeinde gekommen. Damals wohnten hier 2.500 Menschen, inzwischen sind wir auf 6.000 Einwohner angewachsen.

50 Jahre sind wir mit Brunnthal verbunden – davon haben wir vier Jahre woanders gewohnt: Von 1974 bis 1977 habe ich bei Real Madrid gespielt und im Anschluss ein Jahr in Braunschweig. In dieser Zeit sind wir aber immer wieder in Brunnthal gewesen, da wir uns an diesem Ort ab dem ersten Tag wohlgefühlt haben. Zu meiner aktiven Zeit als Fußballer war ich 300 Tage im Jahr unterwegs – bis vor fünf, sechs Jahren noch an 250 von 365 Tagen auf Reisen. Immer dann, wenn ich heimkam, bin ich sofort in meinem Zuhause aufgegangen, im Familiären und dem Drumherum.

Seit unserem ersten Tag in Brunnthal sind wir ein Teil der Gemeinde. In den Köpfen der Leute spielt es überhaupt keine Rolle, wer ich bin. Gleich zu Beginn haben die Brunnthaler festgestellt: Hoppla, da kommen keine Schickimickis, die einmal die Woche eine Party, eine Orgie oder sonst irgendetwas veranstalten, sondern dass wir genau hierher passen, da wir das Ländliche und die Ruhe mögen. In all den Jahren, die wir hier leben, hat kein einziger Brunnthaler, den wir nicht kennen oder mit dem wir nicht ansatzweise bekannt oder befreundet sind, bei uns geläutet, um irgendetwas von uns zu wollen. Etwa ein Autogramm, ein Foto oder sonst etwas für irgendwen.

Das liegt auch daran, dass wir uns von Anfang an in der Gemeinde engagiert und zum Miteinander beigetragen haben. Meine Frau war 13 Jahre lang Elternbeiratsvorsitzende in der Grundschule, ich habe dort hin und wieder Sportstunden mitgestaltet. In genau dieser Dorfschule haben übrigens auch unsere Kinder ihren Schulweg gestartet. Noch heute sind wir in der Gemeinde aktiv: Wir gehören zum Sozialen Hilfsring Brunnthal e. V., der zum Beispiel Senioren, Menschen mit Handicap oder Kinder mit besonderem Betreuungsbedarf unterstützt. Sei es durch Einkaufen, Fahrten zum

Arzt oder Busausflüge. Meine Frau und ich sind in der Schule engagiert und geben Nachhilfe – und das finden die Kinder gut, nicht weil ich Fußballer bin, sondern da meine einzige große Stärke meine Geduld ist.

Wir sind also eine ganz normale Familie. Dazu gehört eben auch, dass wir regelmäßig unregelmäßig ins Wirtshaus gehen wie alle anderen auch. Ich durfte, wann immer ich während meiner aktiven Zeit sonntagsvormittags zu Hause war, am Stammtisch des Wirtshauses schafkopfen. Zwölf Jahre lang habe ich die halbe Dorfjugend beim TSV Brunnthal trainiert. In Brunnthal kann ich einfach das tun, was ich auch getan hätte, wenn ich nicht bekannt wäre. Niemand schaut mich anders an als meinen Nachbarn oder irgendjemand anderen im Ort. Und das ist unheimlich angenehm. Unterm Strich kann man sagen: Unser Leben hier ist stinknormal. Und das ist wunderbar.

Genauso schätzen wir die Lage und gute Anbindung von Brunnthal. Die A 99, der Ring um München herum, beliebt bei allen Nord- und Westdeutschen, wenn sie nach Italien oder Österreich fahren, hat mich über Jahrzehnte zu meinem zweiten Zuhause gebracht: dem Münchener Flughafen. Besonders wichtig ist uns der Anschluss an die A 8 nach Salzburg, da meine Frau und ich beide aus Freilassing nach München gekommen sind. Wir haben es auch nicht weit zur S-Bahn und eine gute Bus-Infrastruktur zu den umliegenden weiterführenden Schulen – für den Schulweg unserer Kinder damals ideal.

Dass wir hier alles haben, was wir brauchen, macht das Leben in Brunnthal für mich lebenswert: Unsere Gemeinde hat zwei Ärzte, ein kleines Seniorenheim – demnächst bekommen wir sogar ein größeres, einen Supermarkt, einen Dorfladen, ein zentrales Gasthaus mit einem kleinen Hotel, ein weiteres Gasthaus mit einem traumhaften Biergarten und zwei Fußballplätze. Bemerkenswert finde ich die lebendige Vereinskultur mit mehr als 30 Vereinen, angefangen beim Schnupfer-

Tiefe Verbundenheit zur Gemeinde: Paul Breitner hat zwölf Jahre lang die Jugendmannschaft beim TSV Brunnthal trainiert.

> In Brunnthal kann ich einfach das tun, was ich auch getan hätte, wenn ich nicht bekannt wäre. Niemand schaut mich anders an als meinen Nachbarn oder irgendjemand anderen im Ort.

verein bis hin zum Trachtenverein. Wir haben in Brunnthal eben all das, was das echte Bayern auszeichnet und schön macht. Deshalb gehören die Gasthäuser in der Umgebung auch zu meinen Lieblingsorten. Gerne fahren wir nach Aying zu einer der führenden Privatbrauereien oder besuchen befreundete Wirtsleute in Münster bei Egmating – so etwas macht uns große Freude.

> Etwas Schöneres, als Kinder aus der Stadt aufs Land zu holen und ihnen die Tiere oder Natur zu zeigen, die sie sonst nur aus Heften und Büchern kennen, gibt es für mich nicht.

Zu den schönsten Flecken gehören für mich auch die Wege direkt vor unserer Haustür. Dort können wir unseren Enkelkindern Kühe, Pferde, Hennen und Gänse zeigen. Etwas Schöneres, als Kinder aus der Stadt aufs Land zu holen und ihnen die Tiere oder Natur zu zeigen, die sie sonst nur aus Heften und Büchern kennen, gibt es für mich nicht. In Brunnthal kann man so etwas jeden Tag erleben. Es mag kitschig klingen, aber es ist wirklich wunderbar hier.

Als Sportler freue ich mich über Agilität in allen Bereichen, und das Rathaus in Brunnthal ist da besonders aktiv. Es gibt keine Umwege, sondern immer nur den direkten Weg. Im Rathaus ist Bewegung, Beweglichkeit, Spontaneität. Es wird nichts auf die lange Bank geschoben, wenn es möglich ist, sondern gehandelt. Seit mittlerweile 15 Jahren haben wir mit Stefan Kern einen nach wie vor jungen Bürgermeister, um die 50 Jahre alt, der mit unseren Mädels in die Schule gegangen ist. Wenn ich der Gemeinde Brunnthal etwas für die Zukunft wünschen kann, dann: Bleib' so, wie du bist. Keine drastischen Veränderungen, ich bin für eine gemäßigte Weiterentwicklung und gegen jegliches Hauruckverfahren. Ich bin für Neuerungen, allerdings mit Hirn, in aller Ruhe und mit Souveränität.

An Brunnthal schätzt Paul Breitner das Ländliche und die Nähe zur Natur

Elektronische Bauteile für die ganze Welt

Angefangen hat es mit Bürklin Elektronik im Jahr 1954. Die Firma mit ihrem heutigen Sitz in Oberhaching wurde von Dr. Hans Bürklin gegründet und hat nahezu die gesamte Geschichte der Bundesrepublik erlebt. Rundfunkgeräte wurden einst viele verkauft, Weltempfänger für den Kurzwellenbereich sowie elektronische Ersatz- und Zubehörteile.

„Die Grundidee der Firma ist immer noch die gleiche", sagt Jürgen Lampert, der das Unternehmen seit Februar 2022 als CEO leitet. Bürklin Elektronik ist spezialisiert auf die beste Auswahl elektronischer Komponenten. „Aber doch ist alles vollkommen anders geworden", so Lampert. „In der nachhaltigen und digitalisierten Welt von heute vertreibt Bürklin Elektronik alles, was Firmen für ihre teils sehr komplexen Aufgaben und Herausforderungen in der Entwicklung, Instandhaltung und Ausbildung brauchen."

Zur Kundschaft zählen unterschiedliche Branchen, die auf elektronische Bauteile angewiesen sind. Das reicht von der Automobilindustrie, dem Geräte-, Maschinen- und Anlagenbau bis zur Medizintechnik. Zu den aktiven Kunden zählen etwa Siemens, die Technische Universität (TU) München, BMW oder auch der Bayerische Rundfunk.

„Die Elektronik nimmt eine immer größere Rolle in unserem Leben ein", erklärt CEO Lampert. Gegenwärtig gibt es weltweit 15 Millionen unterschiedliche elektronische Bauteile. Für die Unternehmen, die sie brauchen, bietet Bürklin Elektronik mehrere Hunderttausend Artikel an, die ab Lager sofort verfügbar sind oder in kurzer Zeit direkt vom Hersteller geliefert werden. Als Distributor produziert Bürklin Elektronik die Produkte nicht selbst, sondern bezieht sie von über 500 führenden Herstellern und verkauft sie weiter. In Europa ist das Unternehmen einer der führenden Distributoren.

Was Bürklin Elektronik auszeichnet? Der Kunde steht bei allen Aktivitäten des Unternehmens im Mittelpunkt. Jürgen Lampert nennt ein Beispiel: „Wir verkaufen auch Einzelteile", so der Geschäftsführer. „Wenn ein Kunde nur ein Teil möchte, bekommt er eins, er muss keine 100 Stück kaufen. Und wer ein bestimmtes Kabel in einer bestimmten Länge benötigt, der erhält dies auch so zugeschnitten."

Ein Blick in die Logistikhalle: Bürklin Elektronik verschickt täglich mehrere Tausend Pakete.

CEO Jürgen Lampert leitet das Unternehmen in Familienbesitz seit Februar 2022

Bürklin Elektronik beschäftigt mehr als 130 Mitarbeitende und ist eine Firma in Familienbesitz. Die dritte Unternehmensgeneration besteht aus Veronika Tretter (geborene Bürklin) und ihrem Bruder Johannes Bürklin. Sie haben die Leitung des Unternehmens 2022 an Jürgen Lampert und damit erstmals an einen externen Geschäftsführer abgegeben, der allerdings eine beachtliche Karriere in der Elektronikdistribution aufweist. Die Bürklin-Geschwister bleiben aber weiterhin Mitgesellschafter.

2011 ging es raus aus dem Standort in der Münchner Innenstadt nach Oberhaching. Ein Gewerbebau wurde revitalisiert, alles findet sich nun unter einem komplett mit Solarmodulen versehenen Dach: ein kleiner Firmenshop, die Verwaltung und die Logistik mit den vielen Produkten. CEO Lampert zeigt das helle, luftige Gebäude mit Biotop im Innenhof gerne. Für das Haus gab es einen Architekturpreis.

Klimaschutz und ein möglichst kleiner „ökologischer Fußabdruck" sind dem Unternehmen sehr wichtig: Das Gebäude ist wärmegedämmt, der größte Anteil des Stroms wird selbst produziert, und im Verpackungsbereich wurde Kunststoff durch ein umweltfreundliches Material ersetzt. Außen befindet sich eine Ladestation für E-Autos, die die Mitarbeitenden kostenlos nutzen dürfen.

> 2011 ging es raus aus dem Standort in der Münchner Innenstadt nach Oberhaching. Ein Gewerbebau wurde revitalisiert, alles findet sich nun unter einem komplett mit Solarmodulen versehenen Dach.

In der großen Lagerhalle ist das Bürklin-Leben sichtbar. Bei einer Fläche von 8.500 Quadratmetern und einer Gesamtlänge der Regale von 2.500 Metern sind mehrere Hunderttausend Artikel ab sofort verfügbar. Sie werden bestellt und an Kunden in über 80 Ländern weltweit ausgeliefert. Bürklin Elektronik verschickt täglich mehrere Tausend Pakete an Geschäftskunden. „Jedes Paket ist eine Visitenkarte unseres Unternehmens." Dieser Spruch von Firmengründer Dr. Hans Bürklin steht auf einem Schild in der Lagerhalle und erinnert daran, dass auch die sorgfältige Verpackung des Inhalts mit dem Kundenerlebnis einhergeht. Ein weiterer Blick in die Vergangenheit lässt sich auch an manchen Stellen in der Unternehmenszentrale werfen: Als eine Art Kultobjekt sind hier die dicken gelben Bürklin-Kataloge ausgestellt – von den Kunden einst als „die Bibel für Fachleute" bezeichnet. Dort waren alle Produkte von Bürklin Elektronik auf Papier gelistet. Der Katalog wurde aufgrund des schnelllebigen Sortiments und der Digitalisierung in der Elektronikbranche 2016 eingestellt. Heutzutage kaufen die Kunden überwiegend online oder nutzen effiziente eProcurement-Lösungen.

BÜRKLIN GMBH & CO. KG
Grünwalder Weg 30
82041 Oberhaching

www.buerklin.com

Generation um Generation in Meisterhand

Wo sich Oliver Laumeyer und Karl-Heinz Kraus mit 80 Jahren sehen? Zumindest nicht im Chefsessel ihres Reinigungsunternehmens: „Bei uns steht die nächste Generation in den Startlöchern. Wir haben das große Glück, dass Fabian und Simon, die Söhne von Oliver Laumeyer sowie Nicole Artmeier, die Tochter von Karl-Heinz Kraus, in unsere Fußstapfen treten werden – das ist in unserer Branche nicht immer üblich", sagt Karl-Heinz-Kraus. Gemeinsam leiten sie die Central-Reinigungs-Anstalt für Glas und Gebäude Wilhelm Greiner GmbH & Co.KG, kurz CRA, in Ottobrunn.

Die beiden Geschäftsführer möchten die nachfolgende Generation frühzeitig einbinden und Stück für Stück Verantwortung übertragen, schließlich treten in Zukunft Fabian und Simon Laumeyer in die Geschäftsleitung des ältesten Reinigungsunternehmens Bayerns mit derzeit rund 1.000 Mitarbeitenden ein. „Unser Betrieb ist über 130 Jahre alt. Unser nächstes Ziel ist, 150-jähriges Bestehen zu feiern – Tradition und Beständigkeit zeichnen uns schließlich aus", erklärt Oliver Laumeyer.

Angefangen hat die CRA 1892 als Straßenreinigungsfirma, die sich bald zunehmend der Glasreinigung in öffentlichen Gebäuden widmete. Nach dem Ersten Weltkrieg nahm der Betrieb Innenreinigungen als Dienstleistung auf, die schließlich in den 70er-/80er-Jahren gefragt waren wie nie zuvor. Zu dieser Zeit war es erstmals möglich, einen Gesellen- oder Meisterkurs in der Gebäudereinigung zu machen. Heute beschäftigen die meisten Unternehmen oder öffentlichen Einrichtungen kein eigenes Reinigungspersonal mehr. Das Kundenportfolio der CRA ist entsprechend breit aufgestellt. Der Dienstleister betreut etwa Büros, Schulen, Hotels, Krankenhäuser, Bahnhöfe, Sporthallen oder Baustellen. Im Jahr 2023 wurde zudem die Reinigung von Photovoltaikanlagen mitaufgenommen. „Rund um München sind wir ein sehr bekanntes, alteingesessenes Reinigungsunternehmen. Im Bereich Gebäudereinigung sind wir Hauptauftragnehmer der Landeshauptstadt München", berichtet Karl-Heinz-Kraus stolz.

Seit 1997 befindet sich der Firmensitz der CRA in Ottobrunn – privat und geschäftlich ist man stark verwurzelt. So ist der Betrieb etwa mit der Reinigung von Schulen, Kindergärten oder des Rathauses der

(v. li.) Oliver Laumeyer, Karl-Heinz Kraus, Fabian Laumeyer und Simon Laumeyer

Kommune betraut. Die Familien der Geschäftsführung leben in oder rund um Ottobrunn und kennen die Gemeinde seit langen Jahren. „Oliver Laumeyer war zum Beispiel jahrelang Abteilungsleiter beim TSV Ottobrunn", weiß Karl-Heinz-Kraus und ergänzt lachend: „Und wenn ich einen Termin im Rathaus habe, plane ich zehn Minuten extra ein, da ich dort jeden kenne und allen ‚Grüß Gott' sagen möchte."

Wertschätzend ist auch der Umgang mit den eigenen Mitarbeitenden: „Wir sind bekannt für absolut pünktliche Lohnzahlung – und da wir mit der Stadt München zusammenarbeiten und Fünfjahresverträge für unsere Objekte abschließen, geben wir unseren Reinigungskräften einen sicheren Arbeitsplatz", fasst Oliver Laumeyer zusammen.

Viele Mitarbeitende der CRA sind schon 20, 25 oder gar 30 Jahre betriebszugehörig. Das Miteinander ist vertrauensvoll, das Unternehmen setzt auf familiäre Strukturen und fördert das Wir-Gefühl. So trifft sich die gesamte Belegschaft an Fasching zu Weißwurst, Putenwiener und Krapfen. „Und auch unsere 14 Objektleiter, die ihre Objekte eigenverantwortlich betreuen, sind Teamplayer", weiß Fabian Laumeyer. „Ergibt sich im Objekt ein Problem, etwa, weil eine Reinigungskraft kurzfristig ausfällt, helfen wir uns gegenseitig aus. Das verteilt den Druck auf viele Schultern."

Den Nachwuchs an Objektleitern fördert die CRA am liebsten aus den eigenen Reihen heraus. Im Familienbetrieb gibt es Reinigungskräfte, die sich Schritt für Schritt in die Position des Objektleiters gearbeitet haben. „Das sind die besten Objektleiter, die man finden kann – sie kennen die Strukturen, Kunden und die speziellen Bedürfnisse", weiß Simon Laumeyer. Die Karriereleiter lässt sich in der CRA auch mit einer Ausbildung erklimmen. Der Betrieb beschäftigt drei Meister und bildet im kaufmännischen und gewerblichen Bereich aus. „Die wenigsten wissen, dass Gebäudereiniger ein dreijähriger Ausbildungsberuf ist", erklärt Simon Laumeyer.

Die CRA ist Bayerns ältestes Reinigungsunternehmen und Hauptauftragnehmer der Landeshauptstadt München

> So ist der Betrieb etwa mit der Reinigung von Schulen, Kindergärten oder des Rathauses der Kommune betraut. Die Familien der Geschäftsführung leben in oder rund um Ottobrunn und kennen die Gemeinde seit langen Jahren.

„Als Mitglied des Landesinnungsverbandes sind wir deshalb immer wieder auf Handwerksmessen rund um München präsent, um Menschen für das Gebäudereinigerhandwerk zu begeistern. Der Nachwuchs liegt uns einfach am Herzen."

CENTRAL-REINIGUNGS-ANSTALT FÜR GLAS UND GEBÄUDE WILHELM GREINER GMBH & CO.KG

Beethovenstraße 25
85521 Ottobrunn

www.cra-dienste.de

Was führt eine Amerikanerin nach Haar?

Fancher Brinkmann

geb. 1957 in Birmingham (USA) | 1976 - 1978 Studium der Bildenden Künste, Universität des Südens, Sewanee | 1979 - 1980 Architekturstudium, Illinois Institute of Technology, Chicago | 1980 Umzug nach Deutschland | 1981 - 1985 Studium Dipl.-Ing. Architektur, Technische Universität München | 1986 - 1995 Architektin für verschiedene Architekturbüros in München und Heidelberg | seit 1995 Künstlerin mit Ausstellungen in Deutschland, Österreich, Schweiz, Italien und USA

Meine künstlerische Reise begann in Birmingham, Alabama (USA), dann weiter nach Chicago, Illinios, wo ich inmitten einer Atmosphäre der Kreativität aufwuchs. Schon von klein auf fühlte ich mich der bildenden Kunst hingezogen, was sich manifestierte, als ich im Kindergartenalter heimlich zu Hause die Unterseite unseres Esstisches bemalte. Niemand wusste von meinem Geheimnis, und es kam erst später ans Licht, als wir nach Chicago umzogen. Danach bekam ich so viel Papier wie ich wollte, doch der Spaß war natürlich nicht ganz derselbe.

Mein Weg führte mich zum Fine Arts-Studium an der University of the South in Sewanee, Tennessee. Doch da die Kunst allein nicht zu Unrecht häufig als brotlos gilt, entschloss ich mich, auch etwas Handfestes zu lernen, und begann ein Architekturstudium am Illinois Institute of Technology in Chicago. Dort hatte ich auch meine erste Kunstausstellung am The Chicago Institute of Art.

Der Liebe wegen kam ich 1980 nach Deutschland, schloss hier mein Architekturstudium an der TU München als Diplomingenieurin ab und war anschließend zehn Jahre lang als Architektin tätig. Daneben malte ich weiterhin – inspiriert vor allem vom abstrakt expressionistischen Maler Mark Rothko.

Nachdem 1996 erste erfolgreiche Ausstellungen in Deutschland stattgefunden hatten, widmete ich mich fortan wieder ganz der bildenden Kunst, vor allem der abstrakten Ölmalerei. Daneben fertigte ich aber auch Torsi aus Alabaster und Speckstein. Es folgten viele Ausstellungen in Deutschland sowie in Österreich, Italien und der Schweiz. Meine Ölbilder waren unter anderem auch mehrfach im Buchheim Museum in Bernried zu sehen sowie in einigen institutionellen Sammlungen.

Künstlerinnen und Künstler sprechen in der Regel ungern über ihre Werke; daher soll hier der Kunsthistoriker Karl H. Prestele zu Wort kommen, der anlässlich einiger Vernissagen meine Art des abstrakten Malens so beschrieb:

„Fancher Brinkmann verzichtet weitgehend auf die Form, die nur noch als verwischte Flächen und ausfransende Felder vorkommt, und setzt fast ausschließlich auf die Wirkung von Farbe. Farben lösen in jedem Menschen – ob bewusst oder unbewusst – Empfindungen und Gefühle aus. Fancher Brinkmann hat es vor allem die Farbe Rot angetan. Rot ist die vielschichtigste Farbe, sagt sie, man denkt an Wärme, Geborgenheit, Liebe, Energie, aber auch an Blut, Hölle oder Feuer. Ihre Bilder erschließen sich nicht sofort und nicht dem flüchtigen Betrachter, sondern nur dem, der sich auf sie einlässt. Diese Mühe lohnt sich aber, denn dann erkennt man, wie vielschichtig und tiefgehend diese Kunstwerke sind. Und vielschichtig meine ich ganz wortwörtlich, denn viele ihrer Gemälde bestehen aus bis zu einem Dutzend Malschichten übereinander, die in einem lang dauernden Malprozess aufgetragen werden."

Meine Reise führte mich schließlich nach Haar. Nach zehn Jahren in Hohenbrunn, wo sich mein Atelier befand, gründete ich mit elf anderen Künstlern das Atelier in der Hans-Pinsel-Straße, passenderweise nach einem ehemaligen Bürgermeister mit Namen Pinsel benannt. Seitdem ist Haar meine künstlerische Heimat. Zweimal im Jahr gibt es hier einen jeweils sehr gut besuchten Tag der offenen Tür, an dem man in entspannter und kunstsinniger Atmosphäre mit den Künstlerinnen und Künstlern ins Gespräch kommen kann. Diese liebenswerte Gemeinde am Stadtrand von München, die 2023 ihr 950-jähriges Jubiläum feiern konnte, steht zwar einerseits für das Isar-Amper-Klinikum, dessen Eingangshalle ein drei Meter breites Gemälde von mir schmückt, andererseits ist sie erfüllt von pulsierendem Leben und zeichnet sich generell durch Kunstfreundlichkeit aus. Haar zeigt sich immer offen für ungewöhnliche Ausstellungen.

Neben meinem Schaffen als Künstlerin biete ich auch regelmäßig Malkurse verschiedener Art an. Unter anderem habe ich einen Kurs für Menschen, die unter der Alzheimerkrankheit leiden, angeboten. Nicht nur sie waren davon begeistert, sondern auch ihre Familienmitglieder. Die Gemeinde Haar hat sich sofort bereit erklärt, alle Arbeiten, die im Rahmen dieses Kurses entstanden sind, in einer Ausstellung zu zeigen.

In einer solch kunstsinnigen Gemeinde mit einem derart großen Herz für die bildende Kunst fühle ich mich mit meinem künstlerischen Schaffen bestens aufgehoben und hoffe, hier noch viele Jahre tätig sein zu können.

Die Gemeinde Haar ist die künstlerische Heimat von Fancher Brinkmann

> In einer solch kunstsinnigen Gemeinde mit einem derart großen Herz für die bildende Kunst fühle ich mich mit meinem künstlerischen Schaffen bestens aufgehoben.

Empfindliche Güter in sicheren Händen

"Der Landkreis München ist einer der schönsten in Bayern und wir sind stolz darauf, hier ansässig zu sein", schwärmt Hans Heiler, Geschäftsführer der Claus Spedition. "Taufkirchen im Speckgürtel von München bringt Stadt- und Landleben zusammen. Eine schöne Gegend, in der man privat sehr gut leben und als Wirtschaftsunternehmen Ziele und Wünsche verwirklichen kann."

Die Wurzeln des Logistikunternehmens liegen in Ottobrunn. Als „Norbert CLAUS Transporte" übernimmt der Dienstleister in den 80er-Jahren erste Aufträge von MBB, heute bekannt als Airbus, und baut nach und nach Portfolio und Kundenstamm aus. 1984 entsteht die CLAUS Spedition mit heute 150 Mitarbeitern und 100 Fahrzeugen.

Der Weg nach Taufkirchen ebnet sich auf der Feier zum 40-jährigen Firmenjubiläum im Jahr 2019. Über den dort anwesenden Bürgermeister findet das Transportunternehmen den Kontakt zu einem großzügigen Grundstück im Gewerbegebiet – und auch Gefallen: Drei Jahre später eröffnet die CLAUS Spedition ein Logistikzentrum mit 8.000 Quadratmetern Lagerfläche, inklusive beheiztem Blocklager, Hochregal- und Kühllager und Gefahrgutlager.

Hochsensible Lagerungen und Transporte sind das Aushängeschild der CLAUS Spedition. Der Spezialist für Gefahrguttransporte der Klasse eins ist deutschlandweit eines der wenigen Unternehmen, das Explosivstoffe befördern darf. Neben Großvolumen-, Überbreite-, Überhöhe- oder Luftfracht-Transporten wickelt die CLAUS Spedition auch klassische Speditionsaufträge ab, und das europa- und weltweit. „Wir sind ein zuverlässiger, guter Partner und können so ziemlich alle Anforderungen unbürokratisch umsetzen."

Oberstes Credo bei jedem Auftrag: der Umweltschutz und die Schonung von Ressourcen. Die CLAUS Spedition investiert in Transporter mit der höchsten Schadstoffklasse, verfügt über drei Elektrofahrzeuge und möchte seinen E-Fuhrpark weiter ausbauen. Bei Verpackungen oder Klebebändern setzt das Unternehmen auf umweltfreundliche Lösungen wie etwa Green Plastic. Die neue Logistikhalle in Taufkirchen verfügt zudem über eine 3.000 Quadratmeter große Photovoltaikanlage zur Selbstversorgung.

CLAUS Spedition investiert in Transporter mit der höchsten Schadstoffklasse und einen E-Fuhrpark

Seit 2010 lenkt Hans Heiler (li.) die Geschäfte der CLAUS Spedition, sieben Jahre später stößt Michael Rölle (re.) als zweiter Geschäftsführer dazu

Das neue Logistikzentrum in Taufkirchen mit 8.000 Quadratmetern Lagerfläche

Der Neubau liegt verkehrsgünstig im Gewerbegebiet von Taufkirchen, trotzdem ist die Nähe zur Kommune und ihren Menschen groß. Um der Region etwas zurückzugeben, engagiert sich CLAUS Spedition am Gemeindeleben und unterstützt verschiedene soziale Projekte.

Das Miteinander hat bei CLAUS Spedition hohen Stellenwert, das gilt auch für die Belegschaft. Rund die Hälfte der Angestellten ist schon mindestens 10 bis 15 Jahre beschäftigt. „Auch in wirtschaftlich herausfordernden Jahren konnten wir alle Mitarbeiter halten – und darauf sind wir stolz", ergänzt Hans Heiler. Das Know-how der langjährigen Mitarbeitenden ist die Basis des Unternehmenserfolgs: Zur Auftragsabwicklung fordern nicht wenige Kunden einen bestimmten Mitarbeiter an, mit dem sie schon gute Erfahrungen gemacht haben. Denn vor allem diffizile Transporte bedürfen eines engen, partnerschaftlichen Verhältnisses.

An einen Auftrag erinnert sich Hans Heiler übrigens besonders gerne: Die Überführung von Satellitenteilen im Jahr 2019. „Der Transport mit unserem bis dato größten Warenwert", so der Geschäftsführer. „Ein Volumentransport mit Überbreite, Überhöhe und auch etwas Gefahrgut." Die CLAUS Spedition schickt sechs Lkw mit Begleitfahrzeugen zum Münchener Flughafen, um die teure Fracht sicher in das Innere der Antonov 124 zu verladen. „Durch das Tagfahrverbot eine echte Nacht-und-Nebel-Aktion mit viel Organisationsaufwand im Vorfeld. Dank solcher Erlebnisse wachsen wir mit unseren Kunden zusammen – und das schätze ich an meinem Beruf besonders."

> Dank solcher Erlebnisse wachsen wir mit unseren Kunden zusammen – und das schätze ich an meinem Beruf besonders.

CLAUS SPEDITION GMBH
Karwendelstraße 9
82024 Taufkirchen

www.claus-international.com

Elektronik mit Herz und Verstand

Familie wird bei der Firma Components at Service GmbH großgeschrieben. Und das im wahrsten Sinne des Wortes. Denn: Betreten Besuchende die hellen Firmenräume in Oberhaching, stehen sie dem Wort „Familie" in riesigen Buchstaben auf die Wand geschrieben gegenüber. Die Begriffe Engagement, Unabhängigkeit, Zuverlässigkeit und Nachhaltigkeit vervollständigen das ganz besondere Kunstwerk. „Wir wollen diese Werte leben – nicht nur im Team, sondern auch gegenüber Kunden, Dienstleistern und Lieferanten", sagt Dominik Zillner, einer der Geschäftsführer. Mit seinen Eltern Martina und Thomas Zillner führt er das Unternehmen. Components at Service GmbH ist ein international operierender, unabhängiger Distributor, der auf alle Arten von elektronischen Bauelementen und Zubehör spezialisiert ist.

Was das bedeutet, erklärt Dominik Zillner: „Unsere elektronischen Bauelemente sind an vielen Stellen anzutreffen – in Mobiltelefonen, Autos oder medizinischen Geräten. Sie sind allgegenwärtig, aber die wenigsten wissen das. Wir sind ein „hidden champion". Die Components at Service GmbH liefert weltweit, der stärkste Markt ist aber Deutschland, gefolgt von Osteuropa. Innerhalb von zwei Jahren wuchs der Umsatz des Unternehmens zwischen 2020 und 2022 von einem einstelligen auf einen dreistelligen Millionenbetrag – bedingt durch Professionalisierung, Marktanpassung und Innovationsgeist.

Die Components at Service GmbH vertreibt alle Arten von elektronischen Bauelementen und Zubehör

Die Anfänge der Unternehmensgeschichte gehen auf seinen Großvater zurück, der 1949 die W. Zillner VDI (später: Zillner Elektronik GmbH) gründete. Er war als Vertragsdistributor im deutschen Raum aktiv und besaß Verträge mit namhaften Herstellern. Mit einem Großhandelskonzept vertrieb er die elektronischen Bauelemente per Gebietsschutz im Großraum Bayern. Thomas Zillner, der Vater von Dominik Zillner, übernahm die Firma und führte sie weiter. So erfolgreich, dass Anfang der 2000er-Jahre immer mehr Nachfragen eingingen, ob nicht auch „Fremdmarken" angeboten werden könnten, da die Kunden Kompetenz und Service sehr wertgeschätzt hatten. Der Grundstein als unabhängiger Distributor wurde gesetzt, Martina Zillner gründete die Components at Service GmbH.

„Wir pflegen einen jungen Unternehmergeist – sind aber bereits mehr als 20 Jahre auf dem Markt. Wir möchten ein ewiges Start-up bleiben", sagt Dominik Zillner. Bedeutet konkret: „Schnell und flexibel wie ein Speedboat, um am Markt zu bestehen und weiter zu wachsen." Dabei ist es Dominik Zillner wichtig, homogen größer zu werden.

Nachhaltigkeit liegt dem Unternehmen in allen Bereichen am Herzen. Das Ziel ist, bis 2030 der nachhaltigste Distributor in Deutschland zu sein. Bereits heute ist Components at Service durch CO_2-Ausgleich neutral. Anstatt Kartonagen einzukaufen, werden sämtliche Verpackungsmaterialien wiederverwendet und mit einem Sticker versehen: „Ich bin nicht schön, aber recycelt." Ein Umstand, der bei den Empfängerinnen und Empfängern der Post sicher für ein Lächeln sorgt.

Dass das Unternehmen mit dem Thema Nachhaltigkeit seinen Teil zu einer besseren, lebenswerten Welt leisten möchte, ist die eine Seite. Die andere: Die Firma sieht sich als Unternehmensberater, Brandlöscher, Qualitätsbeauftragter, Logistikmanager und Einkäufer. Den Handel bezeichnet Dominik Zillner weiterhin als Steckenpferd. Das eigene Prüflabor, das 2023 fertiggestellt wurde, soll das Unternehmen auf das nächste Level heben. Mittelfristig ist geplant, eine zusätzliche Lagerhalle in Oberhaching oder im Landkreis aufzubauen. Die Vision ist, in den nächsten fünf Jahren zu einem Fullservice-Dienstleister rund um Elektronik zu werden. Mit der Ware handeln, die Teile testen, langzeitlagern und die passende Software anbieten – all das soll aus der Hand von Components at Service GmbH kommen.

Selbstverständlich geht Wachstum nicht ohne zuverlässige, kompetente Mitarbeitende. Das Team umfasst zurzeit 18 Beschäftigte und soll auf rund 30 Kolleginnen und Kollegen anwachsen. Sie alle dürfen sich auf ein Büro freuen, das nach ihrem Geschmack eingerichtet ist. „Jeder Mitarbeitende bekommt bei uns die Basisausstattung für ein Büro und ein bestimmtes Budget für Farbe, Teppiche und Deko, damit sich jeder seinen Raum nach eigenen Wünschen ausstatten kann." Als

Der Familienbetrieb schafft Arbeitsplätze zum Wohlfühlen und hat für dieses Engagement den „Great Place to Work"-Award erhalten

Familienbetrieb ist es den Geschäftsführenden wichtig, ein gutes Verhältnis zum Team zu pflegen, für ein Wohlfühlklima zu sorgen und vertrauensvoll zusammenzuarbeiten.

> „Es ist ein Geben und ein Nehmen – hier und im ganzen Landkreis." Diesen Grundsatz lebt auch die Components at Service GmbH: „Wenn wir Partner suchen, halten wir an allererster Stelle in nächster Nähe Ausschau."

Die Zusammenarbeit in Oberhaching lobt Dominik Zillner besonders. „Es ist ein Geben und ein Nehmen – hier und im ganzen Landkreis." Diesen Grundsatz lebt auch die Components at Service GmbH: „Wenn wir Partner suchen, halten wir an allererster Stelle in nächster Nähe Ausschau." Partnerschaften – auch die werden bei der Firma Components at Service GmbH neben Engagement, Unabhängigkeit, Zuverlässigkeit und Nachhaltigkeit großgeschrieben.

COMPONENTS AT SERVICE GMBH

Keltenring 15
82041 Oberhaching

www.components-service.de

Im Ort nennt man mich den „Gentleman of the Blues"

Gerard Conners

geb. 1963 in St. Louis, Missouri | 1982 - 84 US Army als Berufsmusiker, Fort Lee Virginia | 1984 - 86 US Army Stützpunkt in Friedberg | 1986 - 90 University of Maryland | ab 1990 Business English-Lehrer und Musiker rund um München | 2000 Umzug nach Feldkirchen | 2003 Business English-Lehrer an der VHS | ab 2006 Live-Auftritte im Park Café München | seit 2006 Musik-Dozent an der VHS | 2008 - 2018 ehrenamtliche Leitung der „Musik Werkstatt" | ab 2018 Lehrer im Blasmusik Aschheim e. V. | 2019 erstes Buch „Blues With A Bridge" | 2020 zweites Buch „The New Bridge: Talking Blues With Everyday People" | 2024 Veröffentlichung der dt. Übersetzung von „Blues With A Bridge"

Heimat ist für mich ein Ort, mit dem ich mich sehr verbunden fühle. Und Feldkirchen ist inzwischen genau das geworden. Ich fühle mich hier sauwohl. Gebürtig komme ich aus St. Louis, der „Blues-Stadt" in Missouri, USA, und während meiner Militärzeit am amerikanischen Stützpunkt in Friedberg bin ich zum ersten Mal nach München gereist. Die Stadt hat mir sehr gefallen, und so bin ich 1990 als Lehrer für Business Englisch in die bayerische Landeshauptstadt gezogen. Ich habe zunächst an verschiedenen Sprachschulen unterrichtet, später dann als freiberuflicher Lehrer bei großen Banken und IT-Firmen rund um München. Als ich dann hörte, dass es in Feldkirchen schöne, große Wohnungen gibt, bin ich im Jahr 2000 vom Perlacher Forst nach Feldkirchen gezogen.

Mein Weg hat mich zunächst in die christliche Freikirche Gospel Life Center geführt, um in Feldkirchen Kontakte zu Menschen aus meinem Kulturkreis zu knüpfen und ein wenig Heimatgefühl zu spüren. Dort habe ich im Gospel Chor Saxophon gespielt. Hauptberuflich habe ich weiterhin als Business Englisch-Lehrer gearbeitet, unter anderem an der Volkshochschule in Feldkirchen. Heute, über 20 Jahre später, bin ich in Feldkirchen bekannt „wie ein bunter Hund". Im Ort nennt man mich den „Gentleman of the Blues". Fast jeder Einwohner begrüßt mich wie einen Freund, und ich muss manchmal überlegen, woher wir uns eigentlich kennen, denn Berührungspunkte gibt es viele.

Seit 2004 bin ich Englisch-Lehrer an der Volkshochschule in Feldkirchen und unterrichte dort seit 2006 auch Saxophon, Klarinette, Querflöte und Mundharmonika. Zehn Jahre lang habe ich an der Volkshochschule in Feldkirchen auch ehrenamtlich die Musik-Werkstatt geleitet. Ich bin seit 2013 Musik-Lehrer im Blasmusik Aschheim e. V. und trete als Jazz- und Blues-Musiker bei öffentlichen und privaten Feiern auf. So findet man mich auf Hochzeiten, Konfirmationen, Geburtstagen, Beerdigungen oder auch Firmenevents.

Am nächsten komme ich den Menschen allerdings bei meinen privaten Sessions unter der Eisenbahnunterführung zum Heimstettener See, der von den Einheimischen als „Fidschi" bezeichnet wird. Seitdem ich in Feldkirchen wohne, spiele ich unter dieser Brücke Saxophon. Einige der Passanten, die die Bahnunterführung nutzen, bleiben bei mir stehen, kommen mit mir ins Gespräch und vertrauen mir ihre Geschichten, Gedanken und Schicksalsschläge an. Wir reden, lachen und weinen zusammen – und es fasziniert mich immer wieder aufs Neue, wie offen die Menschen hier sind.

Eines Tages, als ich unter der Brücke spielte, kam eine ältere Dame mit einem Fotoalbum unter dem Arm auf mich zu. Sie zeigte mir die Fotos ihres mittlerweile verstorbenen Mannes und erzählte mir, dass die beiden immer den Weg unter der Brücke zum See gegangen seien und mich spielen hörten. Leider konnte ich mich an diese Begegnungen nicht erinnern, aber diese Dame inspirierte mich dazu, ein Buch über all die Begegnungen und Erlebnisse unter dieser Brücke zu schreiben. Es kommen immer wieder neue Geschichten dazu und inzwischen habe ich ein zweites Buch darüber geschrieben. Ich freue mich sehr, dass ich diese Bücher dann im Rathaus in Feldkirchen vorstellen darf und dort im Publikum ab und zu die Menschen aus meinen Büchern wiedersehe.

Nicht erst bei diesen Buchvorstellungen fällt mir auf, wie bodenständig und sympathisch das Team rund um den Bürgermeister ist. Der ehemalige Bürgermeister Werner van der Weck hat mich persönlich eingeladen, um seinem Sohn das Saxophonspielen beizubringen – vor und nach jeder Unterrichtsstunde haben wir uns unterhalten und uns so schließlich angefreundet. Er hat mich zu großen Konzerten von Keb' Mo', John Lee Hooker Jr. und Kirk Fletcher eingeladen – das war eine ganz besondere Ehre für mich. Die Gemeinde Feldkirchen bietet ein tolles und abwechslungsreiches Kulturprogramm, das von Alfred Gleixner gestaltet wird. Für jeden Bürger und jede Altersgruppe ist etwas dabei, und es werden keine Kosten und Mühen gescheut, um internationale Künstler nach Feldkirchen zu holen.

Mit dem amtierenden Bürgermeister Andreas Janson habe ich mich von Anfang an gut verstanden – er ist ein sehr freundlicher Mensch. Zum 50. Jubiläum der Volkshochschule habe ich ein Konzert gespielt, und er hat mich gefragt, ob er ein Selfie mit mir machen darf. Diese Begegnung fand ich so sympathisch.

Überhaupt wird in der Gemeinde großer Wert auf einen freundlichen und respektvollen Umgang miteinander gelegt. Ein Beispiel dafür sind auch die schönen Holzhäuser der Flüchtlingsunterkünfte, die sich mitten im Ort befinden. Seit einiger Zeit stellt die Gemeinde auch ein Elektroauto namens „Ivy" zur Verfügung, das sich jeder einfach ausleihen kann, und auf dem Rathausplatz steht

Seit über 20 Jahren musiziert Gerard Conners unter der Brücke zum Heimstettener See – über seine Begegnungen mit den Passanten hat er zwei Bücher geschrieben

neben der Bücherei ein Bücherschrank, damit die Feldkirchener ihre Bücher weitergeben können.

Übrigens hat die Gemeinde Feldkirchen erneut die Auszeichnung als „bienenfreundliche Kommune" erhalten. In den letzten Jahren wurden Grünflächen der Gemeinde in insektenfreundliche Blühwiesen umgestaltet. Das Ergebnis: Reiche Honigernten unserer glücklichen Bienen.

> Wir reden, lachen und weinen zusammen – und es fasziniert mich immer wieder aufs Neue, wie offen die Menschen hier sind.

An Feldkirchen mag ich die Ruhe und den dörflichen Charakter. Ich bekomme hier so gut wie alles, was ich brauche. Wir haben eine Vielzahl an Geschäften und Ärzten, die alle fußläufig zu erreichen sind – das hält

> Ich wünsche der Gemeinde Feldkirchen, dass alle Menschen dort – egal, aus welcher Nation sie stammen – weiterhin so friedlich und respektvoll miteinander leben wie bisher.

Gerard Conners am Notenschlüssel auf dem Platz „Am Maibaum"

mich fit. Und wenn mir nach mehr Trubel oder Anonymität ist, fahre ich nach München. Die S-Bahn bringt mich in zehn Minuten in die Stadt, und es gibt regelmäßige Busverbindungen in alle Richtungen.

Neben der Bahnunterführung zum „Fidschi" zählt der kleine und feine Obst-, Gemüse- und Feinkostladen „Luongo" zu meinen Lieblingsplätzen. Dort esse ich mit den Einheimischen bei einem Weinchen „Steckerlfisch". Genauso gerne bin ich im gegenüberliegenden Brauhaus „Flugwerk", wo ich ein gepflegtes Bier genieße, oder im Café der Ortsbäckerei, um an meinen Büchern zu arbeiten. Auch das Fitness-Studio „V-itness" gehört zu meinen Lieblingsorten – dort trainiere ich bereits seit 2004 täglich.

Ich fahre auch gerne in die Nachbargemeinde Aschheim – wenn es das Wetter zulässt, besuche ich den Aussichtspunkt des Erholungsparks Südwest, den ich gern als Stonehenge von Aschheim bezeichne. Hier hat man einen herrlichen Blick nach Feldkirchen und auf die ländliche Umgebung, und bei guter Sicht kann man sogar die Berge sehen.

Ich wünsche der Gemeinde Feldkirchen, dass alle Menschen dort – egal, aus welcher Nation sie stammen – weiterhin so friedlich und respektvoll miteinander leben wie bisher. Ganz persönlich wünsche ich mir, dass die Eisenbahnunterführung zum See, die eigentlich zur Nachbargemeinde Heimstetten gehört, und unter der ich seit über zwanzig Jahren Musik mache und Menschen aus aller Welt treffe, noch zu meinen Lebzeiten nach mir benannt wird. Darüber würde ich mich sehr freuen.

Berthold Michels lässt Daten rasen

Was Berthold Michels am Standort Grasbrunn besonders schätzt, ist die ideale Lage im Technologiepark, die gute Verkehrsanbindung und die Nähe zu den Universitäten: „Wir haben so Zugriff auf gut ausgebildete, hochqualifizierte Naturwissenschaftler. Unser Standort macht die Qualität unseres Teams aus, und unsere Mitarbeiter sind schlussendlich der Schlüssel zu unserem Unternehmenserfolg", erklärt der Firmengründer und Geschäftsführer von Comtel Electronics.

Den Grundstein für seine Unternehmung legte er 1993 mit einem angemeldeten Patent für komplexe Leiterplatten, Multilayer, also Träger von elektronischen Bauteilen. „Zu dieser Zeit war es üblich, Bauelemente wie etwa Widerstände, Kondensatoren und auch Chips durch Löcher auf der Platine zu verlöten. Ich hatte damals die Idee, diese Elemente auf der Oberfläche der Leiterplatte, in SMT-Technik, zu löten, das heißt die Bauteile werden mit lötfähigen Anschlussflächen direkt auf eine Leiterplatte gelötet."

Zu diesem Zeitpunkt hat das weltweit noch niemand so gemacht, die sogenannte Oberflächenmontage, auch Surface mount Technology – kurz SMT-Technik genannt, war ein Quantensprung in diesem Bereich. Mit dieser Technik konnte das Hochfrequenzverhalten von Leiterplatten wesentlich verbessert werden. „Das muss man sich als Laie so vorstellen: Wenn Signalleitungen mit hohen Frequenzen arbeiten, entstehen elektromagnetische Störspannungen. Durch Anwendung der SMT-Technik lassen sich die Signale in den Innenlagern der Leiterplatten wesentlich besser entkoppeln, und die Übertragungsqualität verbessert sich erheblich", erklärt Berthold Michels.

Einer der ersten großen Auftraggeber von Comtel Electronics ist der IT-Konzern HP – und damit nimmt der Unternehmenserfolg seinen Lauf. Der Familienbetrieb ist heute weltweit führend in der Entwicklung von Hochgeschwindigkeitsrechnern und Hochleistungs-Leiterplattenlösungen – ein absolutes Nischengeschäft – und bedient die Bereiche Luft- und Raumfahrt, Militär, Telekommunikation und Wissenschaft. So entwickelt das Unternehmen beispielsweise Komponenten für die

Ein Betrieb in Familienhand: CFO Elisa Füchsl und Firmengründer Berthold Michels

Radarsysteme von Luftfahrzeugen, für die Rechner des Raketenabwehrsystems Iron Dome, für das Firewall-Rechnersystem von Banken oder für den Large Hadron Collider (LHC) für CERN, dem größten Teilchenbeschleuniger der Welt, also alles Anwendungen, bei denen Daten in Echtzeit übertragen werden müssen – das sind Geschwindigkeiten von bis zu 100 Gigabit pro Sekunde. Zum Vergleich: Ein herkömmlicher Glasfaseranschluss am Haus überträgt Daten mit 100 Mbit pro Sekunde – das ist tausendmal langsamer als die Geschwindigkeiten, die bei Echtzeitanwendungen benötigt werden.

„Wir sind ein reines Entwicklungsunternehmen – 90 Prozent unserer Produkte fertigen wir nach den Spezifikationen unserer Kunden an. Das oberste Credo lautet dabei: Innovation geht mit Kostenreduktion einher. Das heißt, mit unseren individuellen Lösungen unterstützen wir unsere Auftraggeber dabei, ihre Vorgänge zu optimieren und so Kosten einzusparen." Die maßgeschneiderten Lösungen werden bei Comtel Electronics aus einer Hand gefertigt und durchlaufen verschiedene Ingenieursdisziplinen, unterteilt in die Units Entwicklung, Simulation, Produktdesign und Test. Die Beschäftigten sind beim gesamten Entstehungsprozess vom Anfang bis zum Einsatz der Komponenten dabei.

„Wir arbeiten eng miteinander, unser Team besteht aus exzellenten Ingenieuren. Wir rekrutieren Experten aus der ganzen Welt, denn neben unserem Firmensitz in Grasbrunn mit 18 Mitarbeiter haben wir Niederlassungen in UK, den USA, in Israel, Russland und Rumänien." Comtel fertigt jedoch nicht nur kundenspezifische Elemente, sondern auch Rechnersysteme, etwa für die weltweit größten HP-Drucker, die Tageszeitungen drucken und Papier in Hochgeschwindigkeit verarbeiten. „Das Schöne an unserem inhabergeführten Unternehmen ist, dass wir schnell Entscheidungen treffen können und Prozesse flexibel an den Markt und die Bedürfnisse anpassen können", erklärt Elisa Füchsl, die Tochter

Ein Patent für Leiterplatten bildet den Grundstein für den Unternehmenserfolg

von Berthold Michels. Sie ist 2006 nach ihrem BWL-Studium ins Unternehmen eingestiegen, ist heute CFO von Comtel Electronics und führt die Business Unit in Grasbrunn.

> Zu diesem Zeitpunkt hat das weltweit noch niemand so gemacht, die sogenannte Oberflächenmontage, auch Surface mount technology – kurz SMT-Technik genannt, war ein Quantensprung.

„Mein Vater und ich arbeiten seit vielen Jahren äußerst eng zusammen und ergänzen uns dabei sehr gut – ich schätze diese Zusammenarbeit außerordentlich und freue mich, dass wir so einen fließenden Übergang schaffen." Berthold Michels plant, sich demnächst in den Ruhestand zu verabschieden und die Geschäftsführung an seine Tochter abzugeben. „Ich hoffe sehr, dass mein Vater weiterhin unterstützend an meiner Seite stehen wird – niemand kennt die Firma so gut wie er – und er seine Unternehmung, ‚sein Baby', als Berater begleiten wird."

COMTEL ELECTRONICS GMBH

Bretonischer Ring 11
85630 Grasbrunn

www.comtel-online.com

Systeme für sichere Abgasreinigung

Strahlendes Violett, Türkistöne und Steingrau – die Farben der verschiedenen Granulate stechen bei einem Besuch der Abteilung „Forschung und Entwicklung" gleich ins Auge. Um eine schöne Optik geht es den Chemikern bei der CS CLEAN SOLUTIONS GmbH allerdings nicht: Sie suchen die optimale Zusammensetzung von Granulaten für die Reinigung giftiger Abgase, die bei der Fertigung von Halbleitern und Solarzellen entstehen. Die toxischen Gase reagieren mit der großen Oberfläche der porösen Materialien. So werden sie in fester Form gebunden und ungefährlich. Die exklusiven Rezepte für diese sogenannte Trockenbett-Absorption sind ein gut gehütetes Betriebsgeheimnis und die Kernkompetenz des international tätigen Unternehmens mit Sitz in Ismaning.

„Wir verwenden kein Wasser und keine fossilen Brennstoffe. Wir konzentrieren beziehungsweise neutralisieren die toxischen Stoffe, anstatt sie zu verdünnen. Dadurch ist unser Verfahren besonders umweltverträglich", betont Georg Lipperer, der Vorstand der CS CLEAN SYSTEMS AG und Geschäftsführer der operativen Tochter CS CLEAN SOLUTIONS GmbH. Seit der Gründung des Familienunternehmens vor über 35 Jahren besteht das wertvolle Know-how auch darin, wie spezifische Granulate in Reaktionsbehältern geschichtet werden. Von außen ähneln sie Edelstahl-Bierfässern. Im Inneren sind die Behälter hochkomplex aufgebaut, damit das Gas nicht einfach irgendwie hindurchfließt.

Das Unternehmen bietet auch Systeme an, die dieses spezielle Verfahren überwachen und bei Fehlfunktionen – wie Überhitzung – für Sicherheit sorgen. Damit werden Menschen und Fertigungsprozesse geschützt. „Wir verkaufen nicht nur Abgasreinigung, sondern in erster Linie Sicherheit", bringt Lipperer es auf den Punkt. Außerdem gehören Serviceleistungen zum erfolgreichen Geschäftsmodell: Ist das Material in einem Behälter verbraucht, kann der Kunde das Behältnis bei der CS CLEAN SOLUTIONS oder einem ihrer Partner entleeren, reinigen und neu befüllen lassen. Das verbrauchte Material wird gesammelt und der Wiederverwertung zugeführt – beispielsweise im Straßenbau.

Überall auf der Welt, wo es Halbleiter- und Photovoltaik-Produktion gibt, ist der deutsche Anlagenbauer mit Tochtergesellschaften oder Vertriebspartnern vertreten. „In unserer speziellen Nische sind wir international ganz vorne mit dabei. Wir exportieren rund 75 Prozent unserer Produkte", sagt Lipperer. Das Unternehmen

Das Firmengelände in Ismaning mit 9.000 Quadratmetern Gebäudefläche

gehört mehrheitlich den beiden Gründerfamilien, die Wert auf eine nachhaltige und langfristige Entwicklung der Firma legen.

Nach Ismaning kam die CS CLEAN SYSTEMS vor über 25 Jahren. „Ohne die Gemeinde Ismaning gäbe es uns heute gar nicht mehr", erzählt Lipperer. Nach dem Platzen der Internet-Blase 2003 waren viele Aufträge weggefallen. „Wenn uns der Bürgermeister damals nicht die Gewerbesteuer gestundet hätte, wäre eine Insolvenz sehr wahrscheinlich gewesen." Diese unternehmerische Entscheidung der Gemeinde Ismaning war und ist für alle Beteiligten eine Win-win-Situation.

Lipperer ist stolz darauf, dass in seinem Unternehmen seit 15 Jahren niemand mehr aus wirtschaftlichen Gründen entlassen werden musste. Nach der schwierigen Phase wurde kontinuierlich Personal aufgebaut: 2009 waren es noch 35 Mitarbeitende – jetzt sind es knapp 120 Fachkräfte in Ismaning. In Deutschland beschäftigt der Konzern heute 160 Menschen und weltweit über 200.

Trotz des Wachstums ist das Arbeitsumfeld bei der CS CLEAN immer noch stark familiär geprägt. Man kennt sich. Bewerber lernen nicht nur den Meetingraum und die zukünftige Führungskraft kennen, sondern dürfen sich auch zwanglos mit potenziellen Kolleginnen und Kollegen unterhalten. Oft kommt danach die Rückmeldung, dass die Stimmung locker sei und der Umgang sehr freundlich und höflich. Nach der Unternehmenskultur gefragt, antwortet der langjährige Vorstand: „Wir pflegen bei uns den gesunden Menschenverstand. Das ist unser pragmatisches Führungsprinzip. Wir treffen schnelle Entscheidungen, die auf Zahlen, Daten und Fakten basieren. Die Prämissen schreiben wir auf, damit wir später die Ergebnisse daran spiegeln können. Deshalb gilt bei uns auch jede Entscheidung als richtig – in dem Moment, in dem sie getroffen wird."

Die für bestimmte Gase optimierten Granulate entwickelt und produziert das Unternehmen CS CLEAN SOLUTIONS in Deutschland

In Ismaning gibt es viele spannende Arbeitsplätze und ab September 2024 soll die Ausbildung von Industriekaufleuten, Mechatronikern und Elektronikern für Automatisierungstechnik starten. „Wirtschaftsprüfer sind immer von der hohen Komplexität und der Bandbreite unseres Know-hows beeindruckt", sagt Lipperer.

> Wir verkaufen nicht nur Abgasreinigung, sondern in erster Linie Sicherheit.

So müssen bei Herstellung, Lagerung und Transport der chemischen Materialien viele verschiedene Rechtsvorschriften berücksichtigt werden. Für den Export per Luftfracht wurde die Versandabteilung extra dafür qualifiziert, dass Produkte direkt ins Flugzeug geladen werden dürfen. Das ist wichtig, weil es am Münchner Flughafen keine Röntgengeräte gibt, die groß genug sind für die Anlagen. Die Systeme dürfen wegen der

Gasdichtigkeit auch nicht zur Kontrolle einfach mal geöffnet werden. Deshalb sorgen die Mitarbeitenden der CS CLEAN SOLUTIONS GmbH für die Versandsicherheit und eine vereinfachte Zollabfertigung.

> Wie beim Autokauf gibt es bei uns Serien- und Sonderausstattungen. Wir arbeiten auftragsbezogen und machen viel mit der Hand.

CS CLEAN SOLUTIONS GMBH
Fraunhoferstraße 4
85737 Ismaning

www.csclean.com

Die Firma besitzt in Ismaning mittlerweile ein großes Grundstück und ein Gebäude mit 9.000 Quadratmetern für Büros, Werkstätten und Fertigung. In den lichtdurchfluteten Produktionshallen herrscht konzentrierte Stille: Die Mitarbeitenden stellen die Geräte mit vorgefertigten Teilen kundenspezifisch zusammen. „Wie beim Autokauf gibt es bei uns Serien- und Sonderausstattungen. Wir arbeiten auftragsbezogen und machen viel mit der Hand", erläutert Lipperer. „Durch eine exakte Dokumentation der einzelnen Arbeitsschritte in der Manufaktur ist für uns und unsere Kunden alles exakt nachvollziehbar. So sichern wir eine hohe Qualität."

Um weiter auf dem Wachstumspfad zu bleiben, investiert das Unternehmen kontinuierlich in Forschung und Entwicklung. Vor gut zwei Jahren wurde eine zukunftsträchtige neue Technologie lizensiert, die zum Klimaschutz beiträgt. Dabei erzeugt ein elektrisches Plasma hohe Temperaturen, durch die perfluorierte Kohlenwasserstoffe (PFC) aufgebrochen werden. Anschließend werden die Reaktionsprodukte mit einem Trockenbettabsorber abgereinigt. Damit können Kunden aus der Halbleiter- und Solarindustrie künftig einen großen Teil ihres CO_2-Budgets reduzieren.

Das Reinigungsverfahren findet in speziellen Reaktionsbehältern statt

Die Granulate reinigen giftige Abgase, die bei der Fertigung von Halbleitern und Solarzellen entstehen

Seit über 24 Jahren im Einsatz

Ihre Passion für Sauberkeit wird Klaudia Atelj in die Wiege gelegt. „Meine Mama war in der Reinigung tätig, und schon als Kind war ich von den Möglichkeiten dieses Handwerks fasziniert." Die gelernte Buchhaltungsfachwirtin lässt sich zur Gebäudereinigungsmeisterin ausbilden und gründet 2001 als One-Woman-Show ihr Unternehmen Daily Shine. „Der handwerkliche Bereich ist als Frau kein leichtes Pflaster, aber ich habe mich durchgekämpft." Heute ist das Unternehmen mit Sitz in Gräfelfing in allen Bereichen der Gebäudereinigung tätig, zählt 350 Kunden und einen Jahresumsatz von fünf Millionen Euro.

Neben klassischen Reinigungsarbeiten in Büroräumen, Restaurants, Arztpraxen oder Laboren bietet der mehrfach zertifizierte Meisterbetrieb auch Spezial- und Sonderreinigungen an. Dazu zählt etwa die Aufbereitung von Fassaden oder stark beanspruchten Parkettböden in Kindergärten oder Schulen. Bei komplexen Anforderungen beraten die Projektleiter und erstellen ein individuelles Reinigungskonzept.

Daily Shine zeichnet ein hohes Qualitätsbewusstsein aus. „Wir haben eine eigene App zur Überprüfung der Reinigungsleistung. Lässt diese einmal nach, können wir direkt handeln", verrät Klaudia Atelj. Bei einer Reklamation wartet ein Kunde nicht länger als zwei Stunden auf eine Antwort. Auf der anderen Seite erhalten die Mitarbeitenden für gute Leistungen Provisionszahlungen: „Ich schätze meine Beschäftigten sehr, sie sollen mit Lust und Laune in die Arbeit kommen und sich wohlfühlen." Die 230 Mitarbeitenden sind gut ausgebildet und erweitern ihr Wissen fortlaufend, auch hinsichtlich nachhaltiger Reinigung. Daily Shine achtet auf einen wohldosierten Einsatz von Reinigungsmitteln und hat eine eigene biologisch abbaubare Produktpalette auf den Markt gebracht. Zudem setzt der Dienstleister auf stromsparende Reinigungsgeräte, Hybrid- oder E-Fahrzeuge und treibt den Weg zum papierlosen Büro voran. Gründerin Klaudia Atelj hat viele Visionen.

Als zweites Standbein hat sie 2011 ihr Unternehmen FirstWear gegründet: Der Textilbetrieb für individuelle Arbeitskleidung beliefert große Konzerne wie BMW, SBB CH sowie Kunden der Bundeswehr und hat sich einen eigenen umweltschonenden Stoff patentieren lassen: VISBATEX, der zu 70 Prozent aus Bambus und zu 30 Prozent aus recyceltem Polyester besteht. Er wird in der Industrie eingesetzt und ausschließlich bei Partnerfirmen in Europa genäht.

Die guten Verbindungen zu eben diesen Textilproduzenten helfen ihr auch während der Coronakrise: Für die Gräfelfinger Kindergärten, Schulen und Altenheime stellt Klaudia Atelj kurzfristig dringend benötigte Schutzmasken aus Bambus bereit. „In dieser Ausnahmesituation hat mich das Landratsamt angesprochen und ich habe die Masken in kürzester Zeit nähen lassen. Eine Hauruckaktion, aber mein Credo lautet eben: Man kann alles erreichen, wenn man es möchte, und fest daran glaubt."

Ihre Überzeugung und ihren Mut möchte Klaudia Atelj auch an andere weitergeben. Zusammen mit der Frauenunion Gräfelfing unterstützt sie starke Frauen dabei, ihren eigenen Weg zu gehen.

Unternehmensgründerin Klaudia Atelj

DAILY SHINE GMBH
Waldheimstraße 12
82166 Gräfelfing

www.dailyshine.de

Grüne Transformation – von Garching bis in die USA

Der Möbelhändler bietet keine Produkte mehr aus Tropenholz an. Das Logistikunternehmen stellt auf E-Fahrzeuge um, und der Lebensmittelhersteller verzichtet auf den Einsatz von Palmöl. Alles nachvollziehbare Schritte in Sachen Umweltschutz und Nachhaltigkeit. Aber eine Bank? Kann die, außer durch die Verwendung von LED-Leuchten im Büro, grün sein?

Ja, sie kann! Und vielleicht sogar in größerem Maße als in einem der oben genannten Beispiele. Die in Garching ansässige Deutsche Pfandbriefbank AG (pbb) ist ein gutes Beispiel dafür. Sie ist eine führende europäische Spezialbank für die Finanzierung von Investitionen in Gewerbeimmobilien in Europa und in den USA. Die Refinanzierung dieser Kredite erfolgt vorwiegend über Pfandbriefe – hier gehört die Bank zu den größten Emittenten in Europa.

Rund ein Drittel des CO_2-Ausstoßes wird hierzulande durch den Gebäudesektor verursacht. Die Bank aus Garching hat sich vorgenommen, eine treibende Kraft hinter einem stabilen und grünen Immobilienmarkt in Europa zu sein. Daher will die pbb ihre Kunden bei Neuinvestitionen in „grüne" Immobilien sowie der Transformation von Bestandsimmobilien unterstützen. Vor diesem Hintergrund erhebt das Institut systematisch Nachhaltigkeitskriterien der finanzierten Immobilienobjekte – sowohl im Bestand als auch im Neugeschäft. Seit Ende 2021 bietet die Bank Kunden hierfür sogenannte „Green Loans" – also „Grüne Kredite" – an.

Doch ab wann gilt eine Immobilie für die Pfandbriefbank bei der Kreditvergabe überhaupt als grün? Hierfür gibt es bisher keinen etablierten Marktstandard, daher orientiert sich die Bank an der EU-Taxonomie und hat zusätzlich ein eigenes Scoringmodell entwickelt, das auf Basis festgelegter Kriterien die Einwertung einer Immobilie erlaubt, die sich ab einem definierten Score für einen grünen Kredit qualifiziert. Natürlich spielt die Energieeffizienz bei der Bewertung eine wesentliche Rolle. Aber es gibt noch weitere Faktoren, die berücksichtigt werden. Dazu gehören zum Beispiel die Menge der Flächenversiegelung, die Entfernung zum öffentlichen Personennahverkehr, die Verwendung recycelter Materialien beim Bau des Gebäudes, die Art der

Die pbb ist eine treibende Kraft hinter einem stabilen und grünen Immobilienmarkt in Europa

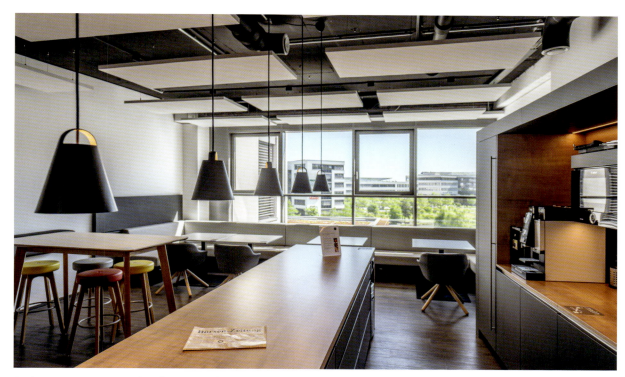

Auch im eigenen Haus wird großer Wert auf Energieeffizienz gelegt

Heizung oder die Nutzung von Ökostrom. Auf diese Weise wirkt die pbb auf den Immobiliensektor ein und leistet so ihren Beitrag zum Klimaschutz.

Auch auf Investorenseite bietet die Bank mit sogenannten „Green Bonds" Investoren die Möglichkeit der gezielten Geldanlage in Kapitalmarktprodukte mit ESG-Kriterien. So werden bei den Immobilienfinanzierungen neben den klassischen Kreditrisiken auch ESG-Risiken analysiert und in den Kreditprozess mit einbezogen. Gleichzeitig erfolgt eine Analyse der finanzierten Immobilien anhand von erprobten Scoring-Modellen und Nachhaltigkeitspfadanalysen sowie der Verordnung der EU-Taxonomie. So ermöglicht die Deutsche Pfandbriefbank mit der Emission von Green Bonds die gezielte Geldanlage in Kapitalmarktprodukte mit ESG-Kriterien.

Die Deutsche Pfandbriefbank aus Garching setzt alles daran, ihren ökologischen Fußabdruck stetig und dauerhaft zu reduzieren, und versucht, Umweltbelastungen weitestgehend zu vermeiden. Dies will sie wie beschrieben durch die Ausrichtung des Kreditgeschäfts an ESG-Kriterien sowie die Refinanzierung durch grüne Finanzprodukte, aber auch durch den verantwortungsvollen Umgang mit natürlichen Ressourcen erreichen.

> Natürlich spielt die Energieeffizienz bei der Bewertung eine wesentliche Rolle. Aber es gibt noch weitere Faktoren, die bei einer Immobilie unter ESG-Gesichtspunkten beachtet werden sollten.

Durch eine energieeffiziente Büroausstattung, zum Beispiel die Verwendung von Druckern mit Energy Star, sowie ein strikt bedarfsgerechtes Gerätemanagement wird dauerhaft Strom eingespart. Arbeitsabläufe sind bei der Deutschen Pfandbriefbank grundsätzlich so papiersparend wie möglich ausgelegt, Geschäftsreisen oder Veranstaltungen möglichst nachhaltig organisiert. Und hier kommen dann auch wieder die eingangs erwähnten LED-Leuchtmittel in den von der Bank selbst genutzten Gebäuden ins Spiel.

DEUTSCHE PFANDBRIEFBANK AG

Parkring 28
85748 Garching

www.pfandbriefbank.com

Fahrzeugen das dynamische Sehen beibringen

Prof Dr. Ernst Dieter Dickmanns

geb. 1936 in Niederkassel | verheiratet, zwei Söhne, fünf Enkel, zwei Urenkel | 1947 - 56 Gymnasium Porz | 1956 - 61 Studium Maschinenbau an der RWTH Aachen | ab 1961 wissenschaftlicher Mitarbeiter bei der DVL Mülheim (Ruhr) | 1964 - 65 Studium in Princeton, USA | 1965 - 75 leitende Positionen im DLR Oberpfaffenhofen | ab 1975 Professor für Steuer- und Regelungstechnik an der UniBwM, Aufbau und Leitung des Instituts für Systemdynamik und Flugmechanik | 1994 Abschlussdemonstration zum Forschungsprojekt PROMETHEUS | 1996 Gastprofessor am CalTech in Pasadena, USA | 1998 Gastprofessor am MIT in Cambridge, USA | 1999 - 2000 Vizepräsident der UniBwM | 2023 Auszeichnung mit dem Bundesverdienstkreuz 1. Klasse

Nach Kriegsende arbeitete ich im Alter von neun bis elf Jahren auf einem Bauernhof mit Pferden im Gespann. Als ich zwölf Jahre alt war, wurde der erste Traktor beschafft, und ich erkannte schnell den Vorteil vom Fahren mit vielen Pferdestärken (PS). Der Traktor machte immer direkt das, was man wollte. Allerdings gab es auch Nachteile: Die Pferde mit ihren Augen lernten, dass man immer einen gewissen Abstand vom Straßenrand oder von einer Bewuchsgrenze halten sollte. Außerdem lernten sie den Weg nach Hause: Wenn der Fahrer unaufmerksam war, fanden sie den Weg von allein. Der Traktor erforderte hingegen immer die volle Aufmerksamkeit des Fahrers. Bereits damals wurde mir klar, dass die Entwicklung des Gesichtssinns für Fahrzeuge noch eine Zukunftsaufgabe für die Technik war.

In meiner Zeit am Gymnasium in Porz, damals noch ein eigener Ort, heute südöstlicher Stadtteil von Köln, war mein prägendstes Erlebnis das Erlernen von Differenzialgleichungen in der Mittelstufe – endlich mal etwas praktisch Brauchbares zur genaueren Erfassung der Welt. Natürlich habe ich damals nicht geahnt, welche Bedeutung sie in meinem späteren Leben spielen würden.

Während meines Studiums der Fachrichtung „Ingenieurwesen Maschinenbau" und den geforderten Praktika in den Bereichen „Werkzeugmaschinenbau", „Gießerei" und „Flugzeugbau" merkte ich, dass ich mich langfristig in der Forschung und Entwicklung technischer Systeme verwirklichen möchte, zumal das Sehen für Fahrzeuge immer noch in meinem Kopf herumspukte. 1961 heiratete ich meine Frau und begann bei der Deutschen Versuchsanstalt für Luftfahrt (DVL) in Mülheim/Ruhr auf dem Gebiet der Flugmechanik, zwei Jahre später wechselte ich innerhalb der dann DFVLR in den Münchner Raum nach Oberpfaffenhofen.

Am Institut für Flugmechanik befasste ich mich mit der Leistungsvermessung von Strahlflugzeugen im beschleunigten Flug und der Berechnung der optimalen Flugbahn zum Erreichen eines vorgegebenen Zustands in großer Höhe. Im Rahmen eines NASA-Stipendiums an der University of Princeton in den USA konnte ich von 1964 bis 1965 die Fächer Flugdynamik und Regelungstechnik vertiefen: Ich befasste mich mit Wiedereintrittsbahnen in die Erdatmosphäre von Auftrieb erzeugenden Raumflugkörpern der nächsten Generation.

Nach der Rückkehr aus den USA übernahm ich 1975 die Leitung des Zentrums Oberpfaffenhofen in der Deutschen Forschungs- und Versuchsanstalt für Luft- und Raumfahrt (DFVLR): Auf dem Weg dorthin absolvierte ich von 1971 bis 1972 nach meiner Promotion an der RWTH Aachen ein „Postdoctorate Research Associateship" bei der NASA im Marschall Spaceflight Center in Huntsville, Alabama bei Wernher von Braun. Hier befasste ich mich mit optimalen Wiedereintrittsbahnen für den geplanten amerikanischen Spaceshuttle Orbiter. Dabei entstand auch eines der weltweit leistungsfähigsten numerischen Verfahren zur näherungsweisen Lösung von Optimierungsproblemen: Es passt sich selbst durch die Wahl neuer Stützpunkte und Parameter von Polynomen dritter und fünfter Ordnung an die Bahndynamik an.

Als agierender Zentrumsleiter kam ich mit der digitalen Verarbeitung von Flugzeug- und Satellitenaufnahmen in verschiedenen Einrichtungen des Zentrums in Berührung. Auf Großrechnern der damaligen Zeit erforderte die Auswertung eines einzelnen Bildes bis zu zehn Minuten. Zur Fahrzeugführung wurden zehn Bilder pro Sekunde als notwendig erachtet, die Auswertung eines Bildes müsste also 6.000-mal schneller werden. Allerdings konnte beobachtet werden, dass sich die Rechenleistung von Mikroprozessoren alle vier bis fünf Jahre um den Faktor Zehn erhöht, das heißt in zwei Jahrzehnten sollten die Bilder somit 10.000-mal schneller als zum damaligen Zeitpunkt ausgewertet werden können.

Das Versuchsfahrzeug für autonome Mobilität und Rechnersehen, kurz VaMoRs genannt. Es konnte anhand der Echtzeitauswertung von Videobildern gesteuert werden.

> Im Gegensatz zu Ansätzen in den USA, wo man in komplexen Umgebungen zunächst sehr langsam fahren wollte, legten wir auf praxisnahe Fahrbedingungen Wert.

Als ich 1975 als Professor für Steuer- und Regelungstechnik an die neu gegründete Universität der Bundeswehr (UniBwM) in Neubiberg berufen wurde, hatte ich noch zweieinhalb Jahrzehnte bis zur Pensionierung. Deshalb beschloss ich, die verfügbaren Labormittel zum Aufbau eines Echtzeitsimulators für sehende Fahrzeuge zu verwenden. Da Versuche mit Flugzeugen anfangs zu aufwendig waren, wurde zunächst mit Bodenfahrzeugen experimentiert, die nur den halben Aufwand erfordern. Dabei machten wir uns das Leben leichter, indem nur Schnellstraßen mit bestimmten Bedingungen betrachtet wurden: gut markierte Fahrspuren auf wohldefinierten Bahnen ohne Gegenverkehr, eine begrenzte Art von Objekten und frei von Kreuzungen.

Im Gegensatz zu Ansätzen in den USA, wo man in komplexen Umgebungen zunächst sehr langsam fahren wollte, legten wir auf praxisnahe Fahrbedingungen Wert. Nach ersten Erfolg versprechenden Ergebnissen im Simulator bestellten wir auf Institutskosten einen 5-t Kastenwagen als Versuchsfahrzeug für autonome Mobilität und Rechnersehen, kurz VaMoRs genannt. VaMoRs wurde so umgebaut, dass Lenkrad, Gaspedal und Bremsen von einem Computer anhand einer Echtzeitauswertung von Videobildern gesteuert werden konnten. 1986 war VaMoRs als autonomes Fahrzeug einsatzbereit und erreichte ein Jahr später bei einer Testfahrt auf einer noch nicht freigegebenen, 20 Kilometer langen Neubaustrecke der Autobahn A 92 in der Nähe von Dingolfing eine Geschwindigkeit von 96 Stundenkilometern. Damit war es viele Jahre das schnellste autonome Straßenfahrzeug der Welt.

Mitte der 1980er-Jahre trat die Forschungsabteilung der Daimler-Benz AG an uns heran und wollte mit uns bei der Entwicklung autonomer Fahrzeuge zusammenarbeiten.

Im folgenden Jahrzehnt (1985 - 1995) rüsteten wir drei verschiedene Fahrzeuge der Firma mit unseren Sehsystemen aus. Im Forschungsprojekt PROMETHEUS konnten wir durchsetzen, dass unser maschinelles Sehsystem anstelle einer seitlichen Führung mittels elektrischer Kabel verwendet wurde. Demonstrationen mit kleineren Kameras 1991 in Turin überzeugten den bis dahin skeptischen Vorstand von der Leistungsfähigkeit unseres Systems.

Nun sollten wir Limousinen als sehfähige Pkw mit einer neuen Rechnerklasse (Transputer) so ausrüsten, dass auch Gäste mitfahren konnten. Es wurden zwei SEL-500 gewählt, die im Herbst 1994 bei der Abschlussdemo als einzige Fahrzeuge aller europäischen Partner im normalen dreispurigen Verkehr auf der Autoroute A 1 bei Paris mit Geschwindigkeiten bis 130 Stundenkilometer vollautonom mitfuhren. Im Herbst des Folgejahres führte VaMP eine Langstreckentestfahrt von München nach Odense bei Kopenhagen durch, die der Vorbereitung der nächsten Generation unserer Sehsysteme diente. VaMP konnte 95 Prozent der Versuchsstrecke in Teilstücken von bis zu 159 Kilometer Länge vollautonom fahren. Bei dieser dritten Generation konnten wir zum ersten Mal serienmäßige PC-Komponenten verwenden.

Oben genannte Transputer wurden auch für eines der eindrucksvollsten Ergebnisse in der Entwicklung sehender Maschinen genutzt: Das System ermöglichte 1993 im Rahmen des ROTEX-Experiments der DLR unter Prof. Hirzinger die präzise autonome Steuerung eines Greifarms an Bord des amerikanischen Spaceshuttle Orbiters „Columbia" anhand von Videobildern. Ein frei fliegender kleiner Körper konnte erstmals von der Hand am Greifarm automatisch und ohne menschliche Steuerung gegriffen werden. Da die Rechner am Boden in Oberpfaffenhofen standen und der Orbiter über Nordafrika flog, musste eine Totzeit von sechs bis sieben Sekunden berücksichtigt werden.

Ab 1997 erfolgte die weitere Entwicklung im Rahmen einer Zusammenarbeit mit US-amerikanischen Partnern. Im Projekt „AutoNav" wurde bis 2003 das durch die Biologie angeregte „Erwartungsbasierte Multifokale Sakkadische Sehen" (EMS-Vision) realisiert, das sowohl im VaMoRs als auch in amerikanischen Fahrzeugen auf Pentium IV-Systemen von Intel lief. Diese Fahrzeuge beherrschten das autonome Fahren sowohl auf unbekannten Straßen- und Wegenetzen als auch „offroad" auf tragfähigem Grund. Sie konnten dabei einen Graben erkennen und umfahren.

In den USA wurden daraufhin von der Technologieabteilung Defense Advanced Research Projects Agency (DARPA) die bekannten „Grand Challenge" in 2004 und 2005 sowie die „Urban Challenge" in 2007 ausgeschrieben – Wettbewerbe für unbemannte Fahrzeuge – die heute oft fälschlich als Beginn der Periode autonomer Fahrzeuge angesehen werden.

Der Mercedes 500 SEL war von 1993 bis 2004 unter dem Namen VaMoRs-Pkw, kurz VaMP, im Einsatz. Mithilfe je einer Telekamera und einer Weitwinkelkamera vorne am Rückspiegel (Bild oben) und hinten innen vor der Heckscheibe konnte das Fahrzeug nach vorne und hinten sehen.

Vielfältige Ausbildung in Sachen Bier und Geschmack

Werner Gloßner: „Bier ist und bleibt ein interessantes Genussmittel."

Ein Schwung junger Menschen wuselt im Labor umher, sie machen gerade mikrobiologische Analysen. Asiaten sind ebenso darunter wie US-Amerikaner. Es ist eine Fortbildung, deren Teilnehmer bei der Doemens-Akademie in Gräfelfing mehr wissen möchten über das Bier und die vielen Geheimnisse seiner Herstellung. „Wir sind sehr vielfältig aufgestellt und bieten auch internationale Kurse an", so Geschäftsführer Dr. Werner Gloßner.

Ausbildung in Sachen Bier, Geschmack und noch viel mehr – das ist die Welt von Doemens. Das Institut selbst bezeichnet sich als Ausbilder und Berater für die Brau-, Getränke- und Lebensmittelindustrie. Man kann dort etwa den Brau- und Malzmeister machen, ein Betriebswirt – oder natürlich eine Betriebswirtin – der Getränkewirtschaft oder auch Sommelier werden. Doemens berät Kunden aus der Branche oder entwickelt für sie Produkte, beispielsweise neue Bierkreationen mit dem Getreide aus der Region. Auch auf dem wachsenden Markt der alkoholfreien Biere hat der Betrieb schon einiges geleistet.

1895 gründete Karl Doemens die Akademie, 2021 wurde das neue Gebäude in der Gräfelfinger Lohenstraße bezogen. Das Unternehmen ist unter dem Dach des gemeinnützigen Vereins Doemens e. V. angesiedelt. „Im Wesentlichen tragen uns die Brauereien", sagt Werner Gloßner. Doemens ist als Fachakademie staatlich anerkannt.

Beim Rundgang durch das großflächige Haus ist alles zu sehen, was eine Brauerei und eine Spirituosenbrennerei benötigen: etwa die Mälzerei, das Sudhaus oder die Abfüllanlage. „Unsere Absolventen werden gesucht", meint Gloßner, „sie sind die Führungskräfte von morgen." Das zeigt sich auch an der gut sortierten Stellenbörse auf der Unternehmens-Homepage: Nicht nur in Deutschland, Österreich oder der Schweiz werden Jobs für Fachkräfte angeboten, sondern auch in den Niederlanden und sogar auf Guadeloupe in der Südkaribik.

„Wir arbeiten hier sehr vielfältig mit ganz verschiedenen Menschen", erzählt Gloßner. „Es kommen junge Leute um die 20, aber auch Mittvierziger, die sich speziell weiterbilden wollen." Die Unterbringung der Kursteilnehmer im Großraum München ist nicht einfach. Doemens hat in Gräfelfing und Umgebung ein Netzwerk an Zimmervermietern aufgebaut. An diese vermittelt die Akademie ihre Teilnehmer.

Der Bierabsatz sinkt seit Jahren, doch der Geschäftsführer weiß: „Bier ist und bleibt ein interessantes Genussmittel zu unterschiedlichen Anlässen." Auf dem Markt stehen sich Großbrauereien, mittelständische Regionalbrauer und kleine Craftbeer-Hersteller gegenüber. „Wir brauchen alle", so Gloßner, „das fördert die Vielfalt." Nicht nur für Bier, sondern auch für Destillate, Fruchtsäfte und sogar Wasser werden Sommeliers ausgebildet. „Da sitzen neben den Branchenfachleuten begeisterte Bierenthusiasten und trainieren ihre sensorische Wahrnehmung", meint der Geschäftsführer.

Der schönste Fleck bei Doemens ist aber an der Rückseite des Gebäudes versteckt: ein eigener kleiner Biergarten. Dort feiern die Absolventen zum Abschluss ihre Feste.

DOEMENS
Lohenstraße 3
82166 Gräfelfing

www.doemens.org

Die Seen in Unterschleißheim sind heilige Orte für mich

Castro Dokyi Affum

geb. 1988 in Aburi (Ghana) | 2010 - 2014 Studium Bioprozesstechnik an der TU München | 2014 - 2016 diverse Functional Fitness-Ausbildungen | 2014 - 2018 diverse Schauspielworkshops | seit 2013 im Cast der Eberhoferkrimi-Reihe als Fußballspieler Buengo | 2019 Bayerischer Filmpreis für „Leberkäsjunkie": Auszeichnung mit dem Publikumspreis | 2020 Bayerischer Filmpreis für „Leberkäsjunkie": Auszeichnung als Publikumsfilm des Jahrzehnts

Mein erster Kontakt mit der Gemeinde war das Schwimmbad in Unterschleißheim. Meine Adoptiveltern sind Ur-Unterschleißheimer, und als sie mich 2008 von Ghana in die Gemeinde holten, war ich Leistungsschwimmer und bin beim Verein SV LOHHOF eingetreten. Ich konnte damals noch kein Wort Deutsch und zum Beispiel nicht verstehen, was dieser Schmetterling mit dem Schwimmtraining zu tun hat. Die anderen Schwimmer haben dann zum Glück für mich übersetzt. Der Anfang in Unterschleißheim war nicht leicht für mich, inzwischen möchte ich nicht mehr weg.

Mir gefällt die gute Lage von Unterschleißheim und die Nähe zur Münchener Innenstadt. Als ich damals mit Anfang 20 hierherkam, fand ich es toll, dass man direkt nach dem Feiern mit der Bahn nach Hause fahren konnte. In Freising habe ich Bioprozesstechnik studiert und bin mit der Bahn nur 20 Minuten zur Uni gefahren. Heute schätze ich besonders die Ruhe in Unterschleißheim. Unsere Seen sind heilige Orte für mich. Wenn ich im Urlaub oder unterwegs war, gehe ich als Allererstes zum Hollerner See oder Unterschleißheimer See. Dann gehe ich eine Runde und tanke Energie. Ich bin ein absoluter Wassermensch.

Allgemein ist mir die Verbundenheit zur Natur wichtig, und ich finde es goldwert, dass hier grüne, unbebaute Flächen für Parks freigehalten werden. In Ghana wird jedes Stück Land mit einer Shopping Mall bebaut, hier achtet man darauf, das Grüne und die Natur zu bewahren. Nicht nur in Unterschleißheim, sondern im ganzen Landkreis.

Wenn ich nicht am See bin, bin ich im Schwimmbad. Dort biete ich Schwimmunterricht für erwachsene Nichtschwimmer an, denn viele Afrikaner oder Asiaten können leider nicht schwimmen. Davor habe ich Zumbakurse in der Gemeinde gegeben – das war ein Highlight in Unterschleißheim.

Ansonsten bin ich natürlich der Erste im Kino, wenn die Eberhoferkrimis laufen. Ich gehe dann in drei bis vier Vorstellungen hintereinander, mit meinen Leuten von der Fitnessgruppe oder mit der Seniorengruppe – die freuen sich darüber, wenn ich sie begleite, und das bringt mir großen Spaß. Ich definiere Heimat über die Leute und die Verbindungen, die entstehen. Ich genieße den Moment und bin an dem Ort, an dem ich gerade bin, präsent. Wenn man nach diesem Motto lebt, ist Heimat überall da, wo du bist und dich wohlfühlst.

Sport spielt für Castro Dokyi Affum eine wichtige Rolle: ob als Coach oder passionierter Schwimmer

An meinem Heimatort Unterschleißheim finde ich toll, dass man zuhört, wenn man Ideen oder ein Problem hat. So habe ich zum Beispiel angeregt, für die Jugendlichen einen Calisthenics Park zu bauen, und das wurde umgesetzt. Die Gemeinde bezuschusst das Schwimmbad mit einer halben Million, um es zu erhalten. Allgemein ist die Unterstützung in der Gemeinde sehr groß: Menschen, die nur wenig Geld haben, bekommen finanzielle Hilfe oder kostenloses Essen. Wenn man in Ghana nichts hat, dann hat man nichts.

Womit ich mich anfreunden musste, war die bayerische Mentalität. Als ich nach Deutschland kam, war ich erst mal geschockt. Die Süddeutschen sind kalt und am Anfang unnahbar, außerdem haben die meisten nicht den freundlichsten Gesichtsausdruck. Wenn man in der Früh mit der U-Bahn zur Sprachschule fährt und in die ernsten Gesichter blickt, denkt man sich: Das könnte hier ganz schön einsam werden. In Ghana war ich mitten im Leben, ich hatte Freunde und Verbindungen nach überall, und als ich nach Deutschland kam, war ich wieder ein Kind: Ich konnte kein Wort Deutsch sprechen, und mich hat auch niemand angesprochen. Wenn man als Fremder nach Ghana kommt, wird man sofort angesprochen: Wie geht's dir? Wo kommst du her? Wir grillen heute Abend bei uns, komm' vorbei. Und natürlich gibt es jede Menge Heiratsangebote. Heute weiß ich: Die Deutschen sind einfach vorsichtig. Sie machen sich Gedanken, sind erst mal skeptisch und zeigen ihre Emotionen nicht.

Sobald sie dich in dein Herz geschlossen haben, lassen sie dich aber nicht mehr los. Bist du einer von denen, dann bist du einer von denen. So einfach ist das. Sie beschützen dich und stehen für dich ein. Hast du ihr Vertrauen gewonnen, dann steckt da auch etwas dahinter. Ich nenne das die Ingenieursmentalität, es dauert, bis es passt. Aber wenn es passt, dann ist es stabil. In Deutschland schätze ich allgemein die Sicherheit und die Stabilität. Was mir an den Bayern besonders gefällt: Sie sind brutal ehrlich. Die verstellen sich nicht und sagen dir auch, wenn du etwas nicht gut gemacht hast. Und das finde ich gut.

> Ich definiere Heimat über die Leute und die Verbindungen, die entstehen. Ich genieße den Moment und bin an dem Ort präsent, an dem ich gerade bin. Wenn man so lebt, ist Heimat überall da, wo du bist und dich wohlfühlst.

Der Königsweg der Kaskadenfermentation

Die Antriebskraft lässt nach, man fühlt sich nicht ganz wohl, und irgendwie fällt alles etwas schwerer: Mit seinen natürlichen Nahrungsergänzungsmitteln und den darin enthaltenen Vitaminen und Mikronährstoffen möchte Dr. Niedermaier Pharma Stoffwechselprozesse unterstützen und das Wohlbefinden des Menschen fördern. Das Erfolgsrezept: Alle Produkte basieren auf der sogenannten Regulatessenz®. Sie entsteht, indem Nüsse, Früchte und Gemüse in einem dreistufigen Prozess fermentiert werden, der sogenannten Kaskadenfermentation – auf das Herstellverfahren der Kaskadenfermentation 2.0 hält die Dr. Niedermaier Pharma GmbH ein Patent. Durch die Milchsäuregärung werden die sekundären Pflanzenstoffe, etwa aus Datteln, Kichererbsen, Zitronen, Walnüssen oder Artischocken, schonend gelöst. Die so gewonnene Essenz soll vom menschlichen Körper besonders gut aufgenommen werden können.

Neben flüssigen Nahrungsergänzungsmitteln hat das Unternehmen eine Linie für das größte aller Organe, die Haut, entwickelt, die aus Beautydrinks mit Hyaluron oder Collagen und Kosmetikartikeln wie Creme, Serum oder Pflegeschaum besteht. Das breite Produktportfolio kann über den Onlineshop, in Apotheken, Biosupermärkten, Parfümerien oder Reformhäusern erworben werden. Wer in der Nähe von Hohenbrunn lebt, kann auch im eigenen Shop vor Ort einkaufen.

Die Erfolgsformel der Kaskadenfermentation geht auf den Apotheker und Lebensmitteltechniker Dr. Hans Niedermaier (1913 - 2003) zurück. Unter dem Credo „Die größte Apotheke ist die Natur" gründet er das Unternehmen im Jahr 1939, seine Tochter Cordula patentiert später die Kaskadenfermentation und übernimmt 2001 die Geschäftsleitung. Dr. Cordula Niedermaier-May wird als echte Unternehmerin beschrieben, die die Produktideen ihres Vaters weiterentwickelt und die Vision der Fermentation mit viel Leidenschaft vorantreibt. 2007 folgt die Gründung der SanumTec GmbH, sie bündelt die Entwicklung, Produktion und Abfüllung der gesundheitsfördernden Lebensmittel, Nahrungsergänzungsmittel und Naturkosmetik. Unter der Dr. Niedermaier Pharma GmbH erfolgen die Vermarktung und der Vertrieb der Produkte – so erfolgreich, dass beide Unternehmen größere Räumlichkeiten benötigen.

Verwaltung und Produktion von Dr. Niedermaier Pharma sitzen seit 2016 in Hohenbrunn

Beim patentierten Verfahren werden Nüsse, Früchte und Gemüse in einem dreistufigen Prozess fermentiert

Dr. Niedermaier Pharma möchte Stoffwechselprozesse unterstützen

2016 beziehen die Verwaltung und Produktion den heutigen Firmensitz in Hohenbrunn. Inzwischen werden die schönheits- und gesundheitsfördernden Präparate in über 80 Länder exportiert, und zum 80-jährigen Bestehen des Unternehmens im Jahr 2019 gilt Dr. Niedermaier Pharma GmbH als internationaler Marktführer im Bereich der mehrfach fermentierten Nahrungsergänzungsmittel.

Drei Jahre später, nach 21 Jahren an der Spitze des Unternehmens, begibt sich Dr. Cordula Niedermaier-May in den Ruhestand. Die Firmen Dr. Niedermaier Pharma und SanumTec GmbH werden von der Ufenau Capital Partners AG übernommen und unter dem Dach der neu gegründeten NZYM GmbH weitergeführt. Ein weiterer Meilenstein, der sich aber nur wenig auf die Unternehmensstruktur auswirkt: „Wir agieren nach wie vor selbstständig mit eigener Geschäftsführung und leben die geerbten Strukturen des Familienunternehmens", berichtet Marisa Sophie Schramm, die das Marketing verantwortet. Am Standort Hohenbrunn beschäftigt Dr. Niedermaier Pharma aktuell rund 50 Mitarbeitende, in Appenzell in der Schweiz um die zehn Angestellte.

Wie die Zukunft aussieht? Dr. Niedermaier Pharma möchte die Brücke zwischen Tradition und Innovation schlagen.

> Trotz aller Zukunftsorientierung möchte das Unternehmen an seinem Traditionsstandort Hohenbrunn festhalten.

„Die meisten Menschen kaufen unsere Produkte im Akutfall, also wenn die Erkrankung schon eingetreten ist. Wir möchten das Erbe von Dr. Niedermaier mit dem aktuellen Health-Care-Trend ‚Prävention' verknüpfen und uns gemeinsam mit wissenschaftlichen Institutionen auf die Entwicklung innovativer Produkte, die das allgemeine Wohlbefinden unterstützen, konzentrieren."

Trotz aller Zukunftsorientierung möchte das Unternehmen an seinem Traditionsstandort Hohenbrunn festhalten – viel zu sehr schätzt man die Schönheit des Landkreises, die Nähe zu den Bergen und Seen und das herzliche Miteinander der Menschen.

DR. NIEDERMAIER PHARMA GMBH

Georg-Knorr-Straße 1
85662 Hohenbrunn

www.drniedermaier.com

Athene, Erste Hilfe und die Geothermie in Aschheim

Helmut J. Englmann

geb. 1939 in München, verwitwet | 1957 - 1960 Studium Dipl.-Ing. (FH) Bauingenieur | 1966 Gemeinderat, Aschheim | 1972 - 1984 2. Bürgermeister, Aschheim | 1984 - 2014 1. Bürgermeister, Aschheim | 1966 - 2008 Kreistagsmitglied | 1991 Gemeindemedaille in Gold | 1995 Kommunalmedaille des Bay. Innenministeriums | 1996 Dt. Feuerwehr-Ehrenmedaille | 1999 Medaille des Bay. Staatsministeriums für Wissenschaft, Forschung und Kunst | 1999 Ehrenring Landkreis München | 2002 - 2014 Vors. Bay. Gemeindetag, KV München | 2003 Bundesverdienstkreuz am Bande | 2007 Kommunale Verdienstmedaille in Silber | 2008 - 2014 Aufsichtsratsvors. AFK-Geothermie GmbH | 2009 Ehrenring Gemeinde Aschheim | 2014 Ehrenbürgerwürde der Gemeinde Aschheim | 2017 Bay. Verdienstorden

Wenn ich an Aschheim denke, fallen mir unzählige Geschichten und Begegnungen ein, die es allesamt wert wären, hier erzählt zu werden. Schließlich habe ich als erster Bürgermeister 30 Jahre lang die Geschicke der Gemeinde Aschheim geleitet. Zuvor war ich zwölf Jahre lang als zweiter Bürgermeister und sechs Jahre im Gemeinderat tätig. Ich war also 48 Jahre lang kommunalpolitisch hier vor Ort aktiv und zudem von 1966 bis 2008 Mitglied im Kreisrat des Landkreises München. Ich kann also mit Fug und Recht behaupten, mich in der Historie und Entwicklung rund um Aschheim auszukennen.

Schon die Gemeinde an sich ist eine Schatzkammer. Aschheim blickt auf eine 4.500-jährige Siedlungsgeschichte zurück – im Erdreich der Kommune schlummert eine Vielzahl an archäologischen Zeitzeugen. Bei Bauarbeiten rund um die Gemeinde fragt man sich nicht, ob man im Boden ein Relikt entdecken wird, sondern eher, aus welcher Zeit der neue Fund stammen wird.

So wurde mein Vorschlag im Jahr 1984, eine geschichtlich-heimatkundliche Kommission beziehungsweise Sammlung zu gründen, einhellig vom Gemeinderat unterstützt. Zwei Jahre später erwarb die Gemeinde Aschheim ein früheres bäuerliches Anwesen, in dem sie dann die Geschichtlich-Heimatkundliche Sammlung mit den vielen vorhandenen archäologischen Funden samt Arbeitsplätzen für die beiden Mitarbeitenden Frau Osterkorn und Dr. Riepertinger unterbringen konnte. Mit der Erstellung des kulturellen Gebäudes der Gemeinde Aschheim, genannt Kulti, zog die Sammlung dann zwei Jahre später ins Untergeschoss ein.

Zu den wichtigsten Funden rund um Aschheim zählt sicherlich die Freilegung eines römischen Brunnens im Jahr 1990 mit vielen Handwerksgeräten aus der Zeit um 300 nach Christus. Vier Jahre später wurde bei archäologischen Ausgrabungen im Bereich Dornach der bedeutendste archäologische Fund Bayerns geborgen: die bronzene Statuette der Göttin Athene/Minerva. Sie befand sich in einem keltischen Brunnenschacht und stammt aus dem ersten Jahrhundert vor Christus. Die Athene ist das Herzstück der archäologischen Sammlung in Aschheim und wurde vermutlich 15 Jahre vor Christus von den Römern in die Region gebracht. Im Jahr 2006 legte man einen römischen Gutshof mit einem Römerbad frei, der um 300 nach Christus erbaut wurde.

Mit dem voranschreitenden Zuwachs an Exponaten wurde der Ruf nach mehr Fläche für die Ausstellung laut. Mit dem Neubau des „Hauses der Musik" wurde 2014 im kulturellen Gebäude Platz für die Geschichtlich-Heimatkundliche Sammlung geschaffen, die fortan unter dem Namen „AschheiMuseum" und der Leitung von Archäologin Dr. Anja Pütz lief. Einen Besuch des Museums kann ich jedem nur ans Herz legen.

In der Erde von Aschheim schlummern jedoch nicht nur die Schätze der Vergangenheit, sondern auch eine erneuerbare, lokale Energieressource: Erdwärme. Die Gemeinde Aschheim war bereits Ende der 90er-Jahre beziehungsweise Anfang der 2000er-Jahre um die Zuteilung eines Claims, also eines Bewilligungsfeldes, zur Bohrung von Thermalwasser bemüht. In der Landeshauptstadt München und in der Stadt Unterschleißheim gab es bereits Geothermiemaßnahmen.

Im Jahr 2006 wurde in Aschheim ein römischer Gutshof mit einem Römerbad entdeckt – er stammt aus der Zeit um 300 nach Christus

Einen Zusammenschluss von mehreren Gemeinden zu einem gemeinsamen Geothermieprojekt gab es – soweit bekannt – zu dieser Zeit noch nicht. Das wollte ich ändern.

Nach Zusage des bayerischen Wirtschaftsministeriums für einen Claim östlich von München habe ich die beiden Nachbargemeinden Feldkirchen und Kirchheim gefragt, ob sie bei der Bohrung und Nutzung des Thermalwassers zur Wärmeversorgung von Wohn- und Gewerbegebäuden mitmachen möchten. Meine Vision: ein gemeinsames kommunales Geothermieprojekt der drei Gemeinden.

Die notwendigen Beschlüsse zur Beteiligung erfolgten dann nacheinander in den jeweiligen Gemeinderatssitzungen der einzelnen Kommunen. Ein zeitraubender Prozess, den ich fortan beschleunigte, indem ich alle Absprachen und Sitzungen zu diesem Thema mit den beiden Bürgermeisterkollegen im Kulturellen Gebäude in Aschheim abhalten ließ. Gemäß der bayerischen Gemeindeordnung konnte jeder Bürgermeister mit seinem Gemeinderat am eigenen Tisch sitzen, und auch die Abstimmungen erfolgten jeweils durch den zugehörigen Bürgermeister. Dieses Vorgehen beschleunigte den Prozess sehr.

> Bei Bauarbeiten rund um die Gemeinde fragt man sich nicht, ob man im Boden ein Relikt entdecken wird, sondern eher aus welcher Zeit der neue Fund stammen wird.

Gleichzeitig kam bei den Bürgerinnen und Bürgern der drei Gemeinden der Hinweis auf, dass Öl und Ferngas als Energieträger billiger wären, gefolgt von der Frage, weshalb sich Kirchheim, Feldkirchen und Aschheim an der Geothermiemaßnahme beteiligen würden. Wir Bürgermeister waren uns der günstigen Öl- und Gaspreise selbstverständlich bewusst, sahen in dem

Projekt aber eine wichtige Umweltmaßnahme für jetzt und später.

Nach diesen kleinen Startschwierigkeiten nahm die Arbeitsgemeinschaft zur Aufsuchung von Geothermiewärme im Erlaubnisfeld Aschheim 2007 ihre Arbeit auf. Im Jahr 2008 begannen die Bohrarbeiten. In rund 2.600 Metern Tiefe floss das Thermalwasser mit einer Temperatur von über 85 Grad Celsius. Ich dachte zukunftsorientiert und schlug vor, schon jetzt einen größeren Durchmesser zu bohren. Dieser Vorschlag wurde von zwei Gemeinden abgelehnt.

> Wo geologisch möglich, ergibt die Geothermie zukünftig eine umweltfreundliche, sinnvolle und wirtschaftliche Energie.

Zu diesem Zeitpunkt war das Interesse an der Geothermie in den Wohnbereichen etwas zurückhaltend, in den großen Gewerbegebieten aber durchaus gegeben. Heute hat sich die Situation durch die hohen Öl- und Gaspreise erheblich geändert, viele Bürgerinnen und Bürger wünschen sich einen Geothermieanschluss. Jetzt sind wegen der vorhandenen – leider zu kleinen – Bohrung eine zweite Bohrung und zusätzliche Leitungen erforderlich. Dies ergibt leider längere Wartezeiten und zusätzliche Kosten.

Für mich ist die Geothermie nach wie vor die Energieform, die am wenigsten die Landschaft beeinträchtigt und in den Wohnorten durch notwendige Rohrverlegungen nur kurzzeitig stört. Wo geologisch möglich, ergibt die Geothermie zukünftig eine umweltfreundliche, sinnvolle und wirtschaftliche Energie, und ich bin froh, dass wir mit dem Zusammenschluss der drei Gemeinden diesen Weg gegangen sind.

Den Mut, den ersten Schritt zu machen, bewies die Gemeinde auch beim Projekt „First Responder": Anfang 1994 kamen die beiden Kommandanten der Freiwilligen Feuerwehr Aschheim zu mir, um mir die Idee des First-Responder-Dienstes zu erläutern. Das Konzept stammt aus den USA und sieht vor, dass die erste Hilfe durch den Ersteintreffenden, hier die Freiwillige

AFK-Geothermieanlage der Gemeinden Aschheim, Feldkirchen und Kirchheim

Die First-Responder-Fahrzeuge der Freiwilligen Feuerwehren Aschheim und Dornach

Feuerwehr, geleistet wird. Gerade im ländlichen Raum können die Rettungsdienste die festgelegte Zeit vom Eingang des Notrufs bis zum Eintreffen am Unglücksort oft nicht einhalten oder befinden sich unter Umständen noch in einem anderen Einsatz. Durch die First-Responder-Idee können noch vor dem Eintreffen der Rettungsdienste lebensrettende und sanitätsfachliche Maßnahmen ergriffen werden.

In der Freiwilligen Feuerwehr Aschheim gab es zu diesem Zeitpunkt fachlich geeignete Personen wie Sanitäter, und auch ein Feuerwehrfahrzeug konnte entsprechend ausgerüstet werden. Ich forderte die Kommandanten auf, alle notwendigen Vorbereitungen zu treffen, ausgebildete Sanitäter einzubinden und Erste-Hilfe-Gruppen für dieses Vorhaben auszubilden. Die Freiwilligen Feuerwehren aus Unterschleißheim und Oberschleißheim hörten ebenfalls von der First-Responder-Idee, diskutierten damals aber noch über die Umsetzung. Auch in den oberen Feuerwehrführungen im Landkreis und in Bayern wurden Bedenken wegen der möglichen Überlastung der Freiwilligen Feuerwehren geäußert.

Bei der FFW Aschheim hingegen führte ich bereits vom Herbst 1994 bis Herbst 1995 ein Probejahr für den First-Responder-Ansatz ein. In diesen zwölf Monaten gab es bereits 57 solcher Einsätze in Aschheim und Dornach – wir betreuten auch die Nachbargemeinden mit. Im Laufe des Testjahres ließen die kritischen Äußerungen der oberen Feuerwehrführungen nach, und auch in der Bürgerschaft kam die schnelle, sanitätsfachliche erste Hilfeleistung sehr gut an.

Zwei Jahre nach Start des Pilotprojekts erhielt die Freiwillige Feuerwehr Aschheim ein eigenes First-Responder-Fahrzeug, kurze Zeit später folgte das zweite für die FFW Dornach. Die beiden Gruppen arbeiteten eng zusammen. Nach unserem First-Responder-Versuch entwickelten sich ab 1996 in den Nachbar- und Landkreisgemeinden eigene Gruppen, und

Das Herzstück der archäologischen Sammlung in Aschheim: die bronzene Statuette der Göttin Athene/Minerva

auch viele Gemeinden und Kleinstädte in ganz Bayern folgten diesem Beispiel.

Im Jahr 1999 wurde der Arbeitskreis First-Responder ausgezeichnet, und ich möchte mich herzlich bei den beiden Kommandanten bedanken, die diese Idee eingebracht haben. Mein Dank gilt auch den Feuerwehrleuten, die die schnelle, wirksame und erste fachliche Hilfe leisten und diesen Rettungsdienst seit 1996 gekonnt durchführen. Ebenso bin ich den oberen Feuerwehrführungen dankbar, dass sie nach ersten Bedenken die Idee doch noch unterstützt haben. Meine Anerkennung gilt den Freiwilligen Feuerwehren in den Gemeinden Deutschlands, die dieses Konzept über die Gemeinde- und Landkreisgrenzen hinaus übernommen haben. Ich bin stolz darauf, dass wir in Aschheim Vorreiter in dieser lebenswichtigen Maßnahme waren.

Boutique-Beratung zum Wohlfühlen

(v. li.) Geschäftsführer Stephan Koch und Stuart Enghofer

Eine Unternehmensberatung mit familiärem Ambiente – dafür steht die Enghofer Koch Consulting GmbH mit Sitz in Grünwald. „Das Wohlbefinden unserer Mitarbeiter ist bei uns Chefsache. Wir kümmern uns um die Entwicklung und Weiterbildung eines jeden Einzelnen", erklärt Stuart Enghofer, der das Unternehmen zusammen mit Stephan Koch 2014 gründete. Angefangen als Start-up in Grünwald betreut Enghofer Koch Consulting inzwischen internationale Kunden auf der ganzen Welt und hat Arbeitsplätze für ein 40-köpfiges Team geschaffen. Die beiden Geschäftsführer sind aber nach wie vor sehr nah am operativen Geschäft und aktiv im Beratungsalltag eingebunden.

Enghofer Koch Consulting hat sich auf den Prozess der Digitalisierung in Unternehmen spezialisiert. Dabei erarbeiten die Unternehmensberater nicht nur Strategien und Konzepte, sondern setzen diese Lösungen auch gemeinsam mit den Kunden um. „Wir möchten die Brücke zwischen fachlichen Anforderungen und IT-seitiger Umsetzung schlagen – das war der Beweggrund unserer Gründung." In der Praxis bedeutet das: Viele Unternehmen, die Enghofer Koch betreut, haben sehr gute fachliche und auch technische Fähigkeiten, beide Seiten aber so zu kombinieren, dass fachliche Anforderungen, technologische Möglichkeiten und Umsetzungskompetenz zusammengebracht werden, ist eine Kombination, die selten vorhanden ist und einen außerordentlichen Mehrwert schafft.

Als inhabergeführte Beratung setzt Enghofer Koch Consulting auf schlanke, unbürokratische Strukturen. So möchte sich der Dienstleister auf die Kunden und Projekte fokussieren und gleichzeitig qualifizierte sowie erfahrene Berater zu kompetitiven Preisen anbieten. „Unsere Tagessätze liegen spürbar unter dem Wettbewerb und dennoch können wir unsere Mitarbeiter gleichzeitig überdurchschnittlich vergüten, weil wir uns auf das Wesentliche konzentrieren."

Der Großteil der Mitarbeiter von Enghofer ist in ganz Deutschland, Österreich und der Schweiz verteilt. „Als Unternehmensberater sind unsere Mitarbeiter natürlich nah am Kunden und klassisch an den Standorten der Kunden vor Ort tätig." Dennoch pflegen die beiden Gründer zu allen Mitarbeitern einen persönlichen Kontakt und bringen das Team zu gemeinsamen Events zusammen, zum Beispiel nach Grünwald oder an den Tegernsee. Die Nähe zum Landkreis möchte Enghofer zukünftig stärken: „Ich wünsche mir, dass wir präsenter für Fachkräfte aus dem Großraum München werden und wir mehr Unternehmen oder auch Behörden aus der Region beraten dürfen."

ENGHOFER KOCH CONSULTING GMBH

Schloßstraße 19
82031 Grünwald

www.ek-cg.com

Gräfelfing ist herrlich vielfältig und erfreulich unterschiedlich

Florian Ernstberger

geb. 1959, verheiratet, eine Tochter | seit 2008 Mitglied im Gemeinderat | seit 2008 Mitglied im Kreistag des Landkreises München

Es ist ein Privileg, in Gräfelfing leben zu dürfen. Im Würmtal, entlang des Flusses Würm, und im Landkreis München in direkter Nachbarschaft zur Stadt München. Ja richtig, da machen andere Urlaub.

Ich bin hier aufgewachsen und wohne seitdem hier, zunächst in Gräfelfing, dann im Ortsteil Lochham. Mein Vater war 14 Jahre lang ein geschätzter und beliebter Direktor des Kurt-Huber-Gymnasiums. Auch das verbindet. Meine Frau und ich genießen unser Glück mit den Hunden und der kleinen geschaffenen Natur im Garten.

Gräfelfing ist herrlich vielfältig und erfreulich unterschiedlich, ist nicht nur der Ort der Reichen. Drei Achsen tragen dazu bei: die Würm, die Bahnlinie und die Autobahn. Vom imposanten Starnberger See kommend bietet die Würm mit ihrer grandiosen Natur wertvolle Erholungsflächen. Die Bahnlinie mit den beiden S-Bahnhöfen Gräfelfing und Lochham und dem natürlichen Geländeunterschied sorgt für den öffentlichen Nahverkehr und ein gewisses Oben und Unten – im doppelten Sinne. Die Autobahn als ewiges Relikt der Olympiade 1972 erzeugt Freud und Leid – bei den Autofahrern eher das eine, bei den Anwohnern eher das andere.

Vom überschaubaren Gewerbegebiet über den Anger, die Heitmeiersiedlung, die Ortsmitte, das Waldparkgebiet, bis zum Schulcampus, den alten Villen in der Steinkirchner Straße, den verschiedenen Wohngebieten mit „ein Grundstück – ein Haus", dem weitläufigen Stadtpark, dem vielen Grün in den Gärten und den unzähligen Bäumen wird das begehrte Wohnen und Leben in der – letztlich nie bis ins Detail definierten – Gartenstadt geprägt.

Jung bis Alt, Kitas bis Altenheime, Sport, Kultur, Bildung und Vereine, Kinderwagen, Fahrrad oder Auto – für alles wird infrastrukturell bestens gesorgt. Selbst der Friedhof mit alter und neuer Aussegnungshalle ist eine friedvolle Ruhestätte in Natur und Vielfältigkeit. Dies alles zu erhalten und nachhaltig zu fördern, bewahrend und den Entwicklungen, der Tradition und Moderne zeitgemäß entsprechend, ist eine große und herausfordernde Aufgabe. Freilich gibt es auch viele Dinge, Gegebenheiten, Eigenheiten, die uns verwundern,

Eine Trachtentanzgruppe beim beliebten Gräfelfinger Straßenfest im September

Bei der Krüglrede des Würmtaler Starkbieranstichs

staunen, bedauern, ärgern, kritisieren, streiten und amüsieren lassen. Die Gemeinde und ihre Bürger haben Ecken und Kanten. Gut so! Und ich bin froh, dass ich seit Jahrzehnten Gelegenheit habe, unseren Alltag „allkläglich" mit Humor und Ironie schreibend und sprechend zu kommentieren.

Gelegentlich denke ich darüber nach, dass ein anderer Ort, eine andere Stadt, ein anderes Land, auch für den sich unweigerlich nähernden Lebensabend (in weiter Ferne), verlockend wäre. Doch blitzschnell stelle ich fest: Nein, hier bin ich „dahoam" und nirgendwo anders. Hier sind meine Wurzeln, und hier stehe ich auf dem Boden, zutiefst bodenständig.

Ich bin davon überzeugt, dass ich das notwendige Gefühl und Gespür für unsere Gemeinde habe, und es ist mir Ehre und Freude zugleich, mich für diesen besonderen Ort als Gemeinderat und für den Landkreis München als Kreisrat seit vielen Jahren zu engagieren und Verantwortung zu übernehmen. Ich empfinde mich dabei als nichts Besonderes, nur: Es bedeutet mir besonders viel, dass wir Menschen hier und im Umfeld unser Glück und Wohl zum Leben haben, erhalten und weitergeben dürfen und können. „Gräfelfing, wo denn sonst!" bleibt sicher einer meiner bestimmenden Lebensinhalte.

> Die Gemeinde und ihre Bürger haben Ecken und Kanten. Gut so! Und ich bin froh, dass ich seit Jahrzehnten Gelegenheit habe, unseren Alltag „allkläglich" mit Humor und Ironie schreibend und sprechend zu kommentieren.

Der Erfolg eines Tüftlers und einer Bankkauffrau

Roland Ettinger erinnert sich: „Mein Opa war ein Vollbluttechniker, ein Tüftler. Und meine Oma war Bankkauffrau, sie hat sich um den ganzen Ablauf und die Finanzen gekümmert." So gründeten Erich und Johanna Ettinger 1964 die ETTINGER GmbH, die Elektronikbauelemente vertreibt und seit einigen Jahren auch selbst fertigt. „Die beiden waren ein kongeniales Team", schwärmt Ettinger.

Jetzt ist er selbst Geschäftsführer des Unternehmens, das in Brunnthal angesiedelt ist. Zusammen mit seinem Vater Werner Ettinger und seiner Schwester Stefanie Ettinger leitet er den Familienbetrieb und meint stolz: „Meine Großeltern haben eine tolle Firma aufgebaut.

Von Abstandsbolzen bis hin zu Zylinderstiften: ETTINGER vertreibt und fertigt spezielle Elektronikbauelemente.

Das Tollste sind jedoch unsere 65 Mitarbeiterinnen und Mitarbeiter, die den Laden täglich am Laufen halten."

Viele der Teile, auf die ETTINGER spezialisiert ist, sind Kleinteile aus Metall und Kunststoff. Der Online-Katalog aus Befestigungstechnik und Elektromechanik beginnt bei A für Abstandsbolzen und endet mit Z für Zylinderstifte. Für den Laien hört sich das wie im Baumarkt an. Roland Ettinger stört eine solche Aussage überhaupt nicht, schließlich gibt sie ihm die Möglichkeit, die wichtigen Unterschiede zu erklären: „Bei uns geht es um Produkte, die speziell für den Einbau in elektronische Geräte gemacht wurden. Die finden Sie in keinem Baumarkt." Um es nochmals mit dem Blick des Laien zu beschreiben: Die verschiedenen Teile müssen ganz spezielle Eigenschaften haben, damit sie dem Einsatz in Elektrogeräten gerecht werden – eine auf den Zehntelmillimeter genaue Größe, besondere Materialeigenschaften oder Leitungsfähigkeit. Sie werden zusammen mit Leiterplatten verbaut, in der Roboter- und Medizintechnik eingesetzt oder für elektronische Steuergeräte verwendet.

Über vier Stockwerke des ETTINGER-Stammhauses im Brunnthaler Teilort Hofolding erstreckt sich das Lager. Auf 3.000 Quadratmetern Fläche sind hier 25.000 verschiedene Teile vorrätig. Die Metallkomponenten sind zwar meist sehr klein, aber in ihrer Masse manchmal sehr schwer. Ein unscheinbares, kompaktes Paket, das gerade an einen Kunden nach Großbritannien verschickt wird, wiegt etwa 53 Kilogramm.

Die bestellten Teile werden nach Kundenauftrag kommissioniert, verpackt und versendet. Kleine und

Im Lager sind 25.000 verschiedene Teile vorrätig

Die operative Unternehmensleitung: (v. li.) Roland, Stefanie und Werner Ettinger

große Pakete werden zusammengestellt – Ettinger bewältigt 300 Aufträge täglich. Nachmittags fahren die großen Autos von den Paketzustellern und Speditionen in den Hof und laden ein.

Bei ETTINGER arbeiten Menschen aus 15 verschiedenen Nationen, aus Marokko und Thailand, Nigeria und Kolumbien. „Wir sind stolz auf unsere Belegschaft und die vielfältigen Charaktere", sagt Roland Ettinger. „Es sind viele Quereinsteiger darunter, die sich super entwickelt haben. Manche sind zu echten Stützen des Unternehmens geworden." Im Betrieb geht es sehr familiär zu – der offene und ehrliche Austausch ist Roland Ettinger sehr wichtig.

Der 36-Jährige selbst ist zunächst gar nicht so zielstrebig in das Unternehmen gerückt. Er hatte zwar immer mal bei seinem Opa in der Firma gejobbt, sich aber für ein Studium zum Bauingenieur und Betriebswirt entschieden. Vor zehn Jahren stand im Betrieb dann ein Generationenwechsel an, zusammen mit Vater und Schwester übernahm er die operative Unternehmensleitung. Die Firma hat mehr als 7.000 Kunden, die regelmäßig bestellen. Der Kernmarkt liegt in Deutschland, Österreich und der Schweiz. Geliefert wird in insgesamt rund 80 Länder, so auch nach Südafrika, Indien oder China.

> Bei uns geht es um Produkte, die speziell für den Einbau in elektronische Geräte gemacht wurden. Die finden Sie in keinem Baumarkt.

Gegenüber dem Stammhaus ist eine Besonderheit angesiedelt: eine eigene Fertigung. Durch die Übernahme von zwei Fertigungsbetrieben in Bayern und Nordrhein-Westfalen ist die eigene Produktion von Präzisionsteilen zu einem wichtigen Standbein geworden. „Eine eher exotische Entwicklung", meint Ettinger. „Dreherein gibt es hier sonst kaum, aber wir stellen Drehteile made in Bavaria her." In der Halle rattern die CNC-Maschinen, die in hoher Geschwindigkeit Metallstücke ausspucken, passgenau nach Kundenspezifikation.

ETTINGER will in Zukunft weiter wachsen – „stetig und gesund", wie der Geschäftsführer sagt. Ein neuer Firmenstandort ist angepeilt. „Dem Landkreis bleiben wir aber treu", so viel verrät Roland Ettinger bisher.

ETTINGER GMBH
Ottostraße 5
85649 Hofolding

www.ettinger.de

Von Traumplätzen und braven Wildschweinen

Julie Fellmann

geb. 1970 in Paris | 1989 Abitur | 1994 Magister in Germanistik und Amerikanistik LMU | 1994 - 1995 Redakteurin „Versteckte Kamera" | 1996 - 1998 Redakteurin KirchGruppe | 1999 - 2005 Film- und Fernsehproduzentin Monaco Film (Deutscher Fernsehpreis 2002) | seit 2005 freiberufliche Roman- und Drehbuchautorin (Auditorix-Hörbuchsiegel Leipziger Buchmesse 2010 und 2011; Nominierung Rheingold-Publikumspreis Filmfestival Ludwigshafen 2021) | verheiratet mit dem bekannten Saxophonisten Mulo Francel

In Paris geboren, bin ich mit meinen Eltern bereits als Kleinkind nach München gezogen. An diesem Novembertag fiel der erste Schnee, für meine südfranzösische Mutter eine Sensation, um nicht zu sagen: ein Schock! Mein bayerischer Vater ist sofort losgezogen, hat meiner Schwester und mir kleine Kinderski aus Plastik gekauft und ist mit uns zum erstbesten Hang im Münchner Süden gefahren. Gelandet sind wir auf dem Kirchberg in Baierbrunn, wo er uns den ganzen Tag lang an den Skistöcken hochgezogen hat und mit uns wieder hinuntergefahren ist. Bis die Plastikski gebrochen sind und es Tränen gab. Meine erste Erinnerung an Baierbrunn.

Damals konnte ich nicht ahnen, dass es mich viel später wieder dorthin verschlagen würde, als mein Mann und ich mit unseren zwei kleinen Kindern nach einem geeigneten Grundstück gesucht haben. Es sollte im Grünen sein, nah an der Stadt, mit S-Bahn-Anschluss und doch mit möglichst viel Natur. Im Baierbrunner Ortsteil Buchenhain haben wir uns in einen wunderschönen, sonnigen Traumplatz verliebt, auf den wir ein Ökohaus haben bauen lassen.

Anfangs, wenn ich nach Buchenhain abgebogen bin, habe ich immer gedacht: Gleich kommt mir ein Wildschwein aus dem Forstenrieder Park entgegen, und ich kriege einen Landkoller. Aber die Wildschweine blieben brav im Wald, und der Landkoller blieb aus. Unsere ersten Freunde hier haben wir über den Kindergarten kennengelernt, es war alles sehr familiär. Jeder grüßt sich auf der Straße. Im Sommer haben wir nach der Mittagsbetreuung die Kinder eingepackt und sind direkt von der wunderschön am Hochufer gelegenen Grundschule runter an die Isar gegangen, zum Georgenstein, einem riesigen Findling im Wasser, von dem unser Sohn mit den Nachbarjungs zu meinem Entsetzen Kopfsprünge und Saltos geübt hat. Jeder hatte eingepackt, was der Kühlschrank so hergab, und die Kinder konnten herumtoben, Isarkiesel bemalen, im eiskalten Wasser planschen und abends todmüde ins Bett fallen.

Aber auch im Winter ist es hier für Kinder ein Paradies. Der Kirchberg hat auch für die nächste Generation als Ski- und Schlittenberg hergehalten, da wurden Schanzen gebaut, und manchmal hat ein Bauer die Kinder mit seinem Traktor auf den Skiern nach oben gezogen, während wir Eltern Glühwein aus Thermoskannen geteilt haben, um auch innen warm zu bleiben. Schön ist es hier auch in der Adventszeit, wenn sich die Häuser der Anwohner in einen „beweglichen Advents-

Die Isar ist einer der Lieblingsplätze von Julie Fellmann und ihrem Mann Mulo Francel

kalender" verwandeln. Jeder kann sich dafür anmelden und einen Tag im Dezember wählen, an dem man sein Wohnzimmerfenster, den Stall oder sonst eine Ecke seines Grundstücks weihnachtlich dekoriert und alle, die nach Anbruch der Dunkelheit vorbeikommen, mit Glühwein, Kinderpunsch und Lebkuchen versorgt. Manche lesen dann im Kerzenschein Weihnachtsgeschichten vor, andere packen ihre Gitarre aus und begleiten die Kinder zu Weihnachtsliedern.

Jede Jahreszeit wird hier mit Bräuchen und Festen intensiv zelebriert. Beim Martinsumzug kommt Sankt Martin sogar mit einem echten Pony, beim Johannifeuer werden Ess- und Trinkstände am Kirchberg aufgestellt, und alle gemeinsam entzünden mit Fackeln das riesige Feuer. In der Vorweihnachtszeit gibt es ein Wochenende lang einen Christkindlmarkt, an dem auch die Kindergärten und die Grundschule ihre eigenen Stände mit Plätzchen und Basteleien haben. Im Frühjahr ruft

> Anfangs, wenn ich nach Buchenhain abgebogen bin, habe ich immer gedacht: Gleich kommt mir ein Wildschwein aus dem Forstenrieder Park entgegen und ich kriege einen Landkoller. Aber die Wildschweine blieben brav im Wald, und der Landkoller blieb aus.

die Gemeinde zum gemeinsamen „Ramadama" auf, bei dem wir mit Müllsäcken losmarschieren und die Wälder und Isarstrände säubern. Und alle fünf Jahre bekommen wir einen neuen Maibaum, der wochenlang bewacht und dann per Manneskraft und unter großem Gejubel aufgerichtet wird. Da wird dann ein Festzelt aufgestellt, in dem auch unsere fabelhafte einheimi-

Der Georgenstein, ein riesiger Findling im Fluss

sche Kapelle „Isartaler Blasmusik" aufspielt. Und immer finden sich aktive Nachbarn, die Straßenfeste initiieren, zu denen jeder etwas mitbringen und mitfeiern kann. Überhaupt empfinden wir die Nachbarschaft hier als sehr friedfertig, wohlwollend, hilfsbereit und offen – ein großes Geschenk!

Alles ist sehr dörflich, obwohl wir nur wenige Kilometer außerhalb der Stadtgrenze sind. Das geht schon mit dem Rathaus los, wo man sich ohne Wartezeit einen neuen Pass machen lassen kann. Weiter geht's mit dem Sportplatz, wo der SC Baierbrunn alle möglichen Sportprogramme für Groß und Klein anbietet. Fußball natürlich, aber auch Leichtathletik, Taekwondo,

Yoga, Zumba und vieles mehr. Im Winter kann man mit einem Skibus jeden Sonntag in ein anderes Skigebiet fahren und dort den ganzen Tag die Pisten herunterwedeln (allerdings muss man dafür sehr früh aufstehen …). Und wem das noch zu wenig ist, der kann sich im Tennispark Isartal verausgaben, sich auf die Langlauf-Loipe vor der Haustür schwingen oder durch die Isarauen wandern oder radeln. Und natürlich dürfen in einer bayerischen Gemeinde auch Schützenverein (wo unser Sohn eine Zeit lang war) und Trachtenverein (wo unsere Tochter im hübschen schwarz-roten Dirndl Volkstänze einstudiert hat) nicht fehlen.

Ich selbst war so inspiriert durch das Leben hier, dass ich den Kriminalroman „Nacht der Einsamen" geschrieben habe, der in einer kleinen Gemeinde spielt, die auffällige Parallelen zu Baierbrunn hat. Natürlich reine Fiktion, wie ich bei meinen Lesungen immer versichere. Und gemeinsam haben mein Mann und ich in der Grundschule mein Märchen „Der König hat gelacht" aufgeführt – ich als Erzählerin, mein Mann mit seiner Band „Quadro Nuevo" als Musiker und Mitdarsteller, was immer eine Riesengaudi ist.

Wir sind hier umgeben von schönster Natur, im Forstenrieder Park kann man Schwammerl sammeln, und mein Mann hat sich auf Kräuterkunde spezialisiert. Da gibt's dann Salate aus Giersch, Knoblauchrauke, Bärenklau und vieles mehr; alles sehr gesund. Um diese Natur zu erhalten, habe ich mich in einem Aktionskreis gegen den Bau des Autobahn-Südrings engagiert. Da bin ich von Haustür zu Haustür gegangen und habe Unterschriften gesammelt – und so noch den Rest der Nachbarschaft kennengelernt. Die Autobahn, die durch das Naturschutzgebiet geführt hätte, wurde zum Glück

Blick auf die Kirche St. Peter und Paul in Baierbrunn

bisher nicht gebaut. Dennoch ist es bedauerlich, dass es hier immer noch keinen Baumschutz gibt, da kann jeder fällen, wie er mag. Und auch ein einheitlicher Bebauungsplan täte dem Dorfcharakter gut.

Leider haben wir nur noch ein Gasthaus, den Waldgasthof Buchenhain, der allerdings wunderschön am Waldrand gelegen ist. Aber der Gasthof zur Post in der Ortsmitte steht schon lange leer, und das einzige italienische Restaurant ist vor Jahren nach Schäftlarn umgezogen. Umso schöner ist es, dass sich vor einiger Zeit der Verein „Mittendrin in Baierbrunn" gegründet hat, der das Dorf wiederbelebt: mit Lesungen, Konzerten, Eiswagerl, Wochenmarkt und Gelegenheiten zum Austausch.

Jetzt, da die Kinder ihre eigenen Wege gehen, kommt manchmal bei uns der Gedanke auf, wieder in die Stadt zu ziehen, vor allem im Winter. Doch dann kommt der Frühling, die Bäume blühen, die Vögel zwitschern, ich sitze auf meiner sonnigen Terrasse und schreibe an einem Drehbuch, im Haus probt mein Mann mit seiner Band – und wenn man die Nachbarn fragt, ob es stört, bekommt man die Antwort: Im Gegenteil, spielt gerne weiter, wir genießen's! Gegen Abend schlendern wir dann an unseren Paradiesstrand an der Isar, und jedes Mal denke ich: So schön ist es nicht mal in der Karibik. Mein Mann spielt leise Klarinette, ich sonne mich und denke über den nächsten Krimifall nach – und dann schwimmen wir die Isar runter (ehrlicherweise: mein Mann von April bis Oktober, ich höchstens im August). So viel Glück sollte man nicht leichtfertig aufgeben.

> Mein Mann spielt leise Klarinette, ich sonne mich und denke über den nächsten Krimifall nach – und dann schwimmen wir die Isar runter (...) So viel Glück sollte man nicht leichtfertig aufgeben.

Ein halbes Jahrhundert Qualität und Innovation aus Sauerlach

Tradition und Moderne – dafür steht das Familienunternehmen Gruber Holding in Sauerlach, das seit 50 Jahren im Bauwesen tätig ist. Gegründet 1974 als lokale Heizungsbaufirma von Josef Gruber, ist der Betrieb heute mit der Gruber GmbH, der Gruber Umwelt GmbH & Co. KG und der EGS GmbH & Co. KG ein führender Anbieter für Anlagenbau, Tiefbau, Spezialtiefbau, Microtunneling, Kanalsanierung/Abwassertechnik und Rohstoffgewinnung und -aufbereitung. „Die Gruber Holding ist auf die Realisierung kompletter Gebäudeinstallationen im industriellen und öffentlichen Bereich spezialisiert", erklärt Erich Gruber, der die Geschicke der Holding leitet. „Durch innovative Lösungen und hohe Qualitätsstandards haben wir uns in und um München einen Namen gemacht."

Die Geschichte des Familienbetriebs ist geprägt von stetiger Entwicklung und Wachstum. Umfangreiches Fachwissen und langjährige Expertise, zusammen mit modernen Technologien, heben das Unternehmen im Wettbewerb hervor. Seit über 30 Jahren steht Erich Gruber an der Spitze der Gruber Holding. Die zweite Generation der Unternehmerfamilie hat die Firma weiter ausgebaut und diversifiziert. Unter der Leitung von Erich Gruber entwickelte sich der einstige Einzelbetrieb für Heizungsbau zu einem erfolgreichen mittelständischen Unternehmen mit breitem Portfolio. Erich Grubers Faszination für technische Details und deren Umsetzung sowie seine Bereitschaft für Neuerungen schaffen eine aussichtsreiche Perspektive für die Firmengruppe.

Seit 2019 ist auch Tobias Holzer Teil der Geschäftsleitung der Gruber GmbH. Bereits im Studium projektierte er den Bau von mehreren Heizwerken mit Fernwärmenetzen. Nach über zehn Jahren im Tiefbau führt er nun die Gruber GmbH mit einem klaren und strukturierten Weg in die Zukunft.

Ralph Kunze ist 2021 in die Geschäftsführung der Gruber Umwelt GmbH & Co. KG eingetreten. Er brachte einen großen Erfahrungsschatz im Erdbau, der Schadstoffsanierung und im Gebäuderückbau mit und konnte so die Gruber Umwelt als Teil der Gruber Holding als zuverlässigen Partner für den Bereich Erd- und Rückbau sowie die Rohstoffgewinnung und Rohstoffaufbereitung etablieren.

Im Klinikum Großhadern war die Gruber Holding mit der Modernisierung der Heizungstechnik betraut

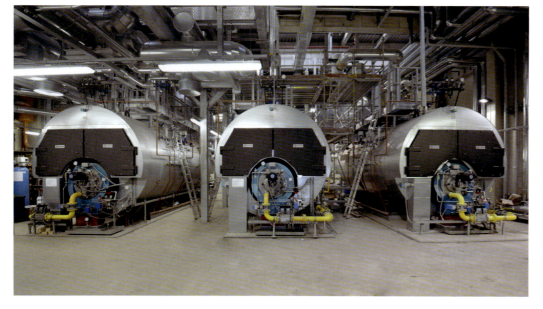

(v. li.) Ralph Kunze, Josef Gruber, Erich Gruber und Tobias Holzer in der Maschinenhalle auf dem Firmengelände

Im Zentrum des Handelns und Planens steht bei Gruber die Kundenzufriedenheit, gepaart mit einem starken Engagement für Qualität und Nachhaltigkeit. „Zu unseren Kunden und Partnern pflegen wir langfristige Beziehungen. Wir streben stets danach, die besten Lösungen für jede Herausforderung zu finden", so Erich Gruber. „Unsere jahrzehntelange Expertise für die Konzeption und Umsetzung komplexer Bauvorhaben macht uns zu einem idealen Begleiter für individuelle Projekte."

Weitere wichtige Aspekte der Unternehmenskultur sind das Wohl der Mitarbeitenden und die kontinuierliche Weiterentwicklung ihrer Fähigkeiten. Dieses Engagement spiegelt sich auch in den Unternehmenswerten wider: Qualität, Zuverlässigkeit und Hilfsbereitschaft.

Bei der Gruber Holding stehen die Zeichen auf Wachstum. Mit der Unabhängigkeit, Flexibilität und Entscheidungsfreude eines inhabergeführten, mittelständischen Familienunternehmens gelingt die Anpassung an die sich laufend ändernden Anforderungen. Fortwährende Investitionen in neueste Technologien, modernste Maschinen sowie die kontinuierliche Weiterbildung der Mitarbeitenden sichern die Versorgung auch logistisch und technisch anspruchsvoller Baustellen jeder Größe und sind der Garant für höchste Qualität und Kundenzufriedenheit.

> Unseren Kunden gewerkübergreifend durchdachte und wirtschaftliche Lösungen anzubieten und für sie erfolgreich umsetzen zu können, ist uns ein großes Anliegen.

Der Familienbetrieb blickt optimistisch in die Zukunft. Mit einem klaren Fokus auf Innovation und Nachhaltigkeit plant das Unternehmen, seine Position als führender Anbieter im Bauwesen weiter zu festigen und auszubauen. Die Kombination aus erfahrener Führung, engagierten, motivierten Beschäftigten und modernster Technik verspricht weiterhin Erfolg und Wachstum in den kommenden Jahren.

GRUBER HOLDING
Wolfratshauser Straße 36
82054 Sauerlach

www.gruber-holding.de

Von Gräfelfing aus weltweit die Zellen im Fokus

Live dabei zu sein, hat immer seinen besonderen Reiz. Dazu trägt auch die ibidi GmbH aus Gräfelfing bei. Nur geht es hier nicht um Sport- oder Kulturveranstaltungen, sondern um die Beobachtung biologischer Zellen. Das Unternehmen entwickelt und fertigt Produkte für die Mikroskopie mit lebenden Zellen.

Die ibidi GmbH arbeitet nicht nur eng mit der Wissenschaft zusammen, sie entstammt ihr gewissermaßen, denn das Biotech-Unternehmen ist ein Spin-off der Technischen Universität München und der Ludwig-Maximilians-Universität. Es wurde 2001 aus den beiden Hochschulen heraus von den vier Biophysikern Dr. Valentin Kahl, Dr. Roman Zantl, Dr. Ulf Rädler und Professor Dr. Joachim Rädler gegründet. Die heute in Gräfelfing ansässige Firma ist in ihrem Bereich inzwischen weltweit führend. Die anfängliche Förderung durch Bundes-, Landes- und EU-Mittel war also gut investiert.

Über die Jahre hinweg entwickelte sich das Unternehmen zu einer vollen Erfolgsgeschichte. Mittlerweile sind in der Zentrale in Gräfelfing 120 Menschen beschäftigt, darunter Entwickler, Biologen, Chemiker, Ingenieure und Physiker. Die Beschäftigten stammen aus der ganzen Welt, etwa aus Kroatien, Korea, Spanien, Indien oder Japan. Zudem hat ibidi eine Tochterfirma in den USA gegründet, um auf dem bedeutenden amerikanischen Markt besser agieren zu können. 25 Prozent des Umsatzes werden in Deutschland generiert, 75 Prozent im Ausland, ein größerer Teil davon in den USA. Gefertigt werden die ibidi-Produkte ausschließlich in Deutschland.

„Mit unseren technologisch anspruchsvollen Produkten besetzen wir eine geschäftlich sehr interessante Nische im bemerkenswert großen Markt der biomedizinischen Forschung und Entwicklung", erklärt Dr. Roman Zantl, der mit Dr. Valentin Kahl die Geschäfte der ibidi führt. „Unsere Produkte für die Lebendzellanalyse sind jedoch von der biotechnischen Forschung an Universitäten und auch der Pharmaforschung in der ganzen Welt gefragt." Die Objektträger für die Mikroskopie machen es möglich, lebende Zellen bei ihrer Entwicklung und ihren Veränderungen zu beobachten und dabei an ihnen zu forschen. Das wichtigste Ziel: Therapien gegen schwerwiegende Erkrankungen des Herzkreislaufsystems und Krebs zu entwickeln.

Dr. Roman Zantl ist einer der Geschäftsführer von ibidi

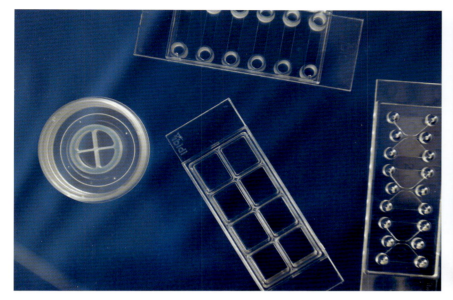
Die sogenannten µ-Slides aus Kunststoff machen die Entwicklung lebender Zellen sichtbar

ibidi beschäftigt in der Zentrale in Gräfelfing 120 Mitarbeitende

Anfangs waren die mikroskopischen Objektträger aus Glas, dann entwickelten die ibidi-Forscher sogenannte µ-Slides aus Kunststoff. Diese können in ihrer Form und Funktion frei gestaltet werden und sind für die Arbeit mit lebenden Zellen weitaus geeigneter. Geforscht wird zum Beispiel an Tumorzellen, diese erhalten ein nahezu lebensechtes Umfeld wie im menschlichen Körper, etwa mit einer Temperatur von genau 37 Grad Celsius. Dabei kann zum Beispiel „live" unter dem Mikroskop beobachtet werden, wie sich Zellen verändern, wenn man ihnen Medikamente zur Bekämpfung von Krebs hinzufügt. Im Zeitfluss sieht man Zellen bei der Arbeit oder Zellteilung und kann so beobachten, wie sie miteinander interagieren.

Jeden Monat produziert ibidi rund 75.000 solcher Slides, je nach Anwendungsbereich gibt es ganz unterschiedliche. Mit den Universitätsinstituten und den weiteren Forschungseinrichtungen besteht weiterhin ein reger Austausch. Wissenschaftlerinnen und Wissenschaftler dieser Einrichtungen erläutern den ibidi-Mitarbeitenden, an welchen Fragestellungen sie gerade arbeiten und welche ungelösten Probleme ihre Arbeit behindern. So entwickelt und produziert ibidi auch immer wieder Einzelanfertigungen. Das Unternehmen hat mittlerweile 30 angemeldete Patentfamilien und mehr als 100 einzelne Patente.

Das in München gegründete Biotech-Unternehmen zog 2006 zunächst an das „Innovations- und Gründerzentrum Biotechnologie" in Martinsried und 2019 aus Kapazitätsgründen nach Gräfelfing. „Hier im Würmtal fühlen wir uns als Unternehmen sehr wohl", sagt Dr. Roman Zantl und gerät als Angehöriger einer alteingesessenen Gräfelfinger Familie ins Schwärmen: „Die naturnahe Gegend, der hohe Freizeitwert, die Lebensqualität – alles Dinge, die auch unsere Mitarbeitenden sehr schätzen." Viele Mitarbeitende wohnen ganz in der Nähe des Firmensitzes und kommen meist mit dem Fahrrad zur Arbeit.

> Hier im Würmtal fühlen wir uns als Unternehmen sehr wohl – die naturnahe Gegend, der hohe Freizeitwert, die Lebensqualität – alles Dinge, die auch unsere Mitarbeitenden sehr schätzen.

IBIDI GMBH
Lochhamer Schlag 11
82166 Gräfelfing

www.ibidi.com

Es hat viele Vorzüge, in einer kleineren Gemeinde zu leben

Jan Fleischhauer

geb. 1962 in Osnabrück | 1983 - 1988 Philosophie- und Literaturwissenschaftsstudium in Hamburg | 1987 - 1989 Henri-Nannen-Schule in Hamburg | ab 1989 in wechselnden Funktionen als Redakteur beim „Spiegel" tätig, unter anderem als Büroleiter in Berlin und Wirtschaftskorrespondent in New York | 2010 Veröffentlichung von „Unter Linken" | 2017 Umzug nach Pullach | 2018 Veröffentlichung von „Alles ist besser als noch ein Tag mit dir" | 2019 Wechsel zum Burda-Verlag | seine Kolumne „Der schwarze Kanal" ist eine der meistgelesenen und -diskutierten Kolumnen in Deutschland | 2020 Veröffentlichung von „How dare you!"

Wir sind im Winter 2017 nach Pullach gezogen. Die klassische Geschichte: Schöne Wohnung in München. Es kommt das erste Kind, dann das zweite. Man behilft sich. Man schiebt die Möbel von hier nach dort, irgendwann geht's nicht mehr, und eine neue Bleibe muss her. Auch Pullach ist nicht das, was man günstig nennt. Aber im Vergleich zu dem, was einem in München angeboten wird, kauft man wenigstens ohne das Gefühl, nur den Makler reich gemacht zu haben.

So sind wir hier gelandet, im Süden von München. Doppelhaushälfte von 1993, mit einem ordentlichen Garten, jedenfalls verglichen mit den Handtuchstücken, die sie einem heute bei Neubauten als Garten verkaufen. Ich habe es nicht bereut. Im Gegensatz zu vielen Umlandgemeinden hat Pullach einen Ortskern, der zum Verweilen einlädt. Ich habe mit dem Gärtnern angefangen. Dazu kommt die Nähe zur Isar. Wer im Sommer den Kopf ins Wasser stecken will, muss sich nur aufs Rad schwingen und runter zum Kiesbett fahren.

Es hat viele Vorzüge, in einer kleineren Gemeinde zu leben. Man hört morgens die Vögel singen. Die Leute grüßen, wenn sie einander begegnen. Und man kann sich darauf verlassen, dass die Verwaltung funktioniert. Das ist kein zu unterschätzender Vorteil, wie jeder weiß, der mal in einer Großstadt gelebt hat.

Neulich wollten wir in die Schweiz. Alles war gebucht, die Koffer waren gepackt. Da fiel mir ein, dass wir für unsere jüngste Tochter ja noch gar keinen Pass hatten. Wir hatten einfach vergessen, ihn zu beantragen. Es gibt so viel zu bedenken, wenn ein Kind auf die Welt kommt. Der Pass gehört dabei nicht zur Erstausstattung.

Also Anruf im Rathaus. „Wann wollen Sie denn fahren?" „In drei Tagen." „Oh, dann wird's ja Zeit. Kommen Sie in zwei Stunden vorbei. Bringen Sie Fotos mit. Die Unterlagen können Sie auf unserer Webseite herunterladen und schon mal ausfüllen."

Was soll ich sagen? Am nächsten Tag hatten wir den Pass. Wenn ich die Geschichte Freunden aus Berlin erzähle, können die nur noch weinen. Neulich habe ich mit einer Bekannten telefoniert, die jeden Tag den Wecker auf drei Uhr morgens stellte, weil man in Berlin angeblich um drei Uhr morgens einen Slot beim Bezirksamt buchen kann. Nach vier Wochen hat es dann endlich geklappt. Jetzt hat sie einen Termin – in sechs Monaten.

Pullach ist bekannt für seine Lage. Wir haben den Rabenwirt, wo man im Sommer bei Schnitzel und Weißwein über die Isarschleife schaut. Wenn ich Besuch von außerhalb habe, lade ich dorthin ein. Alle sagen dann, dass sie gar nicht wussten, wie schön das Landleben ist.

Auch politisch sind wir eine Insel der Seligen. Wenn ein Wahltag naht, bauen auf dem Kirchplatz alle ihre Stände auf – die CSU, die Grünen, die FDP, die Sozialdemokraten. Aber das ist es dann auch schon. Ich habe noch nie die AfD oder die Linkspartei gesehen. Es gibt sicher auch in Pullach AfD-Wähler, aber für einen Ortsverein hat es bislang nicht gereicht. Vielleicht sind die Leute hier zu träge, vielleicht fehlt aber einfach auch der Untergrund an Ressentiment und Wut, den es

Der Ortskern von Pullach

Der Kirchplatz in Pullach mit Blick auf den Rabenwirt

zur Gründung braucht. Pullach wird von einer Grünen regiert, Susanna Tausendfreund, auch das ist nicht ganz selbstverständlich. In Bayern gibt es insgesamt nur fünf grüne Bürgermeister, im Landkreis München ist sie die Einzige. Mir hat das viel über die Vorzüge der direkten Demokratie gesagt.

Mein Umzug nach Pullach fiel ziemlich genau mit der Errichtung des Maibaums zusammen. Alle, die aus Bayern stammen, wissen, was das für eine große Sache ist. Alle sechs Jahre muss der Maibaum ausgetauscht werden, weil das Holz morsch wird. Dann rückt die Feuerwehr an, und ein paar Monate später kommt der Kran, um den neuen Baum aufzurichten.

Am Tag der Maibaumeinweihung war der halbe Ort zusammengekommen. Es gab eine kleine Bühne. Die freiwillige Feuerwehr war angetreten, eine Blaskapelle spielte, dazu tanzten die Trachtenvereine – eine Mischung aus Heimatpflege und Brauchtum, wie sie in dieser Ungezwungenheit nur in Bayern möglich ist. Nach dem katholischen und dem evangelischen Pfarrer trat dann die Bürgermeisterin ans Mikrofon. Und was sagte sie zur Begrüßung? „Ich freue mich so über unsere feschen Madeln und kräftigen Burschen."

Ich dachte, mir fallen die Ohren ab. Unsere feschen Madeln und kräftigen Burschen? Das ist ein Satz, für den man in Berlin-Kreuzberg bei den Grünen sofort hochkant aus der Partei geworfen würde. In Berlin reicht es, wenn man bekennt, dass man als Kind davon geträumt habe, Indianerhäuptling zu sein, um ein Parteiausschlussverfahren am Hals zu haben. Und hier stellte sich eine Grüne öffentlich hin und lobte völlig ungezwungen die traditionelle Geschlechterordnung?

> Im Gegensatz zu vielen Umlandgemeinden hat Pullach einen Ortskern, der zum Verweilen einlädt. Ich habe mit dem Gärtnern angefangen. Dazu kommt die Nähe zur Isar.

Ich habe Susanna Tausendfreund beim nächsten Mal sofort meine Stimme gegeben. Ich weiß, das ist ein Bekenntnis, dass bei einigen meiner Leser ein Stirnrunzeln hervorrufen wird. Aber so ist das eben: Pullach bringt auch Menschen zusammen, von denen man nicht denken sollte, dass sie zusammenfinden.

Im Dienst für die Sicherheit – von Technik und Gesellschaft

Der Technik blind vertrauen, das tun wir gar nicht so selten. Wenn wir in ein Flugzeug steigen, mit dem Auto fahren, der Sicherheit unserer persönlichen, zum Beispiel in einer Cloud abgespeicherten Daten vertrauen oder entspannt im ICE sitzen, der mit 260 Stundenkilometern über die Schienen jagt. Dass wir dieses Vertrauen haben können, dafür sorgt unter anderem die Industrieanlagen-Betriebsgesellschaft mbH – kurz IABG – in Ottobrunn.

Sicherheit und gewissenhaftes Prüfen – davon war seit jeher die Arbeit der IABG geleitet. Im Angelsächsischen gibt es für den deutschen Begriff „Sicherheit"

Der Hauptsitz der IABG in Ottobrunn

zwei Übersetzungen: Safety und Security. Dabei bezeichnet Safety die Funktionssicherheit jeweils neuester technischer Systeme, damit diese Menschen nicht gefährden – während Security die Sicherheit der Gesellschaft gegen äußere Einflüsse – von militärischen Bedrohungen bis hin zu Naturkatastrophen – meint. Die IABG eint beide Begriffe in ihrem Tun.

Das Unternehmen begann einst als großes Prüf- und Analyselabor für die deutsche Luft- und Raumfahrtindustrie und das Verteidigungsministerium. Über mehr als sechs Jahrzehnte hinweg hat sich die IABG bis heute wesentlich weiterentwickelt, ein wichtiger Fokus liegt mittlerweile auf Dienstleistungen für die IT-Sicherheit, die Automobilindustrie sowie im Bereich von Umwelt- und Geodaten. „Früher analog – heute digital", so beschreibt Wolfgang Mohr, der Bereichsleiter Geschäftsentwicklung, den Wandel hin zur neuen IABG. Wesentliche Geschäftsbereiche wurden ausgebaut und drastisch verändert. Neue technologische Trends sind für die IABG von größter Relevanz. Das Unternehmen spricht dabei etwa von Cybercrime, autonomem Fahren, Big Data, Smart City oder Safe AI, also die Absicherung von künstlicher Intelligenz (KI).

Doch zunächst ein Blick in die Geschichte des Dienstleisters: Am 7. Februar 1961 wurde die IABG gegründet. Als Tochter der Industrieverwaltungsgesellschaft mbH stand sie indirekt im Bundesbesitz. Aufgabe war es damals, das Verteidigungsministerium bei der Auswahl und Beschaffung neuer Waffensysteme zu unterstützen und neueste Entwicklungen der Luft- und Raumfahrt zu qualifizieren. Zu diesem Zeitpunkt war Bayerns späterer Ministerpräsident Franz Josef Strauß Verteidigungsminister der Bundesrepublik. Die damals fünf Jahre alte Bundeswehr wurde im Kalten Krieg mit neuen Waffensystemen ausgestattet, zugleich gab es viele bedeutsame neue Entwicklungen in der Luft- und der Raumfahrt.

Wolfgang Mohr verdeutlicht dies: „Flugzeuge beispielsweise werden auf Materialermüdung getestet, die dann zu Rissen und schließlich zum Versagen der Struktur führen kann." 1963 etwa führte die IABG erste Belastungsversuche am Senkrechtstarter VJ 101 durch. Auch der Starfighter der Bundeswehr wurde ab 1965 von der IABG inspiziert. Im Bereich der zivilen Luftfahrt ist die Zusammenarbeit der IABG mit Airbus von hoher Bedeutung. So hat das Unternehmen von 1973 an, beginnend mit dem Airbus A300, jedes Modell von Europas größtem Luft- und Raumfahrtkonzern getestet.

Der nächste Schritt der IABG ging in den Weltraum. 1969 nahm das Unternehmen seine erste Weltraumsimulationskammer in Betrieb und schuf damit bestmöglich Weltraumverhältnisse auf der Erde. Im Raumfahrtzentrum der IABG werden Satelliten und deren Komponenten vor dem Start für ihre Mission in der späteren Einsatzumgebung qualifiziert.

Die heute Geschäftsverantwortlichen scheuen sich jedoch nicht, auch die Krisenzeiten des Unternehmens anzusprechen. Mit dem Zusammenbruch der kommunistischen Staaten des Ostblocks und der Auflösung des Warschauer Paktes als Ost-Militärbündnis im Jahr 1991 wurden auch die Rüstungsanstrengungen für die Bundeswehr in der Öffentlichkeit mehr und mehr in Zweifel gezogen und schließlich zurückgefahren. Geschäftsführer Prof. Dr. Rudolf F. Schwarz erinnert sich: „Die IABG erschien als Organisation, die nur belastet." Vielfach wurde gesagt: „Verteidigung brauchen wir jetzt nicht mehr, da es im Osten keinen Feind mehr gibt."

Die Bundesrepublik Deutschland privatisierte die IABG. Nach einem Intermezzo durch einen US-amerikanischen Investor kam Rudolf F. Schwarz zum Zug und

In der Weltraumsimulationskammer werden Weltraumverhältnisse auf der Erde geschaffen

übernahm die IABG. „Ich habe alles mobilisiert, was machbar war, und die Firma 2001 von den Amerikanern und dem anderen verbliebenen Gesellschafter gekauft", erinnert er sich. Ohne den Ingenieur Schwarz wäre das Unternehmen in seiner jetzigen Form undenkbar. „Unsicherheit bin ich gewohnt", sagt er mit Blick auf die Firma. „Aber wem es zu heiß ist, der sollte sich nicht in der Küche aufhalten."

> Unsicherheit bin ich gewohnt. Aber wem es zu heiß ist, der sollte sich nicht in der Küche aufhalten.

In Zeiten der Digitalisierung hält die künstliche Intelligenz in nahezu sämtliche Lebensgebiete Einzug. Die IABG hat schon vor Jahren begonnen, KI-basierte Lösungen für die verschiedenen Geschäftsfelder zu entwickeln und legte den Schwerpunkt auf die Absicherung der KI-Algorithmen. So ermittelt die IABG beispielsweise heute Wahrscheinlichkeiten, mit denen autonome Fahrzeuge an Bord entscheiden, wie Ausweichmanöver optimal zu gestalten sind. Praxistests werden auf dem Testfeld für intelligente Mobilitätsanwendungen durchgeführt, das die IABG zusammen mit der TU München auf ihrem Gelände errichtet hat.

> Am sicheren autonomen Fahren wird ebenso geforscht wie am induktiven Laden von E-Fahrzeugen, letzteres wird beispielsweise schon im Taxiwartebereich am Hauptbahnhof Köln umgesetzt.

Die zunehmende Vernetzung von Menschen und Dingen über das Internet hat viele Vorteile, birgt aber auch a priori große Gefahren. Im Bereich „Cyber Security" entwickelt die IABG eine National Secure Cloud-Lösung, die erstmalig die Übertragung und Speicherung von Daten bis zur Geheimhaltungsklassifizierung „Geheim" erlaubt. Die sozialen Medien spielen als Datenraum, aber auch als Gefahrenquelle eine immer größere Rolle. Mittels Open Source Intelligence werden frei zugängliche Informationen gesammelt und ausgewertet, beispielsweise, um im Vorfeld von Bundestags- oder Landtagswahlen Einschätzungen zur Stimmungslage gegenüber den politischen Parteien zu erhalten.

Eine KI-gestützte Auswertung des X-Livestreams (vormals Twitter) lässt sich nutzen, um aufkommende Bedrohungslagen, zum Beispiel Versammlungen zum Sturm auf das Kapitol in Washington, frühzeitig zu erkennen. „Das schützt das Zusammenleben in der Gesellschaft und im Endeffekt auch unsere Demokratie", sagt Professor Schwarz.

Die IABG selbst versteht sich als Hightech-Dienstleister. Um beratend und bewertend tätig sein zu können, ist sie hersteller- und produktunabhängig. Zur IABG-

Der größte Kunde ist die Bundeswehr

Die IABG beschäftigt 1.100 hoch qualifizierte Fachleute

Gruppe gehören eigenständige Start-ups, die Erfindungen und Patente zur Marktreife bringen. So werden aktuell Antennen für die neuen Satellitenkonstellationen entwickelt, die durch elektronische Formung und Steuerung eines Funkstrahls die Datenverbindungen zwischen sich bewegenden Satelliten und Fahrzeugen gewährleisten können.

Ein weiterer großer Bereich der IABG sind künftige Mobilitätslösungen für Individuen, aber auch Städte. Am sicheren autonomen Fahren wird ebenso geforscht wie am induktiven Laden von E-Fahrzeugen, letzteres wird beispielsweise schon im Taxiwartebereich am Hauptbahnhof Köln umgesetzt. Für intermodale Verkehrslösungen bringt die IABG verschiedenste Akteure der Mobilität zusammen, etwa die Deutsche Bahn und Autobauer, aber auch Unternehmen, die Satelliten betreiben oder Geodaten erheben.

Sicherheit – dieser Begriff wird bei der IABG verstanden als eine Querschnittsaufgabe, die in sehr viele Bereiche hineinragt. So kann mit Satellitentechnik erkannt werden, wie weit sich Naturkatastrophen wie etwa Waldbrände ausbreiten – Helfer erhalten so wichtige Informationen. Streitkräfte wiederum sind daran interessiert, über Satellitenfotos aktuelle Lagebilder zu erzeugen oder im Vorfeld zu erfahren, wie sie zum Beispiel strategisch bedeutsame Brücken mit wie vielen Fahrzeugachsen sicher überqueren können. Die IABG entwickelt auch Lösungen für die Energiewende: So lässt sich mittels der Daten von hochmodernen Satellitenbildern beispielsweise das Potenzial für Solarenergie in ganz Deutschland analysieren.

Die IABG hat so über die Jahrzehnte ein breites Netzwerk aus Partnern geflochten. Diese sind bei Unternehmen, der öffentlichen Hand und der Wissenschaft angesiedelt. Die Luft- und Raumfahrttechnik bleiben gewichtige Pfeiler des Unternehmens. Und seit Beginn des russischen Angriffskrieges gegen die Ukraine gibt es auch wieder wesentlich mehr Interesse und Anfragen

Das Unternehmen ist auch strategischer Partner der internationalen Luftfahrtindustrie

aus dem Verteidigungsbereich. So berät die IABG etwa den Bund bei der optimalen Nutzung des Sondervermögens.

Heute hat die IABG 1.100 hoch qualifizierte Mitarbeitende. Neben dem Hauptsitz in Ottobrunn verfügt sie über zehn weitere Standorte in Deutschland. Dazu zählen etwa die Niederlassungen in Koblenz, Bonn und Berlin nahe bei der Bundeswehr, dem größten Kunden der IABG, und das in Dresden angesiedelte Kompetenzzentrum Bahntechnik und Luftfahrt.

Die IABG ist immer in Bewegung, und an den Ruhestand denkt Professor Schwarz noch lange nicht. Mit vollem Einsatz erfüllt er seine Funktionen als Unternehmer und Geschäftsführer. Wie stößt man immer wieder auf Neues? „Man muss ständig untersuchen, prüfen und schauen, welche tragfähigen Geschäfte sich für die Zukunft entwickeln lassen", meint Schwarz.

Die Firma, an der er 87,5 Prozent der Anteile hält, wird auch zukünftig ein Familienunternehmen bleiben. Die Zukunft des Unternehmens ist also gesichert, und so dürfen wir uns auch weiterhin entspannt im Schnellzug zurücklehnen.

INDUSTRIEANLAGEN-
BETRIEBSGESELLSCHAFT MBH

Einsteinstraße 20
85521 Ottobrunn

www.iabg.de

Kunst und Natur bestimmen mein Leben

Hajo Forster

geb. 1947 in Regensburg | aufgewachsen im Forsthaus Fasangarten | Maria-Theresia-Gymnasium in Giesing | Studium der Malerei in München | Studium der Betriebswirtschaft in München | 1970 Zuzug nach Neuried | 1976 Gründung der acm-Werbeagentur | 1990 Weiterbildung in Bildhauerei und Malerei | 2003 Freischaffender Bildhauer und Maler; eigenes Atelier in München | ab 2014 Atelier in Neuried

Meine Kinder- und Jugendzeit war einzigartig schön! Ich durfte mitten im Wald, im Münchner Süden, in der schlichten Romantik eines Forsthauses aufwachsen. Mein Vater leitete das Forstamt Perlacher Forst in Fasangarten, und so waren wir eng verbunden mit der Fauna und Flora dieses großen Waldgebietes. Gleich nach dem Abschluss des Gymnasiums in Giesing drängte es mich in die Welt der Kunst. Es war eine wundervoll-verrückte Zeit, Kunst in München zu studieren. Die Ölbilder, die ich tagsüber schuf, stellte ich abends in der Leopoldstraße aus. Meine fast täglichen Verkäufe feierten wir dann im Hahnhof oder im Wienerwald.

Mein Vater sah als Staatsbeamter meine Berufsaussichten allerdings kritisch. Täglich versuchte er, mich zu überzeugen, etwas „Vernünftiges" zu studieren. Und so entschied ich mich zusätzlich für das Studium der Betriebswirtschaftslehre mit Schwerpunkt Marketing. Nach meinem Abschluss startete ich in das Berufsleben – zuerst im Marketingbereich eines amerikanischen Weltkonzerns, später arbeitete ich in leitender Position in der Werbewirtschaft.

In dieser Zeit lernte ich ein bezauberndes Mädchen namens Annelie kennen, die, man errät es nur schwer, in einem reizvollen Ort südwestlich des Münchener Stadtrandes zu Hause war – im damals verschlafenen Neuried. Annelie – bis zum heutigen Tag meine große Liebe – ist großenteils in Neuried aufgewachsen. So blieben wir diesem schönen Ort im Landkreis München für immer verbunden. Der Pfarrer von Neuried hat unsere Hochzeit zelebriert, und wir zogen in ein Häuschen in die Fliederstraße. Dort genossen nicht nur wir, sondern auch unsere drei Kinder all die Vorzüge eines eigenständigen Ortes mit idyllischem Dorfleben am Rande der Großstadt.

Mitte der Siebzigerjahre gründete ich meine eigene „acm – Werbe- und Marketingagentur". Täglich schuf ich mit meinen Grafikern und Textern Kampagnen für namhafte Unternehmen. Der Gedanke, große Kunst zu gestalten, ließ mich allerdings nie los. So belegte ich schon Anfang der 90er-Jahre Studienaufenthalte in Italien. Dort lernte ich Marmorbildhauerei und die ersten Schritte zur Bronzebildhauerei. Als 2001 mein Sohn in die Firma kam, mietete ich mir ein kleines Atelier in Haidhausen und fing an, mich hauptsächlich meiner Kunst zu widmen. 2014 zog ich dann mit meinem Atelier nach Neuried um.

Nach freien künstlerischen Arbeiten – Malerei und Bildhauerei – hatte ich das Glück und die Ehre, immer mehr direkte Aufträge von Unternehmen und Privatpersonen zu erhalten, um für sie großformatige Werke zu schaffen. Besonders in der Bildhauerei führte mich mein Weg mehr und mehr in die Abstraktion. Dabei lasse ich mich gerne von der Natur inspirieren und schaffe Formen, die ästhetisch und harmonisch in das jeweilige Umfeld passen. Die erste große Skulptur fertigte ich aus Zedernholz. Mein künstlerisch-abstrakter Stil fand großen Zuspruch, und so kam ein Auftrag nach dem anderen. Seitdem bin ich bekannt als Bildhauer großer Skulpturen. Dabei verwende ich verschiedene Materialien – Bronzeguss, Epoxidharz versilbert oder Holz. Die größte Skulptur, die ich bis jetzt verwirklicht habe, ist 7,40 Meter hoch.

Bei der meist feierlichen Präsentation meiner fertigen Werke hoffe ich immer, dass niemand fragt, was ich mir bei diesen Kunstwerken gedacht habe. Freilich könnte ich antworten, dass die fließenden Formen meiner Skulpturen einen genialen Gegensatz zur meist strengen Formensprache des jeweiligen architektonischen Umfeldes bieten. Ich könnte sagen, dass die aufs Einfachste reduzierten Formen meiner Werke den Betrachter zum Nachdenken anregen sollen, auch sein Leben von überflüssigem Ballast zu befreien. Denn Ballast belastet. Nicht nur in der Kunst!

Solche Assoziationen fließen immer in meinen Schaffensprozess mit ein. In der ersten Phase der Kreation lasse ich mich jedoch, ohne theoretische Überlegungen, nur von spontanen Gefühlsregungen und sinnlichen Impulsen leiten. Mir geht es dabei ausschließlich

Viele Skulpturen von Hajo Forster sind aus Bronzeguss, wie das Kunstwerk „Herzlichkeit" vor der VR-Bank-Zentrale in Altötting

> Der Kopf ist der größte Feind des Künstlers, weil er nur die Vergangenheit kennt und die Ideen aus dem Unterbewusstsein zu verhindern versucht.

> Einen Tag in ungestörter Muße Kunst zu schaffen, heißt, einen Tag unsterblicher zu werden.

Nach der Zeichnung erfolgt die Umsetzung in ein Miniaturmodell

darum, einzigartige Formen zu finden, um eine größtmögliche emotionale Wirkung zu erzielen und nicht um rationale Begründungen. Denn – der Kopf ist der größte Feind des Künstlers! Gute Kunst entsteht immer aus dem Gefühl, dem Reservoir des Unterbewussten und der Rückkopplung mit dem Universum. Denn das Unterbewusstsein hat Ideen, die der Verstand nicht kennt. Joan Miro hat dies ganz deutlich gemacht. Als er gefragt wurde, wie er zu seinem unverwechselbaren Malstil gekommen sei, sagte er: „Nicht ich male, ES malt!"

Und so schaffe auch ich – mit den Impulsen aus dem Universum und den Anregungen aus der Natur – zeichnerisch ästhetische Formen, die perfekt in die jeweilige Situation passen, sei es vor einem Bauwerk, in der Eingangshalle eines Gebäudes oder als Blickfang eines Gartens.

Nach Genehmigung des zeichnerischen Entwurfs ist der nächste Schritt die exakte Umsetzung der Formensprache ins Dreidimensionale. Bildhauerisch zuerst aus Draht und Ton sind die Kunstwerke im kleinen Maßstab die Basis für die Umsetzung der Skulpturen in die Größe, die meine Auftraggeber wünschen. Fast immer forme ich meine großen Skulpturen aus Polyurethanschaumstoff.

Sollen die Skulpturen versilbert werden, verstärke ich das PU-Material mehrschichtig mit Epoxidharz. Anschließend werden die Kunstwerke in einem aufwendigen Verfahren versilbert. Wünscht der Kunde eine Skulptur aus Bronze, muss ich meine Werke wieder in ein Meter lange Teile zersägen. Danach werden sie in Bronze gegossen und wieder zusammengeschweißt und geschliffen. Eine große Tageszeitung schrieb einmal: „Die Skulpturen von Hajo Forster sind in vielerlei Hinsicht einzigartig! Seit König Ludwig I. wurden in München nur noch selten so große Skulpturen aufgestellt."

Vier mal drei Meter misst die versilberte Skulptur „Unendlichkeit" im Hofgartenpalais in München

Ich wollte in meinem bisherigen Leben schon immer gerne Spuren hinterlassen. So bin ich stolz, Kunstwerke schaffen zu dürfen, die für immer bleiben. Leonardo da Vinci beschrieb dies ganz treffend: „Alles Schöne, was lebt, verlässt irgendwann diese Welt, nur Kunst bleibt für immer!"

Ich persönlich werde für immer mit meiner Familie da bleiben, wo ich zu Hause bin: in Neuried, in meinem inspirierenden Wohlfühlort. Denn wer sich von seinen Wurzeln löst, wird zum Schwebeteilchen im Strom der Zeit!

> Ich persönlich werde für immer mit meiner Familie da bleiben, wo ich zu Hause bin: in Neuried, in meinem inspirierenden Wohlfühlort.

Ismaninger Markenzeichen im Medienbereich

Was haben Rettungskräfte, Spitzenköche, Do-it-yourself-Experten, Logistik-Fachleute, Polizisten und Familien gemeinsam? Zunächst einmal eher wenig. Zusammengeführt werden sie jedoch in den erfolgreichen Produktionen der JANUS Productions GmbH. Das Unternehmen stellt dabei seit jeher einen Katalysator für den Medienstandort Ismaning dar. Seit einem Management-Buy-Out im Jahr 2003 ist es nicht nur unabhängig und inhabergeführt. Seitdem ist sie, gemessen an der Zahl der produzierten Sendeminuten (derzeit 35.000 pro Jahr), einer der größten TV-Produzenten Deutschlands. Über 100 Formate, vor allem aus dem nonfiktionalen und Entertainmentbereich mit Magazinen, Reportagen, Doku- und Serviceprogrammen wurden allein seit 2003 entwickelt und produziert.

Die Wurzeln reichen aber weiter zurück. Im Jahr 1975 in Frankfurt gegründet, war die „Filmproduktion Janus GmbH" seit 1990 als Teil der KirchGruppe zuerst in Berlin und Unterföhring aktiv. 1992 zog die JANUS als „PlazaMedia" in die alten Insel-Film-Studios in der Ismaninger Adalperostraße. Als diese zu klein wurden, entstand daraus und aus einer auf der AGROB gemieteten Lagerhalle die entscheidende Initiative für die Entstehung des AGROB-Medienparks und der Umzug dorthin.

Viele aus dem hundertköpfigen Team der JANUS haben diese Zeit schon erlebt. Viele wohnen in Ismaning oder Unterföhring. Überhaupt stellen die Mitarbeiterinnen und Mitarbeiter die große Stärke der JANUS dar. Für Konstanz sorgt auch die Geschäftsleitung mit den Geschäftsführern Dr. Andreas Richter (seit 1998), Franz Solfrank (seit 1990 dabei) und Florian Falkenstein (erstmals 1998 und dann wieder seit 2019 dabei) und dem Herstellungsleiter Patrick von Seubert (seit 1999 dabei). Sie sehen es als Auszeichnung für die ganze JANUS, dass das Unternehmen für so viele der Fernsehschaffenden in der Stadt und dem Landkreis München die erste Station, eine Zwischenstation und ein Sprungbrett in ihrem Berufsleben war. Damit wird bis heute aus Ismaning heraus ein wichtiger Beitrag für den ganzen Medienstandort München geleistet.

Beständigkeit wird auch dadurch garantiert, dass die JANUS für echten Content steht. Sie zeigt die Welt, wie sie wirklich ist, nichts wird verfälscht. Dazu gehören Sendungen wie „Achtung Kontrolle", „Abenteuer Leben täglich", „Die Kochprofis" und viele andere, während zur Jahrtausendwende „Glücksrad" und

Die JANUS Productions GmbH im AGROB-Medienpark in Ismaning

Cutter und Redakteur arbeiten am Schnittplatz Hand in Hand

„Geh aufs Ganze" zu den Aushängeschildern zählten, als jeden Tag Hunderte von Studiozuschauern die AGROB überfluteten. Dazu gehört, dass alle Protagonisten mit Respekt behandelt werden. Ethisches Handeln und die selbstverständliche Einhaltung der journalistischen Standards sind Garanten für den langfristigen Erfolg, genauso wie Verlässlichkeit und Kontinuität in der schnelllebigen Medienwelt. Dazu gehört auch das Ziel, möglichst viel inhouse umzusetzen. Auch wenn bundes- und weltweit gedreht wird, finden die wichtigsten Schritte in Ismaning statt. Dazu bietet die AGROB die nötigen räumlichen Voraussetzungen mit Büros für Redaktion und Produktion, Technik- und Lagerflächen, alles auf kurzen Wegen.

Ein großer Vorteil am Standort Ismaning ist die Nähe zu den wichtigsten Kunden in Unterföhring, zum Beispiel Kabel 1 und Sat.1 aus der Seven.One Entertainment Group, oder in Grünwald und München mit RTL2 und DMAX. Dazu kommen aber auch Kunden außerhalb des Großraums München, zum Beispiel aus Köln. Ohne deren Vertrauen wäre diese lange Erfolgsgeschichte nicht möglich gewesen. Die viel zitierte Flughafennähe ist aufgrund der neuen Kommunikationswege und der „Green Production", der umwelt- und ressourcenschonenden Film- und TV-Produktion mit bundesweit einheitlichen, ökologischen Standards zwar nicht mehr so relevant. Dafür ist die Anbindung mit Datenleitungen, die auf der AGROB von Anfang an hervorragend ausgebaut war, umso wichtiger. Das Gleiche gilt für das Synergiepotenzial von Unternehmen aus dem TV-Bereich in Ismaning und Unterföhring. Dazu gehört aber auch die langjährige intensive Mitarbeit in wichtigen Gremien der Produzentenallianz, der maßgeblichen Interessenvertretung der Produzenten in Deutschland mit über 320 Mitgliedsunternehmen.

> Damit wird bis heute aus Ismaning heraus ein wichtiger Beitrag für den ganzen Medienstandort München geleistet.

Der in der Nachbargemeinde Unterföhring lebende Geschäftsführer Franz Solfrank ist überzeugt: „Von einem florierenden Medienstandort profitiert hier jedes einzelne Unternehmen aus der Branche. Denn nur so sind jederzeit hoch qualifizierte feste und freie Mitarbeiter vor Ort vorhanden. Für diese Clusterbildung im nördlichen Landkreis, die es hier bereits in den Neunzigerjahren gab, waren keine strategischen, landespolitischen Initiativen verantwortlich, sondern die ansässigen Medienunternehmen in Zusammenarbeit mit den einzelnen Gemeinden."

JANUS PRODUCTIONS GMBH
Münchener Straße 101
85737 Ismaning

www.janus-productions.de

In Neuried kann ich ungefiltert so sein, wie ich bin

Andreas Geiss

geb. 1964 in Bronxville, New York, verheiratet, zwei Kinder | 1966 Umzug in die Oberpfalz | ab 1970 wohnhaft in Nizza | 1984/85 Umzug nach München, Praktikum in der Hotellerie | 1987/88 Abschluss an der Schauspielschule, Gauting | ab 2000 Kaufmann im Einzelhandel, Ausbilder und Prüfer bei der IHK für den Einzelhandel | 1994 - 2004 Auftritte als „Lockvogel" in der Sendung „Versteckte Kamera" | seit 2007 Darsteller in der Serie „Dahoam is Dahoam"

Dass ich nach meiner Geburt in New York, meiner Jugend und meinem Abi an der Côte d'Azur ausgerechnet in Neuried meinen Heimathafen fand, verdanke ich meiner Cousine väterlicherseits: Sie sprach immer in den höchsten Tönen von der Gemeinde vor den Toren Münchens. Zu diesem Zeitpunkt, im Jahr 1993, war meine Frau mit unserer ersten Tochter Amelie Fleur schwanger, wir lebten in Schwabing, wollten raus aus der Stadt und uns räumlich vergrößern.

Meine brasilianische Ehefrau habe ich übrigens 1989/1990 in der Clemensstraße in Schwabing kennengelernt. Hier haben auch die Regisseure Rainer Werner Fassbinder, Marianne Rosenbaum und Gérard Saaman gelebt, ein gutes Pflaster also für angehende Schauspieler.

Unseren ersten Schritt nach Neuried haben wir 1997 gemacht, als wir eine kleine Wohnung am Waldrand angemietet haben. Als unsere jüngste Tochter Isabelle Julie auf dem Weg war und wir mehr Platz brauchten, haben wir direkt gegenüber in einem Mehrfamilienhaus eine neue schöne Wohnung gefunden – im Grundriss ist sie sehr in die Länge gezogen, liebevoll nenne ich sie „unser Schiff", abgehend vom langen Flur liegen links und rechts die Kojen.

Der besagte Flur hängt voller Urkunden und Auszeichnungen – unsere beiden Töchter haben eine zwölfjährige Ausbildung in klassischem Gesang, Violine und Klavier an der Neurieder Musikschule abgeschlossen und sind begabte Künstlerinnen. Amelie Fleur hat zum Beispiel 2010 den ersten Platz im Bundeswettbewerb „Jugend musiziert" belegt, gemeinsam mit ihrer jüngeren Schwester Musik gemacht und arbeitet heute bei einer Werbefilmproduktion in Berlin.

Das Herz meiner Tochter Isabelle Julie schlägt ebenfalls für die Film- und Fernsehbranche, sie hat vier Jahre in der Serie „Unter uns" mitgespielt. Besonders rührend finde ich, dass sie die gleiche Schauspielschule wie ich besucht hat: 1987/88 habe ich an der Schauspielschule Zerboni in Gauting meinen Abschluss gemacht. Dass ich unfassbar stolz auf meine Töchter bin, ist offensichtlich. Familie, Wärme und Liebe sind für mich das wichtigste Gut im Leben. Seit dem Auszug unserer Töchter lebe ich mit meiner Frau in „unserem Schiff". Immer an unserer Seite ist unser Familienhund Gigi, ein Papillon und vier Kilogramm leichtes Wunderwesen, das sich hauptsächlich von Luft und vor allem Zuneigung ernährt.

Neuried ist umgeben von großen Waldgebieten

Was wir an Neuried besonders schätzen, ist die Ruhe. Als wir in der Gemeinde ankamen, lebten hier rund 6.500 Einwohner, und wir fanden eine sehr ländliche Gegend vor. Die Gemeinde ist umgeben von sehr vielen Waldgebieten, und wir leben sehr naturverbunden. Auf der Wiese vor meiner Haustür habe ich sogar schon mal einen Fuchs und ein Reh gesehen, 500 Meter Luftlinie von unserer Wohnung entfernt wühlen sich am Waldrand die Wildschweine durch den Boden. Ich schätze die unendlichen Möglichkeiten, zu spazieren und düse zu gerne mit meinem Liegefahrrad oder E-Bike durch die Gegend und durch Neuried. Wer etwas erleben und Stadtluft schnuppern möchte, ist auf den Bus angewiesen oder steigt im Sommer auf den Roller oder das Rad – aber gerade durch die eingeschränkte Verkehrsanbindung ist Neuried immer eine Kleinstadt mit Dorfcharakter geblieben.

Auf den ersten Blick wirkt die Kommune etwas unscheinbar. Einen richtigen Markplatz gibt es nicht, da die große Straße mitten durch den Platz führt, aber genau dort schwelge ich in Erinnerungen an meine Jugend in Nizza. Beim Neurieder Wochenmarkt kommen mittwochs der Gemüsehändler, Metzger und Fischverkäufer zusammen – und an diesem Fischstand schlürfe ich meine fünf bis sechs Austern, ein wenig französische Heimat in der bayrischen Heimat, einfach toll. Die Marktbeschicker sind alle supernett und fast alle große „Dahoam is Dahoam"-Fans, so bekomme ich immer ein Stück Wurst oder eine andere Leckerei zugesteckt.

> Auf der Wiese vor meiner Haustür habe ich sogar schon mal einen Fuchs und ein Reh gesehen, 500 Meter Luftlinie von unserer Wohnung entfernt wühlen sich am Waldrand die Wildschweine durch den Boden.

In Neuried kennt man sich einfach, und ich werde auch gerne erkannt. Ich mag das Miteinander in der Gemeinde. So wie man in den Wald hineinruft, so schallt es heraus.

> In Neuried kennt man sich einfach, und ich werde auch gerne erkannt. Ich mag das Miteinander in der Gemeinde. So wie man in den Wald hineinruft, so schallt es heraus.

Andreas Geiss schätzt am grünen Neuried die Vielzahl an Spazierwegen

Neuried besitzt auch eine schöne Kirche aus dem 12. Jahrhundert, direkt daneben liegt das Wirtshaus „Lorber" mit gutbürgerlicher Küche, flankiert von zwei Riesenkastanien. Im dazugehörigen Biergarten kann man sich im Sommer mit einem kühlen Bier erfrischen. Genauso empfehlenswert ist das Café „Vorort" am Marktplatz, das im Sommer sehr leckeres Eis anbietet. Meine Frau und ich, wir kochen aber auch sehr gerne zu Hause. Immerhin habe ich in Los Angeles mit 19 Jahren ein eigenes Restaurant eröffnet.

Neuried ist umgeben von mehreren hübschen Ortschaften – so trifft man mich in Planegg an der Würm, einem meiner absoluten Lieblingsflüsse. Im dort errichteten Naturschwimmbad genieße ich im Sommer die Kühle des Wassers, ich liebe das Frische. Wunderschön ist auch Martinsried, das man mit einem Spaziergang durch den Wald von Neuried aus erreichen kann.

So gerne ich in und um die Gemeinde unterwegs bin, so gerne ziehe ich mich auch zurück und genieße mein Zuhause. An unseren schönen, im Sommer herrlich blühenden Garten, den meine Frau mit viel Leidenschaft hegt und pflegt, grenzt der Kindergartenspielplatz. Für die Ruhesuchenden ist das eine Horrorvorstellung, für uns Musik – wir lieben es, die Kinder spielen zu hören, das bedeutet Leben und Freude. Ansonsten schaue ich abends Fernsehen, trinke mein Bierchen, mache meine Brotzeit und lese dabei Drehbücher. Ich mag Brotzeit sehr gerne, man hat keine Hektik, es wird nichts kalt, hier mal ein Stückchen Camembert, da mal eine Scheibe Wurst – so lerne ich fast jeden Abend meinen Text.

Für mich ist Heimat der Ort, an dem ich mich wohl- und aufgenommen fühle. An dem ich ungefiltert so sein kann, wie ich bin. Und das ist Neuried für mich. Ob ich hier für immer bleibe? Ich lebe im Jetzt und lasse alles fließen – wer weiß, wo mich der Wind des Lebens hinführt. Bis dahin genieße ich die Zeit in unserem Hafen im schönen Neuried.

Der Müllradler von Aying genießt und schützt die Natur

Roman Hackl

geb. 1966 in München; wohnhaft in Graß (Gemeinde Aying) | 1982 - 1985 Lehre als Landschaftsgärtner | ab 1985 ausgebildeter Landschaftsgärtner, durchgehend tätig und ab 2014 bei der Gartenbaufirma Endlich in Aying-Römersiedlung | 2005 - 2018 Onlinehandel von Briefmarken, Autogrammen, Filmprogrammen | seit 2018 Müllsammeln am Straßenrand | 2021 Umweltehrung Landkreis München | 2023 Umweltaktion: eventuell längste Bierflaschenschlange der Welt

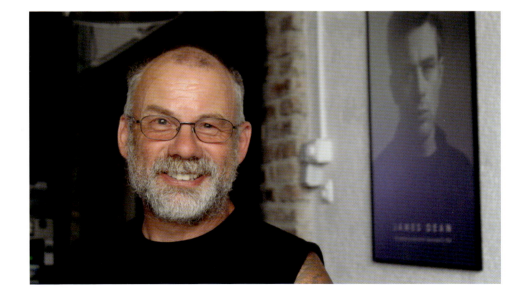

Wenn andere sich am Wochenende noch einmal in ihren Federn umdrehen oder einen Kaffee am Morgen genießen, bin ich in der Regel schon unterwegs. Die meisten kennen mich unter dem Namen Müllradler. Seit einigen Jahren habe ich es mir zur Aufgabe gemacht, Straßenränder oder Parkplätze und Natur nach Weggeworfenem abzusuchen und den Müll einzusammeln. Bei größeren gesammelten Müllmengen werden Gemeinde oder Bauhöfe zur Müllentfernung informiert. In der Woche baue ich als Landschaftsgärtner Gärten, am Wochenende befreie ich die Natur von Unrat.

Da ich mit meinem Pedelec mit Hänger und Satteltaschen unterwegs bin, beschränke ich mich meist auf einen Radius von etwa 30 Kilometern rund um meinen Wohnort Graß in der Gemeinde Aying. Dann geht es von München bis weit ins Voralpenland oder auch weiter, dahin wohin mich meine Fahrradwege führen. Selbst in diesem überschaubaren Gebiet bin ich jährlich 6.000 bis 8.000 Kilometer mit meinem Radl unterwegs, jedes Wochenende zweimal rund 60 Kilometer. Und wenn mein Pedelec einmal ausfällt, geht es mit einem anderen Fahrrad und Anhänger auch ohne Strom auf Müllsuche.

Was ich da so finde, ist schon erstaunlich. Ich habe wenig Verständnis dafür, was die Leute alles achtlos wegwerfen. Viele Vorgärten sind immer schön sauber, aber was an Müll gegenüber im Straßengraben liegt, das scheint viele Menschen nicht zu interessieren. Angefangen bei zahllosen Kronkorken, Zigarettenschachteln und Bierflaschen über Coronatests und Farbeimer bis hin zu Computern, Autoreifen oder ganzen Couchgarnituren sammle ich vieles ein. Unverständnis ja, Ärger nein – wenn ich mich bei jeder meiner Touren ärgern würde, könnte ich das nicht machen. Das muss man einfach beiseiteschieben, wenn man daran Spaß haben will. Bis heute sind es weit über 30.000 gesammelte Flaschen und Dosen.

Für mich sind meine Müllradtouren schöne Erfolgserlebnisse. Ich habe schon immer gern gesammelt. Früher waren es Briefmarken oder Autogrammkarten, heute ist es der Müll. Als echter Sammler nimmt man ja nicht nur das auf, was einem zufällig begegnet, sondern sucht regelrecht danach. Mit der Zeit habe ich auch Übung darin, eine leere Flasche im Laub am Waldrand schon aus einiger Entfernung zu sehen. Das macht das Finden natürlich leichter.

Wenn andere an freien Tagen noch in den Federn liegen, genießt Roman Hackl schon die Schönheit der Natur

Nicht, dass nun der Eindruck entsteht, mein Zuhause sei mit Bergen von Müll zugestellt. Ich sammle nur ein und gebe dann ab; den Müll an ausgewählten Wertstoffhöfen, die Pfandflaschen und Dosen sammle ich, um die Pfanderlöse zu spenden oder in Fahrradreparaturen zu investieren. Mit dem Flaschenpfand unterstütze ich das Thema Zukunftsbäume in Aying mit Baumpflanzungen. In den vergangenen anderthalb Jahren habe ich bei meinen Touren 8.000 EU-Bierflaschen gesammelt und bin auf die Idee gekommen, diese als eine Umweltschutzaktion in Szene zu setzen, bevor ich sie der Privatbrauerei Aying übergebe. In einer großen Aktion, bei der ich unter anderem von der Gemeinde Aying, der Ayinger Privatbrauerei mit Brauereigasthof und Hotel, der Garten- und Landschaftsbau Endlich GmbH, Werbeagentur Prankl Consulting GmbH (alle aus der Gemeinde Aying) sowie EDEKA-Stefan Alex und dem Radl ‚n' Ski Eck (beide Höhenkirchen-Siegertsbrunn) sowie weiteren Müllsammlern, Helfern und Freunden unterstützt wurde, haben wir zwischen den Ortschaften Kaltenbrunn und Göggenhöfen die 8.000 Bierflaschen zu einer langen Schlange

> Für mich sind meine Müllradtouren schöne Erfolgserlebnisse. Ich habe schon immer gern gesammelt. Früher waren es Briefmarken oder Autogrammkarten, heute ist es der Müll.

hintereinander aufgestellt. Dadurch, dass in vielen Medien darüber berichtet wurde, konnte ich vielleicht in den Köpfen unserer Wegwerfgesellschaft etwas bewegen. Obwohl man es bezweifeln muss, wenn ich sehe, wie viele Bierflaschen ich heute schon wieder beim Sammeln auffinde.

Nicht immer stößt mein wie ich finde sinnvoller Zeitvertreib auf Gegenliebe. Da gibt es schon die einen oder anderen, die kein Verständnis für mein Tun haben. Autofahrer, die sich über den langsamen Radler am Straßenrand aufregen oder einfach Menschen, die mich halb mitleidig belächeln. Auch nehmen manche Wertstoffhöfe meinen Restmüll nicht kostenlos an. Andere tun das mit Freuden. So ist das halt im Leben. Umso mehr freut es mich, wenn mein Müllradeln honoriert wird.

> Wir leben hier im Landkreis München und Voralpenland in einer so wundervollen Umgebung. Wälder, Wiesen, Naturschutzgebiete – all das gilt es in meinen Augen zu schützen.

Denn es gibt auch Autofahrer, die ab und an freundlich hupen, und immer wieder grüßen mich Menschen am Straßen- und Wegesrand und danken mir. Auch hat mir die Gemeinde Aying als Dank eine zusätzliche, kostenlose Mülltonne zur Verfügung gestellt. Und vom Landkreis München habe ich durch die Umweltehrung eine schöne Auszeichnung erfahren.

Wir leben hier im Landkreis München und Voralpenland in einer so wundervollen landschaftlichen Umgebung. Wälder, Wiesen, Naturschutzgebiete – all das gilt es in meinen Augen zu schützen. Dafür steige ich gerne auf mein Fahrrad, an den Samstagen, Sonntagen oder sonstigen arbeitsfreien Tagen bis zu zehn Stunden täglich, je nach Wetter und Laune. Ich möchte mir später mal nicht vorwerfen müssen, nicht das getan zu haben, was in meinen Möglichkeiten stand. Außerdem genieße ich es sehr, die wunderschöne Natur schon frühmorgens und zu allen Jahreszeiten so intensiv zu erleben. Und um mich in den Federn umzudrehen, dafür gibt's schließlich die Nächte. Ach, ich würde ja noch viel weiter über Tage mit dem Rad und Anhänger fahren, aber die Federn rufen und zwei Katzen, meine größten Kritiker, haben Hunger – und nicht nur diese zwei.

8.000 EU-Bierflaschen setzte der Müllradler als Umweltschutzaktion zwischen Kaltenbrunn und Göggenhöfen in Szene

Roman Hackl sammelt in Wäldern, auf Wiesen und in Naturschutzgebieten

Family first – wir sind mehr als eine Firma

Familie und Firma. Zwei Begriffe, die im Leben vieler Menschen schwer zu vereinbaren sind. Bei Randlshofer in Oberhaching gehen beide Lebensbereiche Hand in Hand. Hier steht Bruder neben Bruder und Onkel neben Neffe im Tiefbaugraben. Die fleißigen Hände sorgen im Landkreis mit ihrer Arbeit für schnelleres Internet und eine sichere Verkehrslage. Zusammen wollen wir Großes erreichen. Auch in der Verwaltung arbeiten Eltern mit ihren Nachkommen. Der Zusammenhalt und das Betriebsklima werden durch starke familiäre Bande geprägt. Im Gegenzug für das Engagement unserer Mitarbeiter über mehrere Generationen wollen wir als Unternehmen auch etwas zurückgeben. Wir unterstützen unsere Leute bei ihrem ehrenamtlichen Engagement, egal ob bei der Freiwilligen Feuerwehr oder in Sportvereinen.

Zusammen Großes erreichen: Bei Randlshofer bauen wir auf Zusammenhalt

Wir sind ein Familienunternehmen mit flachen Hierarchien, teamorientiertem, vertrauensvollem Miteinander und individueller Wertschätzung für jeden einzelnen Mitarbeiter. Wir arbeiten traditionell, aber nicht altmodisch. Wir stellen nicht nur höchste Ansprüche an unsere eigene Arbeit, sondern auch an Maschinen und Materialien. Vom Saugbagger bis zur Rüttelplatte ist bei uns alles auf dem neuesten Stand. Denn nur mit den besten Voraussetzungen kann man beste Ergebnisse im Tiefbau erreichen. Unsere Kunden in der Landeshauptstadt und im Münchner Umland sind dabei unsere Partner, mit denen wir ein sehr offenes und vertrauensvolles Verhältnis auf Augenhöhe pflegen.

Dass wir unserem Anspruch, das Unternehmen in seiner Tradition mit Innovation zu kombinieren, gerecht werden, zeigt sich in der Beständigkeit unserer Beschäftigten über Generationen hinweg. Dazu gehört auch die bewusste Förderung und Einbindung junger Mitarbeiter aus dem Landkreis, um den Unternehmensgeist in die Zukunft zu führen. Seit 1972 sind wir Teil der Nibler Unternehmensgruppe und betreuen unter anderem die Deutsche Telekom, die Landeshauptstadt München, die Stadtwerke München, Siemens, M-Net oder auch die Deutsche Bahn.

Auch Nachhaltigkeit und Umweltschutz spielen bei uns eine große Rolle. In einem Pilotprojekt wurde 2023 die „Grüne Baustelle" getestet. Statt auf Dieselarbeitsgeräte und herkömmliche Tiefbaumethoden setzen wir auf Biokraftstoff, Elektrobagger und Rohre aus recycelten Materialien: für ein grüneres München.

JOSEF RANDLSHOFER & SOHN HOCH- UND TIEFBAUUNTERNEHMEN GMBH

Pfarrer-Socher-Straße 44
82041 Oberhaching

www.nibler.de

Die Brücke in ein neues Leben

Ein kleiner Junge leidet an einer seltenen Krankheit, die verhindert, dass sein Blut gerinnt. So blutet er auch bei kleinen Verletzungen sehr stark. Eine Frau hat sich mehr als hundert chirurgischen Eingriffen unterzogen, um lebensbedrohlichen Wucherungen auf ihren Schleimhäuten vorzubeugen. Ein junges Paar fürchtet um sein ungeborenes Kind, da die Blutgruppen der Eltern und des Babys unterschiedlich sind. Das sind die Menschen, für die sich Kedrion Biopharma einsetzt. Das international tätige Unternehmen entwickelt, produziert und vertreibt Arzneimittel, die aus menschlichem Blutplasma gewonnen werden.

Doch warum ist Blutplasma so wertvoll? Die meisten Menschen kennen die roten und weißen Blutkörperchen und die Blutplättchen. Die Flüssigkeit, in der sie sich fortbewegen, ist das Blutplasma, der flüssige Teil des Blutes. Es besteht größtenteils aus Wasser, aber etwa zehn Prozent sind Feststoffe: Elektrolyte wie Natrium und Kalium und viele verschiedene Proteine. Werden diese Proteine isoliert und konzentriert, können sie zur Behandlung von Krankheiten eingesetzt werden.

Dazu zählen etwa Gerinnungsstörungen, neurologische Erkrankungen oder primäre und sekundäre Immundefekte. Die plasmabasierten Therapeutika verhindern auch die Rhesus-Sensibilisierung, die zu hämolytischen Erkrankungen des Fötus und Neugeborenen führen kann. Kedrion Biopharma stellt aus gespendetem, aufbereitetem Plasma insgesamt 37 verschiedene Medikamente her, die in mehr als 100 Ländern vertrieben werden.

Das Unternehmen selbst bezeichnet sich als Brückenbauer. „Wir greifen oft auf die Metapher der Brücke zurück, um unsere Mission zu umschreiben: Wir möchten Spender mit Patienten verbinden, Plasma in Therapien überführen und gesundheitliche Herausforderungen in eine hoffnungsvolle Zukunft verwandeln", erklärt CEO Ugo Di Francesco.

Kedrion Biopharma wurde 2001 als Familienunternehmen in einer kleinen Stadt in den toskanischen Hügeln oberhalb von Lucca, Italien, gegründet. Dort befindet sich auch heute noch der Hauptsitz des Medizinherstellers. Die wichtigsten Niederlassungen befinden sich in Italien, den USA, Großbritannien,

Das Team in Gräfelfing steuert das Marketing und den Vertrieb für den europäischen Markt

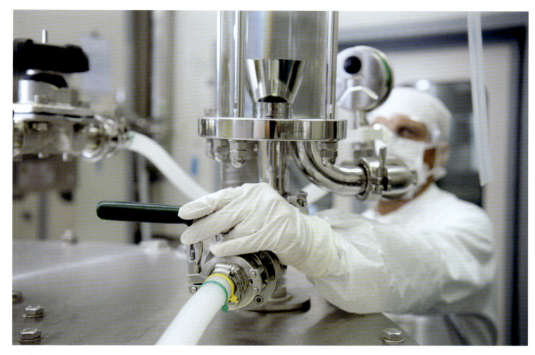

Kedrion Biopharma entwickelt, produziert und vertreibt Arzneimittel aus menschlichem Blutplasma – das Foto zeigt einen Teil der Fraktionieranlage in Bolognana

Kanada und Ungarn. Die Entnahme des Blutplasmas findet hauptsächlich in den USA und der Tschechischen Republik statt. Die Aufbereitung und Produktion erfolgt in sieben Produktionsstätten in fünf Ländern.

In Deutschland ist das Unternehmen seit 2008 über die Tochtergesellschaft Kedrion Biopharma GmbH in Gräfelfing aktiv. Hier steuern mehr als 20 Mitarbeitende das Marketing und den Vertrieb für Europa. Die Verbindung zwischen Gräfelfing und dem Stammsitz in Italien ist besonders. Vielleicht liegt es an der geographischen Nähe und an den angrenzenden Schweizer und österreichischen Alpen, die beide Standorte als eigene, wunderschöne Brücke nutzen. Vielleicht ist es auch eine Frage des kulturellen Einfühlungsvermögens. Stephan Proske, Kedrions Vertriebsdirektor für Westeuropa, stellt jedenfalls fest: „Gräfelfing ist zusammen mit der gesamten Region München und ihrem international angebundenen Flughafen ein perfektes Drehkreuz – und damit eine Brücke, um die europäischen Märkte zu erreichen." In der Tat ist Deutschland Italiens größter Import- und Exportpartner.

Kedrion freut sich darauf, die Partnerschaft mit der Gemeinde Gräfelfing, dem Landkreis München und dem Freistaat Bayern fortzusetzen. „Natürlich ist das Überqueren einer Brücke nicht das Ende einer Reise, sondern der Anfang. Vor uns liegen neue Wege zu neuen Horizonten", so CEO Di Francesco. „Mit großer Wertschätzung für die Vergangenheit und voller Vorfreude auf die Zukunft machen wir uns mit dem heutigen Kedrion auf die Reise. Und obwohl wir uns zu einem bedeutenden Wachstum verpflichtet haben, streben wir nicht danach, die Größten im Plasmasektor zu sein, sondern die Besten."

> Mit großer Wertschätzung für die Vergangenheit und voller Vorfreude auf die Zukunft machen wir uns mit dem heutigen Kedrion auf die Reise.

Dabei legt Kedrion Biopharma den Schwerpunkt immer auf die Menschen: auf die großzügigen Spender, die die Grundlage für alle Produkte des Unternehmens bereitstellen, auf die Partner im Gesundheitswesen, mit denen das Unternehmen zusammenarbeitet, auf das zuverlässige Engagement der weltweit 5.000 Mitarbeitenden und vor allem auf die Patienten, denen Kedrion helfen darf.

KEDRION BIOPHARMA GMBH

Bahnhofstraße 96
82166 Gräfelfing

www.kedrion.de

Jeanette Hain

geb. 1969 in München, zwei Kinder, heute wohnhaft in Berlin | ab 1993 Regiestudium an der Hochschule für Fernsehen und Film in München | wird 1996 von Sherry Hormann für „Die Cellistin – Liebe und Verhängnis" entdeckt und spielt seitdem in Fernsehproduktionen, nationalen wie internationalen Kinoproduktionen und Serien mit | mehrfach ausgezeichnet, unter anderem mit dem Grimme-Preis (2010) für ihre Darstellung in „Kommissar Süden und der Luftgitarrist", den Bambi (2011) für „Poll" und dem „Blauer Panther – TV & Streaming Award" (2023) für „Luden – Könige der Reeperbahn"

Der kleine Charly in Venedig

Wenn ich von meiner Kindheit in Neuried erzähle, fange ich beinahe immer mit demselben Satz an: „Wir hatten Hühner." Mit „wir" meine ich meine Eltern, meine große Schwester und meinen kleinen Bruder. Ein Huhn zu haben, oder vielleicht auch zwei oder fünf, mag keine Besonderheit sein, wenn man zum Beispiel auf dem Land auf einem Bauernhof lebt. Wir lebten zwar auf dem Land, obwohl ich mir rückblickend gar nicht mehr so ganz sicher bin, ob Neuried nicht vielleicht doch eine Insel gewesen ist, aber eben nicht auf einem Bauernhof, sondern in einem Kettenhaus. Kettenhäuser sind übrigens Reihenhäuser, die an den Garagen zusammengenäht sind.

Wie uns die Idee kam, ein Huhn anzuschaffen, also nicht in Form eines Suppen- oder Brathuhns, sondern quicklebendig, erinnere ich nicht mehr. Dafür aber, wie wir aus dem Münchner Tierpark Hellabrunn eines Tages einen sechsfächerigen Eierkarton mit befruchteten Hühnereiern mit nach Hause gebracht haben, genauer gesagt mit Zwerghühnereiern. Im Heizungskeller installierte mein Vater über dem Öltank die Wärmelampe, unter der mein Bruder einst als Baby gewickelt worden war. Diesen Platz nahmen nun, erwartungsfroh und in ein Deckennest gebettet, unsere Schützlinge ein.

Charly war der Erste, der schlüpfte, ein weißer Zwergseidenhahn. Es war schon ein Wunder, diesen winzigen Schnabel zu beobachten, wie er die Schale sprengte und sich ins Freie pickte. Auch der übrige Rest dieses Kükens war staunenswert. Die unbändige Kraft einer Flaumflocke. Seine Kindheit verbrachte Charly auf dem Küchentisch, in seinen Teenagerjahren pendelte er zwischen Garten und braunem Ledersofa im Wohnzimmer. Gelegentlich setzte ich mich zu ihm.

Ich hatte verdammt großes Glück, in Neuried aufwachsen zu dürfen. Dieses Dorf war aufs Schönste aus Zeit und Raum gekippt. Sein Herzschlag verband allein Augenblick mit Augenblick. Ich durfte mich also von klein auf ins Hier und Jetzt verwurzeln, den besten Platz auf der ganzen Welt überhaupt. In der Stille und Gelassenheit dieses Ortes wuchs ich auf, in der Geborgenheit, Großzügigkeit und Liebe meiner Familie. Das alles lebt in mir.

Wenn ich das Puzzle meiner Kindheit in Neuried zusammensetze, tauchen die stockdunklen Nächte auf, sternenübersät und mucksmäuschenstill, nur die Kirchturmuhr von St. Nikolaus wacht über die Zeit, Lebensmittel kaufen wir bei der „Nubi", Doppelsemmeln bei Frau Gammer, sie schenkt mir jedes Mal ein Gummibärchen dazu, ich will aber immer noch eins mehr. Schulhefte, Barbies, Topflappen und Zeitschriften gibt es beim „Bachsteffel". Ich lese „Mädchen" und kaue dazu Hubba Bubba Erdbeer. Die „Bravo" darf ich nicht lesen. Das Wirtshaus „Lorber" hat eine Schaukel im Biergarten, und die Bushaltestelle Richtung Fürstenried West liegt gegenüber der Freiwilligen Feuerwehr. Mein Schulweg läuft durch einen Tunnel unter der Hauptstraße entlang, und in der Turnhalle dort finden die wildesten Faschingsfeste statt.

Hinter unserem Haus liegen Felder. Im Winter führt eine Langlaufloipe schnurstracks in den naheliegenden Wald. Ohne Schnee fahren wir Fahrrad oder gehen zu

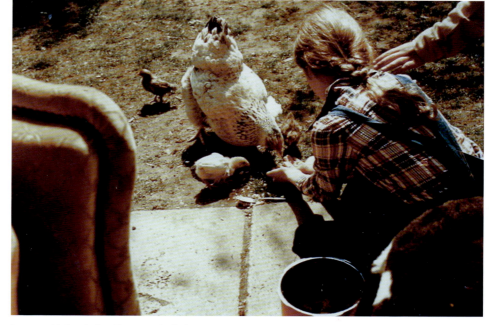

Jeanette Hain mit den Zwergseidenhühnern

Fuß. Die kirsch- und pflaumenbehangenen Obstbäume der Nachbarn ragen über die Zäune, man muss beim Vorbeigehen nur den Mund aufmachen. Meine besten Freunde sind die Nachbarskinder im Haus gegenüber. Wenn Sonntag ist, den wir alle morgens schon stinklangweilig finden, setzen wir uns einfach gemeinsam irgendwohin und warten, bis er vorbei ist. Ich mache das heute noch so.

Meine allerersten Zigaretten ziehe ich mir aus dem Automaten Gautinger Straße/Ecke Kraillinger Weg, rauche sie aber erst etwa einen Kilometer später. Damit beginnt auch langsam der Aufbruch, über Untergiesing, die Schillerstraße und Schwabing nach Berlin, aber das ist eine andere Geschichte.

Meine Schwester lebt heute noch in unserem ehemaligen Familienhaus. Manchmal besuche ich sie dort. So sehr ich den inneren Wandel liebe, mag ich die Beständigkeit von Orten, wie zum Beispiel Venedig. Neuried hat zwar keine Brücken, aber seinen innersten Kern auch über die Jahrzehnte hinweg bewahrt. Wenn ich an der Ampel von der Planegger Straße in die ehemals sportliche Gautinger Straße einbiege, die zur Tempo-30-Zone gestutzt wurde, dann wieder gleich rechts, nochmal rechts und links abbiege, bin ich in meinem Kiez von früher, und da sieht auch alles so aus wie früher, auch wenn das jetzt gelogen ist. Ohne rosa Brille über den Gartenzaun geblickt, ist die Weite der Natur verschwunden, und aus den Rücken der Felder hat sich ein Häusermeer erhoben.

Ich habe auch gehört, dass fast alle übrigen Wiesen und das Ackerland um unser Dorf mittlerweile verschwunden sein sollen, es dafür aber ein neues Sport-, Pfarr- und Einkaufszentrum gibt, aber ich gehe da einfach nicht hin.

Manchmal gibt es Tage, da will ich raus aus dem Jetzt, zurück nach Hause, nach Neuried. Heute ist so ein Tag, und darum setze ich mich jetzt auf das braune Ledersofa, das es schon längst nicht mehr gibt, und nehme diesen kleinen Gockel Charly auf meinen Schoß. Er ist federleicht.

> Ich hatte verdammt großes Glück, in Neuried aufwachsen zu dürfen. Dieses Dorf war aufs Schönste aus Zeit und Raum gekippt. Sein Herzschlag verband allein Augenblick mit Augenblick.

Was aus einer Münchner Apotheke entstand

Wenn Thomas Lix anfängt, von seinem Vater zu erzählen, kommt er schnell ins Schmunzeln. Zu gerne erinnert er sich an das Jahr 1994, als sein Vater, Dr. Herbert Lix, mit dem aus der Apotheke ausgegliederten Großhandelsgeschäft den jetzigen Sitz in Oberhaching bezog. Sein Vater lobte unter den Beschäftigten einen Wettbewerb aus: Mit dem Umzug sollte ein neuer Name für das Unternehmen gefunden werden. Der Preis: Eine Magnumflasche Champagner für den besten Vorschlag – mit dem Ergebnis, dass Dr. Herbert Lix die Flasche am Ende selbst gewann. Er fand mit Kyberg Pharma den seiner Meinung nach besten Begriff – schließlich liegt der Platz, an dem die heutige Firmengruppe nun zu finden ist, auf dem Oberhachinger Kyberg.

Diese Anekdote ist ein Sinnbild für Dr. Herbert Lix. „Er ist ein Visionär, einer der mutig voranging und immer fleißig war. Er hat viel gearbeitet", berichtet Thomas Lix. Der Eifer zahlt sich aus: Aus einer einzigen Apotheke, die Dr. Herbert Lix 1969 am Herkomerplatz in München-Bogenhausen gründete, ist eine ganze Unternehmensgruppe entstanden. Heute besteht die Kyberg Group aus den Unternehmen Kyberg Pharma, Kyberg Vital sowie Kyberg Medical und produziert, handelt und vertreibt Arzneimittel, Kosmetik, Nahrungsergänzungsmittel, Medizinprodukte und weitere für den Gesundheitsmarkt geeignete Produkte. Neben eigenen Marken übernimmt Kyberg als Dienstleister den Vertrieb von Sortimenten anderer Unternehmen. Zur Firmengruppe gehört auch eine Beteiligung am Unternehmen PharmaCare, das Dr. Herbert Lix mit seinem langjährigen Weggefährten, dem Unternehmensberater Werner Bauer, aufgebaut hat und das inzwischen von seinem Sohn, Dirk Bauer, geführt wird.

An der Spitze des Familienunternehmens Kyberg Group agieren heute die beiden Brüder Thomas und Stephan Lix als Geschäftsführer, der dritte Bruder, Peter Lix, fungiert als Gesellschafter. Ein wesentlicher Bestandteil des Firmenerfolgs ist die 2006 gegründete Kyberg Vital GmbH. Sie ist die erste Eigenmarke der Firmengruppe und produziert hochwertige Mikronährstoffe. Im Bereich der Aminosäuren hat sich die Kyberg Vital als Expertin etabliert. „Der Einstieg in diese Therapieform ist mal wieder meinem Vater zu verdanken, aber zum Erfolg hat es letztendlich mein Bruder Stephan geführt.

Rezeptur in der Arnika Apotheke

Der Firmensitz der Kyberg Group in Oberhaching

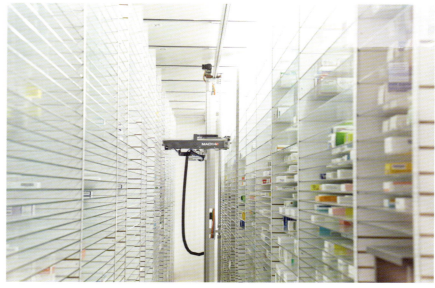

Kommissionierautomat in der Arnika Apotheke

Darüber hinaus gelang es uns, die Marken „Togal", „Efasit" und „Flint" der ehemaligen TOGAL-Werk AG zu erwerben, die ihre Produktion viele Jahre in der unmittelbaren Nähe der Apotheke hatte."

Mehr als 300 Mitarbeiter sind heute in der Kyberg Group beschäftigt, die in ihrem Lager dauerhaft über 5.000 Artikel vorrätig hat und einen Jahresumsatz von 120 Millionen Euro erzielt.

Aber zurück zum Ursprung des Unternehmens: Die Eltern von Thomas Lix, beide Jahrgang 1939, lernten sich in der Faschingszeit beim Weißwurstessen kennen und lieben. Die Mutter – eigentlich Germanistin – schulte der Liebe wegen um, und gemeinsam eröffneten die beiden die Apotheke am Herkomerplatz, die noch heute unter dem Namen „Arnika Apotheke" existiert. Im Jahr 2013 kam eine zweite Apotheke in Unterhaching dazu.

In der Arnika Apotheke am Sportpark in Unterhaching setzte Dr. Herbert Lix auf Mikronährstoffe. Bundesweit vertrauen Ärzte und Heilpraktiker auf die Rezepturkompetenz der Arnika Apotheke und können somit die Bedürfnisse ihrer Patienten individuell befriedigen. Was außerdem zum Erfolg führte: „Mein Vater hat schon immer gut bevorratet und legte sich einen Bestand an Schmerz- und Grippemitteln an. Diese waren zu jener Zeit schwer zu bekommen. Deshalb konnte er an die Kollegen weiterverkaufen", erklärt Thomas Lix. In der Folge entstand ein Handelsring, aus dem in den 80er-Jahren das Pharmagroßhandelsunternehmen hervorging, das heute unter dem Namen „Kyberg Pharma" bekannt ist.

> In der Arnika Apotheke am Sportpark in Unterhaching setzte Dr. Herbert Lix auf Mikronährstoffe. Bundesweit vertrauen Ärzte und Heilpraktiker auf die Rezepturkompetenz der Arnika Apotheke und können somit die Bedürfnisse ihrer Patienten individuell versogen.

Obwohl der Senior heute nicht mehr operativ ins Unternehmen eingebunden ist, möchte er stets informiert sein. „Ich erzähle ihm immer gerne von den Entwicklungen, frage ihn nach seiner Meinung und hole mir seinen Rat ein", sagt Thomas Lix. „Ich bin sehr froh, ihn zu haben, damit ich bestimmte Ideen oder Probleme ansprechen kann. Mir genügt der Austausch. Er muss mir gar nicht zwingend eine Lösung präsentieren."

Thomas Lix schätzt an seinem Vater außerdem die Geradlinigkeit. „Bei ihm zählt noch der Handschlag, so wie man es heute vermutlich nur noch von Uli Hoeneß kennt. Er ist ein Vollblutunternehmer, wie ich ihn selten an anderer Stelle getroffen habe. Ein Unternehmer mit Visionen, ein kreativer Motor, ein Mensch, der das Glück auch manchmal durch Fleiß erzwang."

> Bei ihm zählt noch der Handschlag, so wie man es heute vermutlich nur noch von Uli Hoeneß kennt. Er ist ein Vollblutunternehmer, wie ich ihn selten an anderer Stelle getroffen habe.

Während die erste Arnika Apotheke recht zentral in München liegt, entdeckte die Familie recht bald das Umland für sich und zog in die Kommune Grünwald, die nur wenige Autominuten entfernt vom Unternehmenssitz der Kyberg Group liegt. In Grünwald ist Thomas Lix auch heute noch zu Hause: „Es ist die Heimat, ein Ort, den ich nicht mehr verlassen möchte."

Ohnehin erinnert er sich gerne an seine Kindheit. An Urlaube auf dem Bauernhof, in Italien – ‚das war die schönste Zeit", schwärmt Thomas Lix, der als Jugendlicher und während der Schulzeit in der Apotheke seines Vaters aushalf. „Ich musste Tees, Kokos- und Bananenchips abpacken", erklärt er lachend. Den Druck, zwingend ins Unternehmen einzusteigen, verspürte Thomas Lix nie.

Spätestens mit seinem Eintritt in die Feuerwehr Grünwald mit knapp 18 Jahren entdeckte er seine Liebe zur Region. „Mit der Feuerwehr fängst du an, dieses Eck zu lieben. Die Menschen, die hier leben, die Vereine, das Brauchtum." Er selbst bekam durch seine Arbeit als Feuerwehrkommandant in der Kommune einen anderen Zugang zu den Menschen als nur vom Schreibtisch aus. Zudem liebt er die kurzen Wege seiner Heimat. „Ich gehe hier aufs Rathaus und darf direkt eintreten, ich habe keine langen Wartezeiten."

Gerne möchte er seiner Heimat etwas zurückgeben. „Wenn ich könnte, würde ich nur Beschäftigte aus dem Landkreis einstellen. Die Identifikation ist höher, die Wege sind kürzer und jeder kennt einen, der einen kennt. So können wir alle gemeinsam an den Rädchen drehen, die uns weiterbringen. Ich möchte das Unternehmertum hochhalten – das ist meine Verantwortung gegenüber den Bürgern und der Region."

An seinem Firmensitz in Oberhaching fühlt er sich gut aufgehoben und empfindet den Standort als guten Gegensatz zur großen, globalisierten Pharmawelt. Auch sein Bruder Peter ist in der Feuerwehr und inzwischen stellvertretender Kommandant bei der Feuerwehr Grünwald und als Kreisbrandmeister für den Einsatz-

Als Dienstleister steuert Kyberg die Pharma-Logistik für andere Unternehmen

Die Arnika Apotheke am Sportpark in Unterhaching

leitwagen des Landkreises München zuständig. Eine verantwortungsvolle Aufgabe. Peter Lix ist IT-Experte und gestaltet in der Kyberg Goup die Digitalisierung des Unternehmens von außen federführend mit, der Einstieg ins Operative hat ihn nicht gereizt.

Wie es mit dem Unternehmen weitergeht? Leonhard Tannenberg, der Neffe von Dr. Herbert Lix, hat als frisch gebackener Apotheker die Arnika Apotheke am Sportpark in Unterhaching und die Arnika Apotheke am Herkomerplatz übernommen. Beide Einrichtungen bleiben weiterhin eng mit der Kyberg Group verbunden. Ein Umstand, der die Brüder Lix freut.

Und die Pläne von Thomas Lix? „Mir persönlich ist nachhaltiges Wachstum wichtig: Ich möchte den Ertrag nicht kurzfristig in den Vordergrund rücken, um dann am Ende in ein Loch zu fallen. Zu den Herausforderungen in der Zukunft wird es gehören, mit den verschiedenen Unternehmen, die zu unserer Unternehmensgruppe gehören, und den Räumlichkeiten, im Landkreis München zu

> Wenn ich könnte, würde ich nur Beschäftigte aus dem Landkreis einstellen. Die Identifikation ist höher, die Wege sind kürzer, und jeder kennt einen, der einen kennt.

bleiben, denn die Preisentwicklung macht es nicht einfach."

Er erklärt, wie wichtig der Standort Oberhaching für die Entwicklung des Unternehmens ist. „Ein solches Firmengebäude könnte ich überall haben. Was unersetzlich ist, sind die Menschen um mich herum: Der Buchhalter, der Marketingexperte und die Lagermitarbeiter. Die kommen bei mir, wann immer möglich, aus der Gegend." Unersetzlich sind wohl auch die Visionen, das Durchhaltevermögen und die Handschlagmentalität, die schon der Vater von Thomas Lix besaß.

KYBERG PHARMA VERTRIEBS-GMBH

Keltenring 8
82041 Oberhaching

www.kyberg-pharma.de

Gräfelfing – das Superding ist geblieben

Brigitte Hartl

geb. 1938 in Augsburg, verheiratet, zwei Kinder | 1956 Abitur | 1957 Umzug nach München, Ausbildung zur Auslandskorrespondentin und Anstellung bei Bender & Hobein | 1961 Hochzeit | 1963 Geburt des ersten Sohnes | 1970 Umzug von Laim nach Gräfelfing und Geburt des zweiten Sohnes | 1970/71 Eröffnung der ASAM-BOUTIQUE | Mitte/Ende der 1980er-Jahre Gründung der AGG: Arbeitsgemeinschaft der Gräfelfinger Geschäfte | Ende der 1980er-Jahre Organisation des ersten Straßenfests | 1990 Umsetzung der ersten Modenschau | 1986 Auftritt in der Fernsehserie „Kir Royal" und in anderen TV-Formaten von SAT.1 | 2012 erster EDEL-FLOHMARKT | 2005 Auszeichnung im Rahmen der Bürger- und Sportlerehrung der Gemeinde Gräfelfing

Und was wir noch ham – ist Lochham! Das war einer der wöchentlichen Werbesprüche meiner legendären ASAM-BOUTIQUE (1970 - 2003). Diese Sprüche, veröffentlicht im „Würmtaler Informationsdienst", kurz „Info", waren Kult. Ein Rentner im Würmtal hat sie sogar in einem Leitzordner gesammelt, so gut hatten sie ihm gefallen.

Ich zog 1970 mit meinem Ehemann und unserem ersten Sohn (geb. 1963) von München nach Gräfelfing, genauer gesagt nach Lochham, in die „alpenländische Lobmaier-Siedlung". Historisch nicht uninteressant! Der zweite Sohn war unterwegs und kam 1970 zur Welt.

Gräfelfing war vom ersten Tag an perfekt. Für meine beiden Söhne bedeutete das: Kindergarten bei „Tante Rieger", Grundschule in der Adalbert-Stifter-Straße. Dann natürlich das Kurt-Huber-Gymnasium, das „KHG", in dieser Zeit mit der „Lichtgestalt", dem Direktor Leo Ernstberger. Ich selbst fand an meinem ersten Tag in Gräfelfing gleich eine Freundin, die noch heute meine beste ist.

Die Gartenstadt Gräfelfing, bis heute als solche verteidigt, quer durch die Parteien. Mich interessierte immer die Kommunalpolitik, vor allem auch was die Arbeit des Gemeinderats und des Bürgermeisters betrifft, das habe ich immer ganz genau verfolgt. Letzteren kann man hier „live" anrufen und zu Gesicht bekommen! Versuchen Sie das mal in Berlin. Die Menschen hier sind freundlich, man kennt sich. Gräfelfing ist auch ein bisschen DORF. Aktivitäten gab und gibt es reichlich. Mitte der 1980er-Jahre entstand die Arbeitsgemeinschaft Gräfelfinger Geschäfte (AGG). Wir brachten einiges in Bewegung: Ich denke da an die wirklich legendär zu nennenden Modenschauen, mitten auf der Bahnhofstraße, außerdem an die Mai-Dult, an Märkte und viele tolle Veranstaltungen im Bürgerhaus.

Die Modenschauen waren vor allem deshalb so erfolgreich, weil sie „open air" stattfanden. Das gab es nicht einmal in München! Tage und Wochen vorher wurde der Wetterbericht gecheckt. Und das war nötig, denn nicht nur einmal hatten wir mit der Unbill des Wetters zu kämpfen. Gewitter und Starkregen waren am schlimmsten. Eine ganz schöne Herausforderung für das Organisationsteam! Schnell musste dann improvisiert und ins Bürgerhaus umgezogen werden.

Und erst 09/11! Drei Tage später war das Straßenfest mit Modenschau angesetzt. Wir mussten natürlich alles absagen – mit großen Schwierigkeiten. Aber wir hatten Glück im Unglück: Am eigentlich vorgesehenen Termin war sehr schlechtes Wetter. Der Ersatztermin einige Wochen später punktete dann mit strahlendem Sonnenschein! Wir hatten die beste Schau aller Zeiten. So hatte dann doch noch alles sein Gutes.

Die Modenschau war höchst professionell und mit Models von einer Agentur geplant und durchgeführt. Dazu gab es tolle Musik! Das Publikum verlangte immer nach alten Schlagern. Es beteiligten sich meistens zehn bis zwölf Gräfelfinger Geschäfte, für jedes kostete die Schau 500 Euro. Heute gibt es von diesen Geschäften nur noch zwei bis drei. So ändern sich die Zeiten. Ich selbst habe mich um Organisation und

Moderation gekümmert – es existieren Videos, die schon fast Zeitzeugnisse sind. Die Schau dauerte über zwei Stunden, die Zuschauer wollten immer noch mehr, noch länger. Eine tolle Zeit!

Später entstand daraus der ebenso kultige und erfolgreiche EDEL-FLOHMARKT im Bürgerhaus. Mit Unterstützung der Gemeinde fand er zweimal im Jahr statt, immer zu einem sozialen Zweck. Die Einnahmen des Tischverkaufs kamen diversen Einrichtungen zugute, der AWO, der Würmtal-Insel, der Nachbarschaftshilfe. Diese Märkte haben allen einen Riesenspaß gemacht.

Leider kann der Markt, zuerst aufgrund der Pandemie und aktuell wegen des Umbaus des Bürgerhauses, vorerst nicht mehr stattfinden. Doch er wird wiederkommen! Wir lassen uns nicht unterkriegen. Denn: „Viele Menschen, jung und schön, kann man hier im Würmtal sehn. Doch auch die alten, etwas morschen, fahren rum in ihren Porschen."

Manches hat sich verändert im Laufe der Zeit – „Tempora mutantur, nos et mutamur in illis" („Die Zeiten ändern sich, und wir ändern uns in ihnen"), wie der Lateiner sagt und man entsprechend im KHG lernen konnte. Aber Gräfelfing – das Superding ist geblieben. Den ewigen Meckerern sage ich: Zieht weg und macht Platz für glückliche Gräfelfinger!

Auf meinem Schreibtisch steht eine gerahmte Urkunde: „Dank und Anerkennung für Ihre Verdienste in der Gemeinde Gräfelfing". Auf diese bin ich mächtig stolz.

Brigitte Hartl in ihrem Element beim Straßenfest in Gräfelfing

> Gräfelfing war vom ersten Tag an perfekt. Für meine beiden Söhne bedeutete das: Kindergarten bei „Tante Rieger", Grundschule in der Adalbert-Stifter-Straße. Dann natürlich das Kurt-Huber-Gymnasium.

Ein Übriges tun – gelebtes Unternehmensmotto seit 1973

Peter Kober ist überzeugt: „Wenn es Gene der LHI gibt, die von Generation zu Generation weitergegeben werden, dann ist es die Bereitschaft, Grenzen auszuloten und Neuland zu betreten." Er ist vor 35 Jahren ins Unternehmen eingetreten und heute einer der vier Gesellschafter der LHI Gruppe. Der Investment- und Assetmanager mit 250 Beschäftigten ist seit 2009 in Pullach im sogenannten LHI Campus angesiedelt – am Isarhochufer zwischen der malerischen Burg Schwaneck und dem BND.

Den Startschuss für die Unternehmung gab 1973 der charismatische Gründer Dr. Matthias Schmitt mit Immobilienleasing für Handelsbetriebe. Er war dafür bekannt, die Reihen seiner Führungskräfte mit Freigeistern zu besetzen, die zu ihm und seinem mutigen Vorhaben passten. Der freie Geist befreite sich in den 90er-Jahren nicht nur mittels Sprachtrainings vom Beamtendeutsch, sondern holte auch die Kunst als inspirierende Kraft ins Unternehmen: In der Ägide des Geschäftsführers Ralf Kirberg wurde der Kunst etwas zugetraut, nämlich grenzüberschreitendes Denken und geistige Aufgeschlossenheit. Dass mit dieser Haltung auch eine beeindruckende Architektur mit Begegnungsqualität am Arbeitsplatz entstand, verstand sich fast von selbst. Kirbergs Motto „Ein Übriges tun" prägte Generationen an Mitarbeitenden. „Wir sind Menschen, die einen Vertrag lieber zweimal lesen", so Kober.

Offenheit im Kopf und Raum im eigens erbauten LHI Campus Pullach

Das Atrium mit Kunst und Wasserbecken als Begegnungsraum – Glaswände schaffen Transparenz

„Wir fragen immer, ob etwas nicht noch besser gemacht werden kann. Unser Geschäft ist komplex. Wir haben mit unseren Kunden langjährige Verträge und über Jahrzehnte gewachsene, auf Vertrauen basierende Geschäftsbeziehungen. Ein weiterer Erfolgsfaktor ist, dass kritische Stimmen von Führungskräften und Mitarbeitenden willkommen sind. Dadurch haben wir selten daneben gelangt!"

Als der Markt für Immobilienleasing um die Jahrtausendwende einbrach, beschloss die LHI, trotzdem weiterzumachen und den Immobilienleasing-Bestand anderer Banken zu übernehmen. Im heutigen Investmentgeschäft für institutionelle Investoren sind neben dem Kerngeschäft Immobilien erneuerbare Energien das Herzstück des Unternehmens. Bei Investitionen in den Bereichen Solar, Wind und Wasser richtet man sich an professionelle Investoren wie zum Beispiel Versicherungen, Pensionskassen, Stiftungen oder Family Offices, also Vermögensverwaltungen wohlhabender Familien.

„Möchte beispielsweise eine Versicherung 20 Millionen anlegen, können wir dafür einen Solarpark anbieten. Wir gründen eine Objektgesellschaft, die den Park kauft und mit dem Betreiber einen Vertrag über die technische Wartung abschließt. Die Versicherung bekommt eine Rendite und kann damit werben, dass sie die Gelder ihrer Kunden in erneuerbare Energien anlegt", erklärt Kober das Konzept.

Auch die ursprüngliche Form des Leasings findet im Bereich Structured Finance seine Fortsetzung, beispielsweise in der Finanzierung von neuen S-Bahn-Zügen für München. Das Volumen beträgt über zwei Milliarden Euro, die längste Laufzeit geht bis zum Jahr 2062. Projektbeteiligte sind der Freistaat Bayern, die Deutsche Bahn sowie die BEG. Financiers sind die Unicredit und die EIB. Die LHI verwaltet die Objektgesellschaften, die die Züge vom Hersteller Siemens kaufen.

Ähnlich arbeitet man auch für weitere Bahnunternehmen wie beispielsweise Go-Ahead. Investitionen in Projekte mit gesellschaftlichem Nutzen sollen künftig auch jüngere Generationen für die LHI begeistern.

> Wir fragen immer, ob etwas nicht noch besser gemacht werden kann. Unser Geschäft ist komplex. Wir haben mit unseren Kunden langjährige Verträge und über Jahrzehnte gewachsene, auf Vertrauen basierende Geschäftsbeziehungen.

2023 feierte die mittlerweile wieder inhabergeführte LHI ihr 50-jähriges Jubiläum und blickt zuversichtlich in die Zukunft.

LHI LEASING GMBH
Emil-Riedl-Weg 6
82049 Pullach im Isartal

www.lhi.de

Es menschelt im Hightech-Alltag

Als Inhaber Jörg Zorenböhmer die MHR Vertriebs- und Service GmbH mit Sitz in Ottobrunn-Riemerling 2011 übernahm, ging für ihn ein Traum in Erfüllung: „Ich habe im Nachbarort Neubiberg Elektrotechnik studiert und hier die schönste Zeit meines Lebens verbracht. Mit dem Übernahmeangebot meines Vorgängers Rolf Engelhardt haben sich mehrere Wünsche auf einmal erfüllt: die Selbstständigkeit, die eigene Unternehmung und die Rückkehr in die Region."

Als technisch orientierter Dienstleister agiert die MHR als Schnittstelle zwischen Produzenten von Systemkomponenten wie zum Beispiel Triebwerke, Dieselmotoren, Funkgeräte oder Navigationscomputer und Systemherstellern, die diese Komponenten in Flugzeugen, Fahrzeugen oder Schiffen verbauen. Der Einsatz der Systemkomponenten ist in der Regel auf Dekaden ausgelegt, die Anforderungen daran sind entsprechend hoch. „Die Komponenten müssen zuverlässig sein und über die gesamte Nutzungszeit die Anforderungen des Endkunden erfüllen. Das heißt, wir beraten die Hersteller hinsichtlich der Kundenspezifikationen, ermitteln etwa Ausfallraten und erarbeiten entsprechende Wartungskonzepte."

Dabei muss das 45-köpfige Team um Jörg Zorenböhmer sowohl die Spezifikationen der Endkunden als auch die Komponenten der Hersteller kennen und analysieren. Zorenböhmer selbst erlangte sein Knowhow als Projektleiter beim Elektronikkonzern Rohde & Schwarz, zuvor war er zwölf Jahre bei der Luftwaffe tätig. „Unser Alltag ist natürlich technisch geprägt, aber es menschelt auch sehr. Unsere Mitarbeiter brauchen Empathie und Fingerspitzengefühl, müssen sich in beide Seiten hineinversetzen, den Endkunden genau zuhören und gleichzeitig die Produzenten abholen." Da die Laufzeiten der einzelnen Projekte meistens auf viele Monate angesetzt sind, möchte Zorenböhmer auch seine Beschäftigten langfristig binden: „Der größte Schatz meines Unternehmens ist mein Team. Ich setze auf eine familiäre, vertrauensvolle Unternehmenskultur und gebe meinen Mitarbeitern freie Hand."

Das Tätigkeitsfeld bei MHR ist breit aufgestellt, mal handelt es sich um die Betreuung elektronischer, mechanischer, Energie erzeugender oder steuernder Produkte, ein anderes Mal um Funk- oder Hochfrequenzgeräte. „Abwechslung zeichnet uns aus. Wir arbeiten für unterschiedliche Kunden, und die Produkte werden immer unterschiedlich eingesetzt." Die Mitarbeiter lernen mit jedem neuen Auftrag dazu und müssen oft neue Wege bestreiten. „Eine gelebte Fehlerkultur gehört für mich dazu. Ich möchte meine Mitarbeiter ermutigen, etwas auszuprobieren und Fehler zu machen."

Einen klassischen Ausbildungsweg gibt es für den Beruf, der in der Branche als ILS-Manager bekannt ist, nicht. ILS steht dabei für Integrated Logistics Support. Quereinsteiger mit einer technischen Ausbildung sind herzlich willkommen und werden intensiv eingearbeitet. Eine Einführung in die bayerische Lebenskultur gibt es dazu: „Als passioniertes und engagiertes Mitglied der Blaskappelle und Gemeinde schlage ich gerne die kulturelle und gesellschaftliche Brücke für alle Neuankömmlinge", ergänzt Jörg Zorenböhmer lachend.

Jörg Zorenböhmer, Inhaber von MHR und engagiertes Mitglied der Blaskapelle Höhenkirchen-Siegertsbrunn

MHR VERTRIEBS- UND SERVICE GMBH

Robert-Bosch-Straße 3
85521 Ottobrunn-Riemerling

www.mhr-gmbh.de

Garching, Universitätsstadt mit dörflichem Charme

Prof. Dr. Heinz-Gerd Hegering

geb. 1943 in Recklinghausen; verheiratet, drei Kinder, fünf Enkelkinder | 1968 Studium Mathematik | 1971 Promotion, LMU München | 1989 - 2003 Kommandant der Freiwilligen Feuerwehr Garching | 1991 - 2003 Kreisbrandmeister | 1984 - 1988 Universitätsprof. Systemnahe Programmierung TUM | 1989 - 2008 Lehrstuhl Informatik LMU/TUM | 1989 - 2019 Direktorium Leibniz- Rechenzentrum | 1983 Bayerische Rettungsmedaille | 1997 Steckkreuz des Feuerwehrehrenzeichens Bayern | 2004 Bundesverdienstkreuz am Bande | 2008 Medaille Bene Merenti in Gold der Bayer. Akademie der Wissenschaften | 2008 Verdienstmedaille der Stadt Garching in Silber | 2009 Bayerischer Verdienstorden

Anfang 1966 fuhr ich auf der A9 Richtung München, um dort an der LMU mein Mathematikstudium abzuschließen. Etwa in Höhe der jetzigen Ausfahrt Garching-Nord blendete mich als erster bleibender Eindruck das Sonnenlicht grell reflektierende Kernreaktor, liebevoll Atom-Ei genannt, der sich recht bald zur Keimzelle des inzwischen riesigen Hochschul- und Forschungscampus entwickelte. Wegen seiner Bedeutung für die Entwicklung nimmt das Atom-Ei zu Recht einen zentralen Platz im Stadtwappen ein. Ohne den Forschungscampus wäre Garching vermutlich nicht so schnell Stadt oder gar Universitätsstadt geworden.

Nach unserer Hochzeit 1969 wohnten meine Frau Annegret und ich in Allach, und als sich bei uns das zweite Kind anmeldete, begann erneut eine Wohnungssuche. Mein Chef machte mich auf in Garching geplante Staatsbedienstetenwohnungen aufmerksam, die im Vorgriff auf eine damals noch diskutierte, schnelle Verlegung der TUM nach Garching vorgesehen waren. 1973 bezogen wir eine großzügige Neubauwohnung am Römerhofweg. Später ermöglichte ein Einheimischenmodell ein eigenes Haus samt einem Familienhund. Dass es dann noch über 30 Jahre dauern würde, bis ich 2006 endlich mein Münchner Institut, das Leibniz-Rechenzentrum (LRZ), als Neubau in Garching einweihen konnte, ist eine Ironie des Schicksals. Der Umzug nach Garching eröffnete dem LRZ wissenschaftlich und leistungsmäßig eine großzügige Entfaltungsmöglichkeit und brachte mir in den letzten Jahren meiner Berufstätigkeit einen kurzen Arbeitsweg.

Über die Mitarbeit in diversen Gruppierungen der Kirche St. Severin, zum Beispiel beim Pfarrgemeinderat, beim Chor, in der Jugendarbeit oder der Kirchenverwaltung, fanden wir genauso wie im Heimatverein schnell Anschluss. Einfach mitmachen, mit anpacken und so ein Teil der Gemeinschaft werden; gemeinsame Erlebnisse sorgen für Zusammenhalt und Freundschaften. Dabei denke ich an Chorprojekte, das Maibaumaufstellen und nicht zu vergessen das erfolgreiche Musical Zeitkind, gespielt von Garchinger Bürgern für Garchinger Bürger! Wer konnte 1992 schon ahnen, dass die U-Bahn im Oktober 2006 tatsächlich nach Garching kam? Die perfekte Anbindung an München.

Mit seinem vielfältigen Kulturangebot kann Garching schon immer beeindrucken, im Bürgerhaus, im Römerhoftheater oder auch bei den verschiedenen Festen im

Jahr. Besonders das Straßenfest im Juli lasse ich mir nur ungern entgehen. Ein Zusammenkommen von verschiedensten Menschen, die hier leben.

Das große Vereinsangebot lässt ebenfalls kaum Wünsche offen: Baseballverein, VfR Garching oder Nachbarschaftshilfe, da ist für jeden aus der Familie etwas dabei. Als die Freiwillige Feuerwehr mit einer Postwurfsendung 1974 um neue aktive Mitglieder warb, war mein Interesse sofort geweckt. Nach einem Telefonat mit dem Kommandanten trat ich, ohne zu zögern, als promovierter Quereinsteiger bei. Eine Entscheidung, die ich nie bereut habe! Ich fand dort viele interessante Aufgaben, und zusammen mit Feuerwehrkameraden konnte ich, auch später als Kommandant, den Übergang von einer Dorffeuerwehr zu einer modernen Wehr mitgestalten. Auch nach meiner aktiven Zeit bleibt die Feuerwehr wichtig, denn „Alte Herren" wie ich haben einen festen Platz in der Feuerwehrfamilie. Da das Feuerwehrfieber auch meine Söhne und zwei Enkel erfasst hat, bekomme ich hautnah mit, wie sich die Feuerwehr stetig weiterentwickelt. Man darf gespannt sein, ob das neue Feuerwehrhaus all den Wünschen und Anforderungen gerecht wird.

Garching ist mir seit über 50 Jahren liebgewonnene Heimat, und meine Familie und ich haben uns vom ersten Tag an wohlgefühlt. Dabei sind wir, wie man meiner Sprache anhört, „Zuagroaste" aus Westfalen. Das hat damals die Einheimischen nicht gestört, die uns herzlich annahmen. Unsere Kinder, die im Gegensatz zu uns mit einem bayerischen Akzent reden, meinten einmal scherzhaft: „Als Eltern seids ja ganz nett, nur schad, dass Preißn seids!"

Drei Generationen bei der Freiwilligen Feuerwehr Garching

> Besonders das Straßenfest im Juli lasse ich mir nur ungern entgehen. Ein Zusammenkommen von verschiedensten Menschen, die hier leben.

Ob Universitätsstadt oder Gemeinde Garching, für mich bleibt es (m)ein lebens- und liebenswerter Ort mit viel Potenzial und Begeisterungsfähigkeit. Meine berufliche Karriere sowie mein Privatleben mit meinen Hobbys und Freunden ließen und lassen sich hier großartig vereinen. Perfekt ergänzt mit der gewachsenen Infrastruktur und der Nähe zu den Isarauen, die zu Spaziergängen mit oder ohne Hund geradezu einlädt. Und wer mich im Sommer sucht, der findet mich vielleicht bei einem meiner liebsten Plätze in Garching, dem Biergarten im Mühlenpark, in dem ich abends nach einer gemütlichen Runde eine leckere Brotzeit neben dem rauschenden Mühlbach genieße.

Ein Hort der Schönheit und Sicherheit

Ismaning ist mein Zuhause. Hier leben meine Eltern und mein Bruder mit seiner Familie. Die Gemeinde im Münchner Norden war der Schauplatz meiner Kindheit und Jugend, und auch heute verbringe ich hier viel Zeit mit meinen Kindern.

Direkt nach meiner Geburt im Münchner Klinikum Dritter Orden sind meine Eltern mit meinem großen Bruder und mir in eine klitzekleine Mietwohnung in der Gradlstraße gezogen, zwei Ecken vom Eisweiher entfernt. Ismaning war für mich das Paradies. Im Gemeinschaftsgarten unseres Mehrfamilienhauses lebte mein Freund Tara, ein Deutscher Schäferhund. Ich bin zu ihm in den Zwinger geklettert und er hat sein Futter mit mir geteilt. Nur mit einem Eis gelang es meiner Mutter, mich von Tara wegzulocken.

Jahre später sind wir dann innerhalb Ismanings in ein Neubaugebiet in der Bayerwaldstraße am Rande des Dorfes gezogen, nahe der Isarauen. Wir waren jeden Tag draußen und haben die Natur erkundet. In den Isarauen sind wir die Bäume hoch- und runtergeklettert und haben Tipis im Wald gebaut. Ich erinnere mich auch an die unglaublich langen Fußmärsche zur Grundschule. Da sie am anderen Ende des Dorfes liegt, bin ich täglich eine halbe Stunde gelaufen – noch heute habe ich das Gefühl zu wissen, wie die Ampelphasen geschaltet waren. In der Grundschule hatte ich dann auch meine ersten Berührungspunkte zum Theater. Ich erinnere mich an meine Darstellung der Hexe in „Hänsel und Gretel" – für diese Rolle habe ich meiner Uroma ein Kissen geklaut und es als Buckel ins Shirt gestopft. Nach der Grundschule folgte der Wechsel ans Werner-Heisenberg-Gymnasium. Bei Wind und Wetter bin ich mit meinen Freunden über die Brücke nach Garching geradelt, unser täglicher Schulweg.

Eine wichtige Institution während meiner Schulzeit war der Schwimmverein SV Solidarität, dem ich im Alter von sechs Jahren beigetreten bin. Der Verein verkörpert für mich ebenfalls Heimat. Es war der Ort, an dem ich meine Freunde und Kumpels getroffen habe – am Wochenende sind wir gemeinsam auf Wettkämpfe gefahren, während die Gleichaltrigen Party gemacht haben. Ich bin immer noch beeindruckt davon, welche tolle Vereinsarbeit der SV Solidarität geleistet hat – ich habe mich in dieser Gemeinschaft über viele Jahre sehr aufgehoben gefühlt.

Denke ich an meine Kindheit, sehe ich mich auch in der Wäscherei und Reinigungsannahmestelle meiner Mutter, die das Geschäft meines Urgroßvaters übernommen hatte. Um mein Taschengeld aufzubessern, habe ich in den Sommerferien ausgeholfen und bei 30 Grad Außentemperatur Wäsche zusammengelegt oder Hemden und Apothekermäntel gebügelt. Als Kind habe ich es geliebt, unter der riesengroßen Heißmangel zu sitzen, da es dort so schön warm und kuschelig war. Ich hatte wohl ein Faible für Höhlen. Dieses monotone Motorengeräusch der Heißmangel, die Hitze und die Nässe – in dieser Art Dampfsauna habe ich stundenlang meinen Gedanken und Träumen nachgehangen.

Nach dem Abitur bin ich noch ein Jahr in Ismaning geblieben und habe in einer Werbeagentur in Kirchheim gearbeitet. Ich hatte Kunst als Leistungskurs in der Schule und dachte, ich könnte Geld verdienen, indem ich der Kunst nachgehe. Aber mein Lebensweg

Brigitte Hobmeier

geb. 1976 in München, verheiratet, zwei Kinder | 1996 - 1999 Schauspielstudium an der Folkwang Universität der Künste | 1999 - 2001 Darstellerin im Faust-Projekt von Peter Stein | 2002 - 2005 Schauspielerin am Münchner Volkstheater | 2004 Bayerischer Kunstförderpreis | 2005 - 2020 Ensemblemitglied der Münchner Kammerspiele | 2011 Theaterpreis der Landeshauptstadt München | 2012 Grimme-Preis | 2013 - 2015 Salzburger Festspiele, die Buhlschaft im „Jedermann" | 2017 Grimme-Preis | 2023 Hessischer Filmpreis für die Tatort-Folge „Murot und das Paradies"

Brigitte Hobmeier blickt mit Liebe auf ihre Kindheit und Jugend zurück

sollte mich doch woanders hinleiten, und so habe ich mich an Schauspielschulen beworben. Mit Erfolg: Von meinem Jugendzimmer in der Bayerwaldstraße bin ich direkt nach Essen zum Studium an die Folkwang Universität der Künste gezogen.

Meine ersten Schritte als Schauspielerin haben mich mit dem Faust-Ensemble nach Hannover, Berlin und Wien gebracht. Das Leben in den großen Städten hat mich geprägt, ich war frei und erwachsen. Als ich 2002 nach München zog, da mich Christian Stückl ans Volkstheater geholt hatte, reizte mich nicht nur der kulturelle Reichtum der Stadt, sondern auch die Nähe zu meinem Zuhause, meiner Familie. Ich spürte dieses Heimatgefühl und auch Erleichterung.

Ismaning ist der Ort, an dem ich mich erholen und mich beruhigen kann von der wilden Arbeitswelt, ich kann wieder aufs Radl steigen, durch die Isarauen fahren und bin zu Hause. Es hat mir Kraft und Ruhe gegeben, und mir wurde bewusst, wie arg mir das abgegangen war.

In Berlin habe ich am Puls der Zeit gelebt, aber ich konnte diesen sandigen Boden nicht packen, der unter mir wegrutschte. Ich brauche den festen, lehmigen, erdigen Boden, der hinter Ismaning beginnt, den Geruch des Grases und der Wälder, wenn ich über die Landstraße fahre oder in den Isarauen bin.

> Dieses monotone Motorengeräusch der Heißmangel, die Hitze und die Nässe – in dieser Art Dampfsauna habe ich stundenlang meinen Gedanken und Träumen nachgehangen.

Dadurch, dass ich so nah an der Heimat wohne, kann ich mit meinen Kindern die Schritte nachgehen, die ich in ihrem Alter gemacht habe. Wir lassen die Füße in den Eisbach hängen, laufen um den Weiher herum, gehen zum Trimm-dich-Pfad. Und natürlich besuchen wir „D' Rest", eine kleine Wirtschaft in Ismaning, gegenüber vom Bahnhof. Das ist unsere Familienwirtschaft, in der wir unsere Feste wie Hochzeiten oder Taufen feiern.

> Ismaning ist eine Gemeinde, in der viele Farben nebeneinander sichtbar sind und sich berühren.

Im Ort nennt man die Schauspielerin „die Gitti" oder „d' Greiner Gitti"

Es ist spannend, was aus dem alten Dorf geworden ist, und ich verstehe, warum es so viele junge Menschen und Familien hierher zieht. Ismaning ist ein Dorf geblieben und trotzdem reich an Angebot und Lebensqualität. Tradition und Moderne gehen hier Hand in Hand. So verbinde ich mit Ismaning auch die Wallfahrten, die wir mit der katholischen Kirchengemeinde nach Altötting gemacht haben – die Wallfahrtsgemeinschaft und überhaupt das soziale Miteinander zeichnen das Dorf aus. Die Kommune engagiert sich für ihre Mitbürger.

Gleichzeitig schwappt die Weltoffenheit der Millionenstadt München rüber. Das gelebte demokratische Wesen ist hier deutlich sichtbar, und es tut gut zu sehen, dass eine offene politische Auseinandersetzung, die positive Streitkultur, noch möglich ist. Das friedvolle Miteinander kann im Kleinen funktionieren. Doch je größer die Räume und Städte sind, desto undurchschaubarer und brutaler werden sie. Im Kleinen kann man sich das noch bewahren. In Ismaning werden viele Feste begangen, so gibt es jedes Jahr ein großes Volksfest, im Vorfeld verteilt die Gemeinde Freimarken an die Menschen, die sich die Attraktionen finanziell nicht leisten können. Ismaning ist eben eine Gemeinde, in der viele Farben nebeneinander sichtbar sind und sich berühren.

Die Entwicklungen und Fortschritte, die Ismaning seit meiner Kindheit durchlaufen hat, empfinde ich alle als sehr positiv. Ismaning ist immer noch ein Dorf mit Herz und Blick für die Mitbürger. Mein größter Wunsch für die Gemeinde ist es, dass sich hier niemals irgendwelche Heuschrecken niederlassen, die das soziale Wesen dieser Kommune zerstören um des eigenen Profits willen.

Natürlich drängt sich manchmal bei mir die Frage auf, ob ich nicht hätte nach Ismaning ziehen sollen. Aber im Moment ist es gut so, wie es ist. Ich liebe es, die

Ismaning ist für Brigitte Hobmeier ein Ort zum Erden und Kraft tanken

Vorzüge der Metropole zu genießen und weiß dennoch immer, wo ich hingehöre. In Ismaning bin ich einfach nur „die Gitti" oder „d' Greiner Gitti" – dieser Spitzname geht auf Josef Greiner zurück, meinen Opa mütterlicherseits und den größten Lügner Ismanings, aber im freundlichen und positiven Sinne gemeint. Er hat immer alle Leute veräppelt, und mir wird nachgesagt, dass ich sein schauspielerisches Talent geerbt habe.

Ich glaube, die Gemeinde ist stolz auf mich und meinen Weg. Und wenn ich mal einen „Schmarrn" fabriziere, dann bekomme ich das sehr wohl auch zu hören. Dem einen oder anderen wäre es bestimmt lieber gewesen, ich hätte im klassischen München-Tatort mitgespielt und nicht bei dem Verrückten, dem „g'pinnerten" Ulrich Tukur, in seinem Murot-Tatort. Aber das ist auch schön, dass man sich übern Wirtshaustisch diese Frotzeleien auch zurufen kann und nicht alles immer so bitterernst nehmen muss.

Ismaning ist ein Ort, an dem mir die Tür nie zugesperrt wird, ich kann kommen und gehen. Der Duft der Heimat, das Lachen meiner Eltern und die vertrauten Gesichter der Nachbarn lassen mich bei meinen Besuchen innehalten und schätzen, woher ich komme.

> Ich brauche den festen, lehmigen, erdigen Boden, der hinter Ismaning beginnt, ich brauche den Geruch des Grases und der Wälder, wenn ich über die Landstraße fahre oder an den Isarauen bin.

Auch wenn ich mit mir hadere oder schwach werde, fahre ich nach Ismaning, spaziere durch das Dorf zu meinen Lieblingsorten oder besuche meine Eltern in ihrem gemütlichen gelben Haus, in dem bis vor ein paar Jahren der Laden meiner Mutter war und so viele Geschichten über Ismaning über den Ladentisch hinweg erzählt wurden. Gossip nennt man das heute – „an g'scheiden Ratsch" nennen wir Ismaninger das.

Der einmalige Spirit von Wartenberg

Nicht im pulsierenden Silicon Valley, sondern im idyllischen Wartenberg entfalten sich große Geschichten: Keine 6.000 Einwohner, eine Kirche im Zentrum, ein Fußballverein, das Erdinger Hügelland und viele Wiesen ringsum. Bodenständig würde man das wohl nennen. Bayrisch. Doch trotz ihrer vermeintlichen Gemächlichkeit bietet diese Umgebung den Nährboden für außergewöhnliche Entwicklungen. Hier entstehen Ideen, die Wellen schlagen.

Eine dieser Ideen hat ihren Ursprung im Ort gefunden, wurde beharrlich gepflegt, mit Herzblut und innerer Überzeugung gelebt. So ist aus ihr die Unternehmensgruppe „msg" erwachsen. Über 10.000 Mitarbeitende an mehr als 700 Standorten weltweit arbeiten heute für die Gruppe. Sie ist weltweit erfolgreich und zählt zu den bedeutendsten IT- und Beratungsunternehmen der Republik. Lokal fest verwurzelt ist sie dabei noch immer. Denn geführt wird msg nun bereits in der zweiten Generation – und das vom beschaulichen Wartenberg aus.

Rückblick. 1980. Johann Zehetmaier, auf den Fluren seiner Unternehmenszentrale in Ismaning von allen nur „Hans" genannt, macht gerade ein Praktikum bei IBM in München. Mit dabei: die Freunde Herbert Enzbrenner und Pius Pflügler. Dann geschieht, was man die Launen des Lebens nennt. IBM verhängt einen Einstellungsstopp, und die drei jungen Männer bekommen nicht die ersehnten Jobs. Aber sie erhalten Zuspruch. Ihr Praktikantenbetreuer ermutigt sie, den Schritt in die Selbstständigkeit zu wagen. Leidenschaftlich bei der Sache seien sie, den nötigen Mut zur Veränderung hätten sie. Was dann geschieht, ist Geschichte. Mit einer Schreibmaschine — Olympia Typenrad mit Korrekturband — beackert das Trio erste Aufträge, knüpft Kontakte in die Versicherungs- und Automobilbranche und wagt schließlich den großen Schritt: Den Weg zum Notar und damit zum eigenen Unternehmen. msg ist heute eine Gruppe mit Milliardenumsatz.

Die Entwicklung verläuft rasant. Die ersten Kunden heißen BMW und Allianz, nach zehn Jahren überschreitet der Unternehmensumsatz bereits die Zehn-Millionen-Marke. Übernahmen und Beteiligungen folgen. Eine entscheidende Partnerschaft mit SAP in den

Mediterraner Charme und inspirierende Atmosphäre im Palmenhof der Ismaninger Firmenzentrale

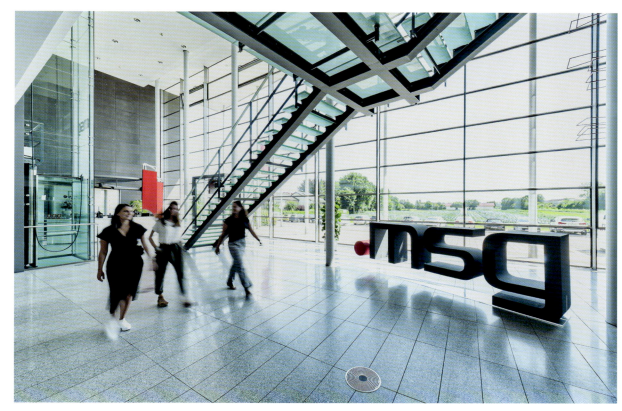

Herzstück der Zukunft: In Ismaning befassen sich die Mitarbeitenden mit der IT von morgen.

späten 90er-Jahren erweist sich als goldrichtig – msg zählt da bereits zum erlesenen Kreis der Top 25 IT- und Systemintegrationsunternehmen in Deutschland und steht kurz vor der Vertragsunterschrift mit dem tausendsten Mitarbeitenden. Die ersten 400 Beschäftigten hat Hans Zehetmaier übrigens persönlich eingestellt. Heute setzt knapp die Hälfte der DAX-40-Unternehmen auf die Produkte und Expertise aus Ismaning. Zudem Unternehmen wie Google, Amazon und viele andere namhafte Organisationen wie Versicherer, Banken, die öffentliche Hand oder die Automobilbranche: msg hilft inzwischen zwölf Branchen auf ihrer Reise in die digitale Zukunft – und gestaltet die Welt von morgen.

Diese Geschichte erstreckt sich nunmehr über 44 Jahre, die wie im Fluge vergangen sind. Die IT hat die Welt auf den Kopf gestellt und wird weiterhin unsere Zukunft gestalten. In erster Reihe dabei: ein großes Unternehmen, das an seinen Wurzeln festhält, verlässlich ist und Menschen in den Mittelpunkt stellt. „msg-Spirit", so nennt es Hans Zehetmaier. Es unterstützt lokale Sportvereine, ist familiengeführt, dadurch frei in seinen Entscheidungen und agil. Die drei Gründer sind Freunde geblieben – und seit 2023 führt Jürgen Zehetmaier, der Sohn von Hans Zehetmaier, die msg-Gruppe. Bodenständig. Von Wartenberg aus. msg-Spirit eben.

> Unser Erfolg beruht auf unserer Kultur. Wir waren immer zuverlässig und verbindlich und hatten den gemeinsamen Willen zur Innovation.

MSG SYSTEMS AG
Robert-Bürkle-Straße 1
85737 Ismaning

www.msg.group

Facettenreiche Leistungen für eine lebenswerte Umgebung

Vorstandsvorsitzender Norbert Suritsch

Von der Oper bis zum Rockkonzert, bei Flugzeugen, Schiffen und Automobilen, von umweltrelevanten Industrieanlagen bis hin zu Straßen und Bahntrassen – überall dort, wo es um die Bereiche Akustik, Bauphysik und Umweltschutz geht, zählt Müller-BBM zu den weltweit führenden Ansprechpartnern.

Das Unternehmen wurde 1962 von den renommierten Akustikern Helmut A. Müller, Prof. Dr. Lothar Cremer, Dr. Manfred Heckl, Dr. Ludwig Schreiber und dem amerikanischen Unternehmen Bolt Beranek Newman Inc. (BBN) als Müller-BBN GmbH gegründet. Doch die Anfänge reichen bis in die Nachkriegszeit zurück, als Prof. Dr. Lothar Cremer neben seiner Lehrtätigkeit an der Ludwig-Maximilians-Universität in München – Helmut A. Müller und Manfred Heckl waren zu dieser Zeit seine Studenten – von der amerikanischen Besatzungsmacht die Lizenz für den Betrieb eines „Akustischen Laboratoriums" erhielt. Nachdem Prof. Dr. Cremer einen Ruf an die Technische Universität Berlin erhielt, um das Institut für Technische Akustik aufzubauen, übernahm Helmut A. Müller 1958 das kleine Unternehmen und führte es bis 1962 unter eigenem Namen weiter.

Die Wirtschaftswunderjahre, aber vor allem der Einstieg von BBN, einem weltweit agierenden Akustik- und Softwareunternehmen, das den Internetvorläufer Arpanet konzipierte und das @-Zeichen in den E-Mail-Accounts erfand, waren die Basis für eine starke Expansion. Unkomplizierter amerikanischer Unternehmergeist paarte sich mit bajuwarischer Schaffenskraft, Müller-BBN gewann rasch eine ausgezeichnete Reputation in ganz Deutschland.

1972 verkaufte BBN seine Anteile, die in breiter Streuung von den damaligen Mitarbeitenden erworben wurden. Der Firmenname wurde in Müller-BBM geändert, die Grundsteine für das heute einzigartige Mitarbeitereigentümermodell waren gelegt. 1976 platzten die Büroräume in der Münchner Innenstadt aus allen Nähten, die Firma erwarb ein Grundstück in Planegg im Gewerbegebiet Steinkirchen und baute das erste Bürogebäude, das aufgrund des weiterhin starken Wachstums rasch erweitert werden musste. Nach und nach entstanden um die zu Ehren des Firmengründers umgewidmete Helmut-A.-Müller-Straße sieben Bauabschnitte, die sich zu einem eindrucksvollen Gebäudeensemble mit insgesamt 20.000 Quadratmetern Geschossfläche um eine gemeinsame Plaza zusammenfügen. Es bietet Platz für 500 Büroarbeitsplätze, Prüfstände, Labore und Werkstätten.

In ihren Anfängen beschäftigte sich das Unternehmen zunächst mit den schönen Klängen bei der Planung und raumakustischen Optimierung von Opernhäusern und Konzertsälen. Doch auch die Lärmbekämpfung wurde zu einem bedeutenden Teil des Leistungsspektrums: Die Schallemissionen von Industrie- und Gewerbeanlagen, Zügen, Schiffen sowie Verkehrswegen wurden durch Messungen ermittelt und anschließend Maßnahmen zu deren Minderung erarbeitet.

In den 1980er-Jahren integrierte Müller-BBM weitere Fachgebiete: Dank der hohen bauphysikalischen Kompetenz wurde Müller-BBM ein geschätzter Partner in der integralen Planung von Hochbauten. Parallel dazu deckte man mit dem sukzessiven Auf- und Ausbau des

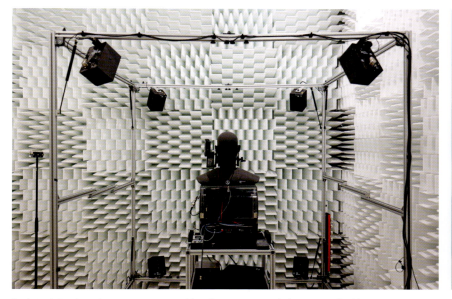

Technisch hochmodern ausgestattete Akustikräume ermöglichen spezielle Messungen

1976 zog das Unternehmen an seinen heutigen Sitz im Gewerbegebiet Steinkirchen

Fachgebiets Luftreinhaltung das gesamte Spektrum im Immissionsschutz von Messungen bis Sachverständigengutachten ab.

Nach der Wende wurde 1990 zunächst eine Niederlassung in Dresden gegründet, heute ist Müller-BBM alleine in Deutschland an 15 Standorten vertreten, weltweit sind es 30 Firmensitze mit insgesamt über 1.200 Mitarbeitenden. Insbesondere die Geschäftsbereiche Produkte und Anlagenbau, die aus den klassischen Ingenieurdienstleistungen hervorgingen, sind global vertreten. In den USA, Frankreich, China, Korea, Schweden und in den Niederlanden werden Hightechprodukte vor allem im Automotivesektor vertrieben, in Fertigungsstätten in Deutschland, Indien, USA und Mexiko werden Schallschutzkomponenten insbesondere für Kraftwerke und Prozessanlagen in der chemischen Industrie konzipiert und produziert.

Müller-BBM hat also im Laufe der vergangenen Jahrzehnte eine herausragende Entwicklung genommen. Die Erschließung neuer Themenfelder und die stetig wachsende Anzahl der Mitarbeitenden – all dies war möglich durch eine intelligente, auf Diversifizierung setzende Unternehmensstrategie in Verbindung mit der besonders hohen Identifikation der Mitarbeiterinnen und Mitarbeiter mit ihrem Unternehmen. „Ihr Unternehmen" ist wörtlich zu nehmen, schließlich halten 800 aktive und ehemalige Mitarbeitende die Aktien der Müller-BBM AG. Aus den fünf weitsichtigen Gründerpersönlichkeiten wurden also inzwischen Hunderte, die das Unternehmen mittragen. Das erhöht die Identifikation der Beschäftigten mit ihrem Arbeitgeber und damit auch die Motivation und letztlich die Qualität der erbrachten Leistungen.

> Überall dort, wo es um die Bereiche Akustik, Bauphysik und Umweltschutz geht, zählt Müller-BBM zu den weltweit führenden Ansprechpartnern.

Für die Zukunft ist Müller-BBM bestens gerüstet, denn die facettenreichen Geschäftsfelder beschäftigen sich allesamt mit hochaktuellen Zukunftsfragen und den damit verbundenen gesellschaftlichen und technologischen Herausforderungen. Seien es die Energiewende, Umweltschutz und Nachhaltigkeit im Bauwesen, die Mobilität der Zukunft, Trends zu multifunktionalen Veranstaltungskonzepten oder immer komplexere Produkte in der Kommunikationstechnologie – Müller-BBM bietet für all diese Themen maßgeschneiderte Lösungen.

MÜLLER-BBM AG
Helmut-A.-Müller-Straße 1 - 5
82152 Planegg

www.mbbm.com

Wir leben und arbeiten dort, wo andere Urlaub machen

Angela Inselkammer

geb. 1958 in München, verh. mit Franz Inselkammer, drei Kinder, elf Enkel | 1977 Eintritt ins Unternehmen | 1995 Gesellenprüfung Hotelfachfrau | 2001 Übernahme Geschäftsleitung | 2006 Mitglied im Stiftungsrat der Kreissparkasse für den LK München | 2010 Vorsitzende Förderverein für Aus-und Weiterbildung im bay. Gastgewerbe | 2013 Vizepräsidentin Tourismus Oberbayern München e.V. | 2016 Präsidentin DEHOGA Bayern e. V. | 2018 Auszeichnung mit dem Bay. Verdienstorden

Wir zwei – wir lieben unsere bayerische Heimat und fühlen uns hier im Landkreis München zu Hause. Wir spüren eine tiefe Verbundenheit und eine starke Verwurzelung, ganz besonders zu unserem Ort Aying. 1977 haben wir hier geheiratet und Angela zog aus Höhenkirchen-Siegertsbrunn nach Aying. 18 und 40 Jahre alt waren wir seinerzeit. Seither verbringen wir unser Leben miteinander. Wir tragen unser Unternehmen zusammen, haben die gleichen Werte, Vorstellungen, Ziele und können alles bereden.

Unser Unternehmertum leben wir mit viel Gefühl für Tradition und Professionalität. Eine Heimat – das soll Aying nicht nur für uns sein, sondern auch für unsere Gäste und Mitarbeitenden in unserer Brauerei, unserem Gasthof mit Bräustüberl und unserem Hotel. Die Ausflüge zu uns nach Aying sollen sich immer wieder lohnen. Wir machen die Besonderheiten der Region erlebbar und erzählen die Geschichten dazu. Das schafft Glaubwürdigkeit.

Dass unsere Brauerei und der Brauereigasthof so gut zusammenwirken, ist das Ergebnis von viel persönlichem Einsatz Tag für Tag. In unserem regionalen Konzept, das wir seit jeher pflegen, sind die Produzenten aus der Umgebung von Aying elementar wichtig. Kaum zu glauben, dass es Zeiten gab, in denen das Bier vom Ort nicht angesehen war und stattdessen Biere aus dem Norden gefragt waren. Dieser Trend hat sich zum Glück gedreht, die Wertschätzung für das regionale bayerische Bier ist der Megatrend und hält ungebrochen an.

Der Neubau der Brauerei am Ortsrand von Aying 1999 war eine der wichtigsten Entscheidungen unserer Unternehmergeschichte: Eine mittelgroße Privatbrauerei in Bayern neu zu bauen, war außergewöhnlich und mutig. Das damals schon nachhaltige, regionale Konzept hat sich vollumfänglich bewährt und entspricht unserem Verantwortungsgefühl für unsere Heimat. Zahlreiche Besucher besichtigen unsere Brauerei und erfreuen sich nicht nur der hervorragenden Qualität unserer Biere, sondern erleben, mit wie viel Können, Aufwand und Leidenschaft hier gebraut wird.

Das Wesen eines Familienunternehmens ist, dass wir uns auch viel Zeit für die Pflege der Familie nehmen. So waren auch unsere drei Kinder Barbara, Ursula und Franz immer mit dabei. Das geht leichter, wenn Arbeits-

Angela und Franz Inselkammer spüren eine tiefe Verbundenheit zum Ort Aying

Franz Inselkammer Senior

geb. 1935 in München | 1960 - 1962 Studium Brauwissenschaft & Lehrabschluss als Brauer und Mälzer | 1962 Eintritt in das Familienunternehmen | 1966 - 2002 Mitglied im Gemeinderat von Aying | 1970 - 1986 Vorsitzender der Sportfreunde Aying e. V. | 1978 Eröffnung des Heimathaus „Der Sixthof" zum 100-jährigen Bestehen der Brauerei | 1999 Errichtung der Brauerei am Ortsrand Aying | 1986 - 1989 Präsident des Bayerischen Brauerbunds | 2002 Auszeichnung mit dem Bayerischen Verdienstorden | 2010 Ernennung zum Ehrenbürger der Gemeinde Aying

platz und Wohnort, so wie bei uns, ganz nah zusammenliegen. Wir haben es als großes Glück empfunden, dass sich Angela unseren drei Kindern zu Hause widmen konnte, bis unser jüngster Sohn zehn Jahre alt war. Erst danach hat sie sich aktiv in das Unternehmen eingebracht. Mittlerweile machen elf Enkel unser Glück komplett.

In einem Familienbetrieb ist auch die Förderung der jungen Menschen in der Region wichtig. Deshalb bieten wir zur Orientierung in unseren Betrieben Praktika an und pflegen Patenschaften mit verschiedenen Schulen. Im Laufe der Zeit haben wir rund 200 junge Menschen aus der Region ausgebildet. Aus diesem Kreis halten uns viele Mitarbeitende auch nach der Ausbildung die Treue.

Schließlich sind es die Menschen, die einen Landkreis prägen und lebenswert machen. Dazu zählen die Schützen, die ihren Schießstand im Bräustüberl haben, der Sportverein, dem Franz Inselkammer jahrelang vorgestanden hat, die Burschen, die alle fünf Jahre den Maibaum auf dem Dorfplatz aufstellen und viele weitere aktive Vereine, die mit uns verbunden sind oder die Stammtische, die im Bräustüberl zusammenkommen. Obwohl wir gleich neben unserem Gasthof und Hotel wohnen, haben wir die Möglichkeit, uns zurückzuziehen. Richtig weit weg vom Geschehen sind wir trotzdem nie. Wir sind gerne vor Ort und selten im Urlaub – und wenn, dann auch nur wenige Tage.

> Eine Heimat – das soll Aying nicht nur für uns sein, sondern auch für unsere Gäste und Mitarbeitenden in unserer Brauerei, unserem Gasthof mit Bräustüberl und unserem Hotel.

Über die Jahre haben wir so einige Auszeichnungen erhalten. Neben dem Bayerischen Verdienstorden für das Fördern der bayerischen Kultur ist Franz Ehrenbürger der Gemeinde Aying und Ehrenpräsident des Bayerischen Brauerbundes.

> Das Wesen eines Familienunternehmens ist, dass wir uns auch viel Zeit für die Pflege der Familie nehmen. So waren auch unsere drei Kinder Barbara, Ursula und Franz immer mit dabei.

Angela ist schon seit 2016 Präsidentin des Bayerischen Hotel- und Gaststättenverband DEHOGA e. V. und bekleidete davor Ehrenämter im Verband. Für ihr Wirken im Verband hat auch sie den Bayerischen Verdienstorden bekommen.

Zudem haben wir uns im Tennisclub, Elternbeirat, Vorstand des Sportvereins und Gemeinderat – hier war Franz 36 Jahre aktiv – engagiert. Diese Ehrenämter haben wir immer sehr genossen und gerne gemacht. Das Leben ist ein Geben und Nehmen: Wenn man nichts einbringt, kann man nichts erwarten. Wir glauben an ein menschliches Miteinander im Dorf, im Landkreis und der Region. Immer nach dem Motto „Leben und leben lassen".

Der Brauereigasthof Hotel Aying

Wunderschönes Ambiente im Restaurant des Brauereigasthofes

Internationale Kontakte und familiäre Herzlichkeit

Die Knackmaschine aus Arizona, die Geoden aufbricht, ist seit vielen Jahren eine Attraktion für junge Messebesucher. „Ich kann mich noch genau erinnern, wie beeindruckt ich als Kind war, wenn glitzernde Kristalle im Inneren der steinernen Kugeln zum Vorschein kamen", erzählt Christoph Keilmann. Der Oberhachinger veranstaltet jährlich Ende Oktober die Munich Show – Mineralientage München, die sein Vater vor 60 Jahren ins Leben rief. Heute ist sie die weltweit führende Fach- und Publikumsmesse für Mineralien, Fossilien, Edelsteine und Schmuck.

Was 1964 als Tauschbörse für eine Handvoll Hobbysammler in einem Münchner Bierkeller begann, ist heute die zweitgrößte Gastveranstaltung der Messe München: Jedes Jahr bringt die Munich Show – Mineralientage München über 1.100 internationale Aussteller und fast 40.000 Besucher in vier Messehallen zusammen. Die ersten beiden Tage sind für Fachbesucher reserviert. Am Wochenende lassen sich private Sammler und Familien von den Naturschätzen verzaubern.

Die Leidenschaft fürs Suchen und Finden sowie die Vermittlung von Wissen waren immer Teil der Firmenphilosophie. Christoph Keilmann ist damit aufgewachsen: Als Jugendlicher verbrachte er seine Sommerferien beim Graben nach Dinosaurierknochen in den Steinbrüchen von Wyoming in den USA. „Durch Kontakte zu den Pionieren und Experten für Paläontologie und Mineralogie in aller Welt hat mein Vater den noch jungen Markt mitgestaltet und geprägt", erklärt Keilmann. „Dadurch bekommen wir auch immer wieder spektakuläre Exponate für Sonderausstellungen: So konnten wir zum Beispiel 2009 acht der damals zehn bekannten original Archaeopteryxfossilien aus dem Altmühltal in einer Sonderausstellung gemeinsam präsentieren, 2016 zum ersten Mal in Europa ein original Skelett eines Tyrannosaurus Rex oder im vergangenen Jahr den größten Aquamarin der Welt zeigen."

Firmengründer Johannes Keilmann übergab 2007 die Geschäftsführung an seinen Sohn Christoph und setzt sich heute, mit 83 Jahren, für die Bewahrung bedeutsamer Kulturgüter ein. „Wir fühlen uns mit den Menschen und ihren Projekten auf der ganzen Welt verbunden und sind viel unterwegs", erklärt sein Sohn. Er trägt das Know-how der Familie über Naturschätze von

Christoph (li.) und Johannes Keilmann freuen sich über 1.100 Aussteller aus aller Welt

Die Farben- und Formenvielfalt verzaubert jährlich fast 40.000 Gäste

Die Besucher schätzen die außergewöhnlichen Ausstellungsobjekte

Oberhaching in die Welt. So ist er gefragter Geschäftspartner und Referent auf Tagungen. Als Initiator von weiteren Messen und Ausstellungen in Hongkong und den USA erschließt er neue Märkte.

Die Familien wohnen in Oberhaching, und aus den Firmenräumen blickt man direkt ins idyllische Gleißental. Die Jugend im Ort hat Christoph Keilmann geprägt: Bei einem Bauern durfte er handwerkliches Geschick in Form von Schweißen, Traktorfahren und Baumfällung lernen. „Wir sind naturbezogene Menschen und organisieren eine Messe für Naturprodukte. Wir schöpfen unsere Kraft aus unserer Umgebung", sagt er. Deshalb kehrte Christoph Keilmann nach dem Studium in Stuttgart und einem Intermezzo in München gerne in seinen Heimatort zurück, um die elterliche Firma zu übernehmen.

Die Münchner Mineralientage Fachmesse GmbH beschäftigt zehn feste Mitarbeiter. Auf der Messe selbst helfen jedes Jahr rund 200 Freie mit – teilweise seit Jahrzehnten. „Dadurch, dass wir viele Mitwirkende so lange kennen – genauso wie unsere Aussteller und Besucher – haben wir eine herzliche, familiäre Atmosphäre", freut sich der Geschäftsführer. Auf der Messe ist die komplette Lieferkette vertreten: Vom Strahler, der die Steine aus den Tiefen der Berge holt, über den Edelsteinschleifer und Händler bis hin zum Luxusschmucklabel. „Die Nachfrage ist groß – manche unserer Stände sind schon vor dem Start der Messe ausverkauft."

> Immer mehr Menschen interessieren sich für die Naturschätze, die die Erde hervorbringt. Bei uns auf der Messe sind alle Steine echt!

Alle Steine sind echt, und ein einzelnes Exemplar kann schon mal mehrere Millionen Euro kosten. Aber auch für junge Sammler gibt es ein breites Angebot an erschwinglichen Funden. Die Naturprodukte haben im Vergleich zu Briefmarken und Münzen in den letzten Jahrzehnten an Bedeutung gewonnen. Sie erreichen heute ein breiteres Publikum, da soziale Medien das Interesse junger Sammler wecken. Auf Instagram lassen sich die ästhetischen Sammlerstücke ins beste Licht rücken. „Unser Markt profitiert von der Digitalisierung", sagt Christoph Keilmann. „Gleichzeitig freuen sich die Menschen, wenn sie auf der Messe ein sinnliches Erlebnis haben – mit glitzernden Objekten in prächtigen Farben und Formen, von denen man viele in die Hand nehmen kann."

MÜNCHNER MINERALIEN-
TAGE FACHMESSE GMBH

Tisinstraße 7c
82041 Oberhaching

www.munichshow.de

Freude an Sang und Klang für alle Generationen

Carsten Reinberg, Leiter der Musikschule Ismaning, ist stolz auf das generationsübergreifende Portfolio seiner Einrichtung: „Mit unserem Angebot erreichen wir alle Altersklassen – vom Säugling auf dem Schoß seiner Mutter bis zur Hundertjährigen, die bei uns im Seniorenchor mitsingt." Der Pianist und Pädagoge verantwortet seit 22 Jahren die Leitung der Musikschule. Gemeinsam mit den rund 70 Mitarbeitenden kann er äußerst zufrieden mit der enormen Weiterentwicklung der Musikschule sein: Die heutigen 2.700 Schülerinnen und Schüler entsprechen rund 13 Prozent der Ortsbevölkerung. Das spiegelt die hohe Akzeptanz im Ort wider. Der bayernweite Durchschnitt, gemessen am Einzugsgebiet, für Musikschulen liegt bei nur 1,4 Prozent.

Wie sehr die Gemeinde Ismaning ihre Musikschule schätzt, zeigt sich an der finanziellen Förderung und den sehr schönen Räumlichkeiten. „Wir hatten das Privileg, dass man uns bei der Planung des Neubaus gefragt hat, wie wir uns eine moderne Musikschule vorstellen", erzählt Reinberg. Der beauftragte Architekt hat fast alle Wünsche bei der Planung des neuen Kultur- und Bildungszentrums Seidl-Mühle umgesetzt. Seit 2009 sind hier auch die Volkshochschule, die Gemeindebücherei und das Ismaninger Blasorchester untergebracht. Die Musikschule verfügt über einen Konzertsaal mit 200 Plätzen, einen Rhythmik- und Tanzsaal, einen großen Raum für musikalische Früherziehung sowie einen Saal für Chor- und Ensemblearbeit. Neben kleineren Räumen für Gruppen- und Einzelunterricht gibt es auch ein Tonstudio.

Die Arbeit der Musikschule beschränkt sich nicht auf die eigenen Räume: „Ein wichtiger Erfolgsfaktor ist, dass wir die Musik zu den Menschen bringen und nicht darauf warten, dass sie zu uns kommen", sagt Reinberg. Entscheidend ist eine enge Vernetzung mit den örtlichen Einrichtungen. So wird in neun Ismaninger Kindergärten musikalische Früherziehung angeboten. Die Kinder können Musik mit allen Sinnen erfahren – beim rhythmischen Bewegen, Tanzen, Singen und Spielen auf Orff-Instrumenten.

In Kooperation mit den örtlichen Grundschulen steht eine zusätzliche Stunde Musik im Stundenplan. Um unterschiedlichste Interessen zu wecken, können hierbei unter anderem verschiedene Instrumente ausprobiert werden. Für Jugendliche gibt es auch digitale Angebote: An der Mittelschule läuft etwa jedes Jahr

Kinder können Musik mit allen Sinnen erfahren und verschiedene Instrumente ausprobieren

das Projekt „Smart Music". In diesem Rahmen komponieren die Klassen zu einem Thema passende Songs mit einer speziellen Software.

Eine instrumentale und vokale Ausbildung kann im Grundschulalter oder später beginnen. Eine Altersgrenze gibt es nicht. Angeboten werden Einzel-, Zweier- oder Gruppenunterricht. Dank der Förderung durch die Gemeinde sind die Gebühren niedrig. Um niemanden auszuschließen, ist auch eine Sozialermäßigung möglich. Talente werden gefördert, und es gibt immer wieder Schülerinnen und Schüler, die sich für eine berufliche Laufbahn in der Musik entscheiden – in der Pädagogik, Therapie oder Kulturszene.

> Ein wichtiger Erfolgsfaktor ist, dass wir die Musik zu den Menschen bringen und nicht darauf warten, dass sie zu uns in die Musikschule kommen.

Das Hauptziel der Musikschule besteht allerdings darin, die Begeisterung für Musik in der breiten Bevölkerung zu wecken. „Damit bringen wir Menschen zusammen und schaffen Verbindungen, aus denen in jedem Alter neue Freundschaften erwachsen können", freut sich Reinberg.

Mit 25 Ensembles bietet die Musikschule Zusammenspiel für jeden Geschmack: vom Schulorchester über eine Big Band und Musiktheaterklassen bis hin zu einer Veeh-Harfen-Gruppe für die Generation 60 plus. Diese einfachen Harfen lassen sich ohne Notenkenntnisse sofort spielen – auch mit nur einer Hand oder einem Finger. Seit sieben Jahren besteht außerdem eine Zusammenarbeit mit einer offenen Behindertenarbeit in München. Menschen mit und ohne Behinderung musizieren gemeinsam und geben Konzerte. Dieses Engagement wurde 2022 mit dem „Inklusionspreis des Bezirks Oberbayern" ausgezeichnet.

Interaktives Musizieren mit Seniorinnen und Senioren findet stationär im Seniorenheim und in den Tagespflegeeinrichtungen statt. Es beinhaltet Singen, einfache Instrumente und haptische Erfahrungen – wie beispielsweise das Spüren von Kastanien, die dann in einer Trommel lautmalerisch bewegt werden. Davon profitieren auch Demenz- oder Schlaganfallerkrankte. Es ist wissenschaftlich dokumentiert, dass Musik auch im Alter nachhaltige Wirkungen haben kann.

Die Musikschule Ismaning erreicht mit ihrem Angebot alle Altersklassen

MUSIKSCHULE ISMANING E. V.

Mühlenstraße 19
85737 Ismaning

www.musikschule-ismaning.de

Gräfelfing muss man einfach erleben!

Dr. Dirk Ippen

geb. 1940 in Rüdersdorf bei Berlin; verh.; drei Söhne, vier Enkelkinder | 1960 Abitur in Essen | Studium Rechtswissenschaften in Freiburg, Hamburg und Münster | 1963 erste jur. Staatsprüfung | 1967 zweite jur. Staatsprüfung und Promotion zum Dr. jur. | 1968 Eintritt ins vererbte Verlagsunternehmen Westfälischer Anzeiger, Hamm/Westfalen; 1972 - 1977 zugleich Chefredakteur | bis 1981 Ausbau zur Lokalzeitungsgruppe | 1982 - 2000 Geschäftsf. Gesellschafter Münchener Zeitungs-Verlag | Aufbau „Mediengruppe Münchener Merkur/tz" | 2002 Übernahme Dierichs Medien-Gruppe, Kassel, mit „Hessische Allgemeine" | 2000 Gründung der gemeinnützigen Ippen Stiftung für kulturelle und soziale Anliegen in den Erscheinungsorten der Zeitungen

Seit 1983 lebe ich mit meiner Familie in Gräfelfing. Längst ist vertraute Heimat geworden, was für den aus Westfalen Zugezogenen zuerst fremd war. Auch alte Freunde fragten: „Wieso? Ihr wolltet doch eigentlich nach München ziehen?"

Aber auch den neuen Bekannten – in München-Bogenhausen etwa – musste man erklären, warum man in einem Ort wohnt, der nach ihrer Meinung endlos weit vom „richtigen" München entfernt liegt. Bei eingefleischten Altbayern klang auch schon mal der Name „Preußelfing" an, was ja keine Schande ist, aber auch nicht besonders freundlich klingt. Ich tröstete mich einfach damit, dass es eine Gemeinde im Landkreis München ist, von der aus ich mein Büro am Münchner Hauptbahnhof in kürzester Zeit erreichen kann, mit dem Auto ebenso wie mit der S-Bahn.

Wie praktisch es ist, in Gräfelfing zu wohnen, zeigte sich auch an den kurzen Wegen unserer drei Kinder ins Gymnasium, in die Grundschule und in den Kindergarten. So entstanden auch schnell Kontakte zu „richtigen Gräfelfingern". Es dauerte nur einige Monate, bis meine Frau mir eines Abends erklärte: „Du kriegst mich hier nie wieder weg." Das habe ich erst einmal hingenommen – so wie ein Bauer einen Hagelschlag erträgt, der auch einmal vorübergeht.

Meine eigene Liebe zu Gräfelfing und zur Region entstand auf Fahrradausflügen mit der Familie an den Wochenenden. Es fing an der Würm an – zur Blutenburg und weiter nach Norden oder südlich durch das wunderschöne Würmtal nach Leutstetten. Ebenso entdeckten wir, dass man auch Andechs und den Ammersee leicht von Gräfelfing aus erreichen kann. Überhaupt erkundeten wir nach und nach den ganzen Münchner Westen. Das ging bis zu den historischen Wurzeln mit der römischen Villa in Gauting oder den Meilensteinen an der alten Römerstraße von Augsburg nach Salzburg.

Wer nach München zieht, der denkt, er lebe an der Isar. Aber wir haben es nie bereut, an der Würm zu leben. Sie ist weniger spektakulär als die Isarhochufer, in ihrer Bescheidenheit aber besonders liebenswert. Fast möchte man über die Würm sagen – frei nach Goethe: „Meine Ufer sind arm, doch höret die leisere Welle. Führt der Strom sie vorbei, manches ‚freundliche' Lied."

Dazu kommen die Wälder, ob Forst Kasten oder auch nur gleich hinter Planegg, dort wo das Augustinerkloster mit der schönen Kapelle Maria Eich steht.

So sehr uns die Natur auch eingenommen hat, von Anfang an, waren es aber bald die Menschen, die uns viel wichtiger wurden. Menschliche Beziehungen bedeuten doch immer noch mehr als die schönste Natur.

Und das – von wegen Preußelfing! – fing an mit dem urbayrischen Willy Heide, dem legendären Besitzer der Heide Volm in Planegg. Dazu war er auch Wiesnwirt mit dem Bräurosl-Zelt. In beiden Rollen war er unserer Zeitung, der tz, und auch dem Münchner Merkur sehr verbunden. Unsere Zeitungen berichteten jedes Jahr über seinen Gang zur Maria Eich-Kapelle mit einer großen Kerze, um für eine gesegnete Wiesn

Beliebtes Fotomotiv und Gräfelfinger Sehenswürdigkeit: das Mühlrad nahe der Kirche St. Johannes der Täufer

zu bitten. So wurde der äußerlich kleine, aber sehr gewandte Mann mit seinem legendären Gamsbart am Hut bald mehr als ein geschätzter Nachbar. Zu meinem ersten runden Geburtstag in der neuen Heimat wurde der ganze große Saal in der Heide Volm dekoriert. Es war ein rauschendes Fest, zu dessen Anfang Willy Heide die ganze Planegger Schützengarde aufmarschieren ließ.

Gräfelfing aber ist auch eine Gemeinde voller Menschen mit echten geistigen Interessen. Deswegen sagen wir Gräfelfinger unter uns auch schon einmal: „In Grünwald mag es schön sein, aber bei uns wohnt der Geist." Natürlich weht hier auch der Geist der Freiheit – im Angedenken an den Märtyrer Professor Kurt Huber. Gräfelfing ist auch die einzige Gemeinde in Bayern, die einen bis heute in seiner Heimat unvergessenen koreanischen Dichter einige Jahrzehnte beheimatet hat. Mirok Li ist auf dem Gräfelfinger Friedhof bestattet. Bis heute kommen Fernsehteams aus Korea fast einmal jährlich hierher, um die Stätte des Lebens dieses dichtenden Emigranten aufzusuchen. All das und noch viel mehr wird lebendig in den regelmäßigen Veranstaltungen der Literarischen Gesellschaft. Auch das ist eine Ur-Gräfelfinger Einrichtung.

Wer in Gräfelfing ein Haus bauen oder kaufen will, muss tiefe Taschen haben. Die schönen, großen Gartengrundstücke nebst Häusern, die die Gartenstadt ausmachen, haben natürlich ihren Preis. Wenn man das auch kritisch sehen kann, so ist doch jeder Gang ins Rathaus ein positives Erlebnis. Auch hier überschaubare Verhältnisse, keine Warteschlangen, freundliche Mitarbeiterinnen und Mitarbeiter, die Bürgerwünsche vom neuen Reisepass bis zur Bauauskunft erledigen.

Heimat ist, wo man nicht erklären muss, dass man da ist. Diese Heimat schenkt Gräfelfing seinen Mitbürgern in reichem Maße. Gräfelfing kann man nicht beschreiben. Man muss es erleben. Dann weiß man, warum es sich lohnt, hier zu leben.

> Meine eigene Liebe zu Gräfelfing und zur Region entstand auf Fahrradausflügen mit der Familie an den Wochenenden.

Das Bauchgefühl sprach eindeutig für Pullach

Bibi Johns

geb. 1929 in Arboga (Schweden) | Sängerin und Malerin | nach der Schulzeit Ausbildung in einer Stockholmer Kunstschule | Mitglied der Show-Gruppe „Vårat Gäng" | erste Schallplattenaufnahmen | Umzug nach New York | mit Bella Bimba erste deutsche Schallplattenaufnahme | in den 60er-Jahren als Partnerin von u. a. Peter Alexander, Harald Juhnke und Karl-Heinz Böhm Mitwirkung in mehreren Filmen | 1964 Umzug nach Pullach | Sängerin und Moderatorin in der Rolf Harris Show-Serie, BBC | 1971 Tournee mit Tom Jones | bis in die 80er-Jahre Gemäldeausstellungen, zahlreiche Fernsehauftritte und Rundfunkproduktionen | 2023 Autobiografie „Erstens kam es anders und zweitens als ich dachte", Reinhardt Verlag, Basel

Irgendein kluger Philosoph soll gesagt haben, dass es für jeden Menschen irgendwo auf der Welt einen Platz gäbe, wo er hingehöre und dass dies in den seltensten Fällen der Geburtsort sei.

Schon als kleines Kind wusste ich, dass ich eines Tages meine Heimat Schweden verlassen müsste. Warum und wozu war mir nicht bewusst, es war nur so ein Bauchgefühl, das mir oft in meinem Leben zu einem wichtigen Ratgeber wurde. Mein Traum war es, Sängerin zu werden, und durch sonderbare Zufälle durfte ich schon als Teenager in meiner Heimat meine ersten Schallplatten besingen. Da meine musikalischen Vorbilder amerikanische Sängerinnen waren, meinte mein kluges Bauchgefühl, ich müsste mich, um etwas lernen zu können, über den großen Teich begeben.

1951 wanderte ich als 22-Jährige ganz allein in die USA aus und konnte nach kurzer Zeit feststellen, dass ich zur richtigen Zeit am richtigen Ort war. Nach nur zwei Monaten hatte ich einen Schallplattenvertrag und durfte mit dem damals weltbekannten Hugo Winterhalter-Orchester meine ersten amerikanischen Schallplattenaufnahmen machen. In einem Fernsehwettbewerb für junge Künstler gewann ich 1.000 Dollar und beschloss, mir für dieses Geld ein Flugticket nach Schweden zu kaufen, um mit meinem Vater seinen 50. Geburtstag feiern zu können.

Wie schon Wilhelm Busch meinte: „Erstens kommt es anders ..." In Schweden traf ich zufällig einen deutschen Schallplattenproduzenten, der mich, nachdem er meine amerikanischen Aufnahmen gehört hatte, dazu überredete, nach Deutschland zu kommen. Mit dieser für mich so wichtigen Entscheidung half mir wie gewohnt mein Bauchgefühl, und ich ging im Herbst 1953 nach Deutschland, wo ich kam, sang und hängen blieb.

Durch die vielen interessanten Aufgaben, die jetzt auf mich zukamen, Filme, Fernsehen, Konzerte, etc., verschob ich immer mal wieder die geplante Rückreise in die USA und beschloss schließlich, in Deutschland zu bleiben. Zufällig hörte ich davon, dass in Pullach drei aus Schweden importierte Doppelhäuser gebaut werden sollten, was ich als einen Wink des Schicksals sah. In einem schwedischen Haus würde ich mich bestimmt sehr wohlfühlen, und so unterschrieb ich den Vertrag für eine dieser Doppelhaushälften. Seit März 1964 bin ich nun Pullacherin.

Zweimal nahm ich mir vor, mein Häuschen zu verkaufen, doch mein Schicksal sah zu, dass daraus nichts wurde. Nach Schallplattenaufnahmen und Mitwirkung in einer Show-Serie in England erhielt ich ein sehr verlockendes Angebot, nach London zu ziehen, um von dort aus als Sängerin weltweit arbeiten zu können. Bei einer so wichtigen Entscheidung ist eine gute Beratung notwendig. Für meinen besten Ratgeber, meinen Bauch, gab es keine andere Alternative, als in Pullach zu bleiben.

Als eine Art Pullacher Zeitzeugin habe ich in den letzten inzwischen sechs Jahrzehnten alle Veränderungen dieses gemütlichen Städtchens hautnah miterlebt. 500 Meter von meinem Haus gab es zum Beispiel, als ich hier einzog, eine kleine Tankstelle mit nur einer Zapfsäule, an der man beim Tanken bedient und auch die

Windschutzscheibe geputzt wurde, was zu jener Zeit selbstverständlich war. Lebensmittel und was man sonst zum Leben braucht, hat man in einem kleinen „Tante-Emma-Laden" gekauft. Inzwischen gibt es hier drei große Supermärkte mit großen Parkplätzen, wo man auch sein Auto volltanken kann, allerdings ohne Bedienung.

Sehr nette Erinnerungen an die Sechzigerjahre in Pullach sind für mich die Überraschungsbesuche der Pullacher Polizei. Abends, meistens an Samstagen, klingelten die Freunde und Helfer an meiner Tür und wollten nur wissen, ob alles in Ordnung sei. Nach einem netten Plaudern über das Wetter oder über die eine oder andere Fernsehsendung, die damals jeder gesehen hatte, bot ich oft den netten Polizisten ein Gläschen Cognac an, was dankend angenommen wurde.

In der Dr.-Carl-von-Linde-Straße in Höllriegelskreuth stand man damals oft in langen Staus vor den geschlossenen Schranken der S-Bahn. Da galt es, gute Nerven zu haben, wenn man zum Beispiel auf dem Weg zum Flughafen Riem war und seinen Flug nicht verpassen wollte. Inzwischen gibt es dort längst eine Unterführung, und der Verkehr kann ungehindert Richtung Grünwald fließen. Allerdings gibt es noch drei Bahnübergänge innerhalb des Ortes, was aber der Preis für unsere schnelle S-Bahn-Verbindung mit München ist.

Schon vor über zehn Jahren hatte ich die Möglichkeit, meine Heizung auf Geothermie umzustellen. Pullach geht mit der Zeit mit so vielen anderen praktischen und umweltfreundlichen Erneuerungen, was wir unserer sympathischen Bürgermeisterin, Frau Dr. Susanna Tausendfreund, zu verdanken haben.

Nicht neu dagegen ist die Pullacher „Nachbarschaftshilfe", die schon 1985 als private Initiative gegründet wurde. Freundliche Pullacherinnen und Pullacher stellen sich ehrenamtlich zur Verfügung, um ältere Menschen bei Arztbesuchen oder Einkäufen zu begleiten.

Pullach im Isartal: Die geliebte Heimat von Bibi Johns

Für mich als 95-Jährige ist dies etwas, wofür ich sehr dankbar bin. In dieser Gemeinde scheint es besonders viele freundliche Menschen zu geben. Über 60 Jahre so harmonisch mit meinen nächsten Nachbarn gelebt zu haben, ist für mich der Beweis dafür, dass es möglich ist, ohne Streitereien bestens miteinander auszukommen.

> In Schweden traf ich zufällig einen deutschen Schallplattenproduzenten, der mich, nachdem er meine amerikanischen Aufnahmen gehört hatte, dazu überredete, nach Deutschland zu kommen.

Es war ein langer, aber sehr interessanter Weg von einer schwedischen Kleinstadt bis zu dem Platz auf der Welt, an dem ich das Gefühl habe, hier hinzugehören. War es nur Zufall oder doch Fügung, dass es so kam? Ich weiß es nicht, bin aber sehr dankbar, dass ich mit gutem Gewissen sagen kann: Mein geliebtes Pullach ist meine endgültige Heimat, wo ich inzwischen so tief verwurzelt bin, dass eine Verpflanzung unmöglich wäre.

Gebäude, Labore und Büros auf Maß geschneidert

Die beiden Buchstaben mw stehen für Manfred Wander, den Gründer der mw büroplanung GmbH und Immobilienentwickler des Biotechnologiestandortes Planegg/Martinsried. 1974 gründete er als Selfmademan ein Handelsunternehmen, das auf Büromöbel und Bürotechnik spezialisiert war. Mit viel Gespür für Trends, Fleiß und den Anforderungen des Marktes ging es stetig bergauf. Ergebnis des Erfolgs war die Gründung der mw büroplanung GmbH im Jahr 1985. Die Eröffnung des Bürozentrums Martinsried (BZM) zwei Jahre später markiert einen weiteren großen Schritt in der Historie des Unternehmens. Im Bürozentrum in der Fraunhoferstraße 16 – der ersten eigenen Immobilie – präsentierte man fortan Bürokonzepte und Einrichtungslösungen aus einer Hand unter einem Dach.

Martinsried war einst winzig – noch im Jahr 1950 hatte das Dorf nur 50 Hausnummern. Als Keimzelle für die Entwicklung zum „Biotech-Valley" gilt das Max-Planck-Institut (MPI) für Biochemie, das 1973 auf einer Martinsrieder Wiese entstand und zum Brainpool erster Güte heranwuchs. In die Nachbarschaft des MPI für Biochemie zog in den 80er-Jahren die Ludwig-Maximilians-Universität (LMU) mit ihrem Zentrum für Genforschung. Mitte der 90er-Jahre entstand das IZB, ein Gründerzentrum, das jungen Firmen im Auftrag des Freistaates Laborräume vermietete. Ab 1999 siedelten sich auch die Fakultäten Pharmazie, Chemie und Biologie der LMU am Wissenschaftscampus an.

Das IZB bezeichnet sich als Hotspot für Start-ups aus dem Bereich „Life Science", in 60 ansässigen Firmen arbeiten mehr als 700 Menschen. Und genau da setzt Manfred Wander mit seinem Team an. „Den meisten dieser Start-ups wird der Platz irgendwann zu klein", erzählt er. „Wenn diese Unternehmen aus dem IZB herauswachsen, helfen wir ihnen mit größeren und für sie passend ausgestatteten Labor-, Büro- und Produktionsflächen in unseren Gewerbeimmobilien." Denn Manfred Wander ist nicht nur der Gründervater von mw büroplanung, sondern auch der Begründer

Das erfolgreiche Team der mw büroplanung GmbH

Das Unternehmen schafft moderne Arbeitswelten

Neubau eines Büro- und Laborgebäudes in Martinsried

der Immobiliendienstleister M² Hausverwaltung und Wander Immobilien – alles eigenständige Firmen, die rechtlich unabhängig voneinander agieren, aber ihre Kompetenzen in der Gruppe bündeln.

In der Branche hat sich die Firmengruppe mit Projektentwicklung- und Projektsteuerung, Vermietung, Hausverwaltung und Einrichtung im Würmtal, national und international einen Namen gemacht und gilt als erste Anlaufstelle für Unternehmen, die sich in der Region niederlassen möchten. Manfred Wander wird als profunder Kenner der Szene mit hervorragendem Netzwerk, Visionen und einer guten Portion Humor geschätzt. Mittlerweile ist auch sein Sohn Maximilian Wander in verschiedenen Gesellschaften der Firmengruppe unternehmerisch tätig und setzt die strategische Entwicklung in nächster Generation fort.

„Das Bauen von heute ist mit dem Bauen vor 30 oder 40 Jahren nicht mehr vergleichbar", sagt Manfred Wander. Heutzutage sind ökologisches Bauen, innovative Energietechnik und Nachhaltigkeit von höchster Bedeutung. Flächeneffizienz ist ebenso wichtig wie die durchgängige, konsequente Digitalisierung der Gebäudetechnik. „Das ist eine epochale Entwicklung", so Wander.

Dieser rasante Wandel ist nicht nur in Gebäuden, sondern auch in der Arbeitswelt angekommen und bringt neue Anforderungen an Büros und Arbeitsplätze mit sich. Bei der Konzeption und Umsetzung moderner Arbeitswelten steht die mw büroplanung GmbH unterstützend und kompetent zur Seite. „New Work, Digitalisierung oder hybrides Arbeiten sind Herausforderungen für unsere Kunden."

> Manfred Wander wird als profunder Kenner der Szene mit hervorragendem Netzwerk, Visionen und einer guten Portion Humor geschätzt.

Dabei geht es etwa um die Digital Natives und die Frage, wie für sie passende Raumkonzepte aus der virtuellen und der realen Welt vereinbart werden können. Oder um die Balance aus gut gestalteten Arbeitsbereichen und gemeinschaftlichen Kommunikationszonen. „Wir entwickeln für jede Anforderung individuelle Lösungen und unterstützen Firmen dabei, mit attraktiven Arbeitsplätzen und zeitgemäßen Bürokonzepten als Arbeitgeber mit Zukunft sichtbar zu werden."

MW BÜROPLANUNG GMBH
Semmelweisstraße 8
82152 Planegg/Steinkirchen

www.mwbueroplanung.de

Der vielseitige Durststiller für Südbayern

Wenn sich Walter Orterer ein Taxi bestellt, wird er an die Bekanntheit seines Unternehmens erinnert. „Sobald ich meinen Namen ausspreche, ob nun beim Arztbesuch oder beim Taxiruf, antworten die meisten: Ah, Orterer – wie der Getränkemarkt", erzählt er schmunzelnd. „Ich bin stolz darauf, dass die Menschen im Großraum München diesen Namen mit unserem Getränkemarkt verbinden." Walter Orterer ist der Geschäftsführer und Firmengründer der Orterer Getränkemärkte GmbH. 1975 legt er mit seinem ersten Getränkemarkt in der Paradiesstraße in München den Grundstein für die Unternehmensgruppe, die sich heute aus fünf Vertriebsschienen zusammensetzt.

„In der Region Stuttgart sind wir unter ‚Benz' bekannt – der Name steht seit jeher für Weinkompetenz. Bei der Übernahme der Märkte wäre es falsch gewesen, dort ein Orterer-Schild aufzuhängen." Auch die Vertriebslinien „sobi" im Großraum Augsburg, „Fränky" rund um Nürnberg und „Streb" mit sechzehn Märkten zwischen Bruchsal und Emmendingen sind rechtlich eigenständige, inhabergeführte Unternehmen, die zur Orterer Gruppe gehören. Insgesamt 178 Märkte laufen in der Unternehmensgruppe mit Sitz in Unterschleißheim zusammen, die zu den zwei größten Getränke-Einzelhändlern Deutschlands gehört. Unter dem Namen „Orterer" betreibt das Unternehmen 81 Filialen rund um München.

Alle Getränkemärkte von Orterer zeichnen sich durch ein breites Sortiment von über 1.800 Artikeln aus: namhafte Biere aus dem In- und Ausland, erlesene, selbst ausgewählte Weine, Sekt und Champagner sowie nationale und internationale Spirituosen. Limonaden mit unterschiedlichen Geschmacksrichtungen, hochqualitative Säfte, regionale und internationale Mineralwässer und Snacks. Die Kunden von Orterer schätzen darüber hinaus die großen Parkplätze, die schnellen Abläufe an den Kassen und die Leergutannahme durch Mitarbeiter.

„Viele Discounter oder Lebensmitteleinzelhändler setzen auf Einwegpfand und haben gar nicht die Flächen oder das Personal, um große Mengen an Leergut – vor allem am Wochenende – anzunehmen. Mit der Nutzung des Mehrwegpfandsystems tragen wir auch erheblich zum Umweltschutz bei", erklärt Walter Orterer.

Unter dem Namen „Orterer" betreibt das Unternehmen 81 Filialen rund um München

Die Unternehmenszentrale in Unterschleißheim

Um lange Transportwege zu vermeiden und regionale Strukturen zu stärken, setzt Orterer zudem auf Hersteller aus dem Umland. „Bier braucht Heimat – das heißt, wir leben speziell in München und Nürnberg von vielen kleinen Brauereien, die Bayern und das Brauchtum hochhalten. Das ist das Schöne am Landkreis: Die bayerische Tradition, die Natur, die urgemütlichen Biergärten und Seen."

Neben der Kulinarik und landschaftlichen Schönheit seiner Heimat begeistert Walter Orterer auch die Entwicklung des Landkreises München: „Wir haben vielseitige Initiativen und Bemühungen, um die Menschen im Landkreis anzusiedeln, Wohnraum und Verbindungen zu schaffen – ob nun mit der S- oder U-Bahn. Es ist einfach schön, in diesen Vororten zu wohnen, egal, in welche Richtung man im Landkreis blickt." Er schätzt auch den sehr hohen Freizeitwert und die vielen Veranstaltungen, die in den Gemeindehäusern der kleinen Städte und Dörfer angeboten werden. „Eigentlich muss man nur von einer Gemeinde zur nächsten fahren, es ist immer etwas los."

Auf vielen Events trifft man natürlich auch auf den Namen Orterer – ob nun in der ersten Reihe oder im Hintergrund. „Natürlich unterstützen wir auch bei unterschiedlichen Veranstaltungen – mal offiziell, mal inoffiziell. Wir möchten uns gerade im Bereich Sport und Politik neutral positionieren und uns weder auf die eine noch die andere Seite stellen. Aber wir haben immer ein offenes Ohr für die örtlichen Politiker und helfen dort, wo es notwendig ist." So auch im April 2023: Als die Wasserversorgung in Unterschleißheim für zwei Tage unterbrochen ist, wendet sich der Bürgermeister kurzerhand an Walter Orterer und bittet um die Bereitstellung von 120.000 Wasserflaschen für Seniorenheime, Schulen und Kindergärten. „Der Anruf kam mitten in der Nacht, und gleich am nächsten Morgen in der Früh konnte die freiwillige Feuerwehr die Wasserlieferung entgegennehmen", erinnert sich Walter Orterer. „Wir halten in unserem Lager immer genug Wasservorräte vor, um im Notfall die Versorgung tage- oder wochenweise sicherzustellen. Wir sind eben für unsere Kunden und die Menschen da."

> Ich bin stolz darauf, dass die Menschen im Großraum München diesen Namen mit unserem Getränkemarkt verbinden.

ORTERER GETRÄNKEMÄRKTE GMBH

Landshuter Straße 10
85716 Unterschleißheim

www.orterer.de

Entwicklung der Gemeinde mit Blick auf die Gesamthistorie

Rolf Katzendobler

geb. 1958 in München | 1970 Umzug nach Neukeferloh | 1980 - 1985 Architekturstudium, FH München | 1981 Ortschronist | 1985 Studienaufenthalt New York | 1985/86 Aufbaustudium Denkmalpflege, TU München | ab 1985 freiberufl. Architekt und Stadtplaner | 1986 Mitbegr. Omnibusclub München | 1993 Mitbegr. Harthauser Heimatkreis | 2003 Mitarbeit an Ausstellung „Keferloh – ein hochmittelalterlicher Ort"; Mitbegr. Förderverein St. Aegidius Keferloh | 2006 - 2011 Herausgabe der Bücher „Grasbrunn. Geschichte & Geschichten", „In Grasbrunn dahoam", „Rund um Neukeferloh" | 2012 Mitarbeit Ausstellungskatalog „Stadt-Land-Fluss", Landratsamt | seit 2017 Kreisdenkmalpfleger | 2022/23 Mitarbeit am Buch „Das Paulanerkloster in der Au"

Den Landkreis München kenne ich seit meiner frühesten Kindheit. In der Siedlung Neukeferloh, dem größten Grasbrunner Ortsteil, lebten damals überwiegend Heimatvertriebene aus den ehemaligen Ostgebieten – eine Folge des Zweiten Weltkrieges. Es handelte sich um sehr fleißige Menschen, die ihre Häuser selbst errichtet hatten. Zu erkennen waren die evangelischen Donauschwäbinnen an ihren schwarzen Kopftüchern.

Jegliche Infrastruktur fehlte. Lediglich die alte Schule an der Birkenstraße stand bereits. Die Bürger hatten das Schulhaus in ihrer spärlichen Freizeit 1952/53 selbst errichtet. Im Schulgang, hinter einem Vorhang, befand sich die Gemeindekanzlei. Mein Vater, ebenfalls freischaffender Architekt, reichte dort die Bauanträge ein. Die beiden Angestellten bearbeiteten das gesamte Spektrum, das eine Kommune abzudecken hatte. Gerade erst waren die letzten Straßen geteert worden. Vier Lebensmittelläden, ein Bäcker, zwei Metzgereien und eine Gaststätte sorgten für das leibliche Wohl. Abwechslung für die Jugendlichen bot lediglich die Fußballabteilung des TSV Grasbrunn.

Als wir unser Wohnhaus bezogen hatten, stellte sich die Situation schon weit besser dar: 1969 waren das für damalige Verhältnisse sehr großzügige Rathaus (viele Räume standen anfangs leer) und die Katholische Notkirche aus Holz entstanden. Der Städtische Bus E93 nach Steinhausen stellte seit 1967 die Verbindung in die „große Welt" nach München her.

Damals betraten die charismatischen sowie agilen Persönlichkeiten Wilhelm Dresel und Hans-Jürgen Bennert die Bühne. Sie initiierten den Kindergarten an der Birkenstraße, das Schulsportgelände und das Gymnasium Vaterstetten mit oder führten Großveranstaltungen wie das Volksradfahren und „Spiel ohne Grenzen" durch. Endlich rührte sich hier etwas!

1979 trat ich der Grasbrunner Feuerwehr bei. Rund 15 Jahre war ich als Schriftführer für den Verein tätig. Ich erlebte die Entwicklung zu einer schlagkräftigen Wehr, die auch zu überörtlichen Einsätzen gerufen wurde. Zuletzt bewiesen wir uns beim Katastropheneinsatz im September 2023 nach einem Hagelunwetter in Benediktbeuern.

Nach meinem Architekturstudium machte ich mich in Neukeferloh selbstständig. Für die Gemeinde durfte ich zahlreiche Objekte planen. Dafür bin ich sehr dankbar. Das Spektrum reichte vom Kinderhaus Harthausen (mit Helmut Scheidel), Bürgerhaus Grasbrunn, den Feuerwehrhäusern Harthausen und Neukeferloh bis zum Bushäuschen an der Gartenstraße. Ich bearbeitete mehrere Neubaugebiete, unter anderem den Treiber-, Schuster- und Eichenzaunweg und den Technopark II. In kürzester Zeit wurden damals die Projekte angepackt und umgesetzt – heute unvorstellbar. Es war eine sehr interessante und bewegte Zeit in Verbindung mit zahllosen durchgearbeiteten Nächten – über Jahre hinweg, immer im Wettlauf mit der Zeit!

Seit frühester Kindheit interessierte ich mich für Geschichte. Auslöser waren sicher die Erzählungen schlimmer Erlebnisse meines Vaters vom Russlandfeldzug bis in den Kaukasus. Schnell kam die Begeisterung an der Ortshistorie auf. Rund 40 Jahre studierte ich, mit

Das Schloss Schleißheim ist eine der herausragenden Kulturstätten im Landkreis München

Zehn Jahre dauerte die Restaurierung der romanischen Kirche St. Aegidius in Keferloh

Unterbrechungen, in den Lesesälen die Archivalien. Einen kleinen Teil meiner Erkenntnisse veröffentlichte ich als Ortschronist in drei Geschichtsbänden. Die Entwicklung unserer Gemeinde über all die Jahrhunderte, jeweils mit dem Blick auf die Gesamthistorie, fasziniert mich heute mehr denn je.

In den 1990er-Jahren hatte sich der bauliche Zustand der romanischen Kirche St. Aegidius in Keferloh weiter verschlechtert. Der Sakralbau war ab 1964 purifiziert worden. Die barocke Ausstattung, zusammen mit den gotischen Figuren, hatte in den Sechzigern vollständig weichen müssen. Ab 2003 engagierte ich mich beim Förderverein Kirche St. Aegidius Keferloh e. V. Nach zehn Jahren Restaurierung konnte der Bau wieder der Öffentlichkeit übergeben werden.

Mein Denkmalpflegestudium an der Technischen Universität München bei Professor Otto Meitinger – er hatte den Wiederaufbau der Münchner Residenz nach dem Krieg geleitet – kam mir zugute, als ich 2017 vom Landkreis München zum Kreisdenkmalpfleger berufen wurde. Seitdem lerne ich den Landkreis, seine Bewohner und natürlich die historischen Bauten immer besser kennen. Ich schätze die unterschiedlichen Strukturen: Der Norden präsentiert sich völlig anders als die Südgemeinden mit den zahllosen Baudenkmälern. Toll finde ich das vorbildliche MVV-Busliniennetz. Es bringt mich zu den meisten Ortsterminen und wieder sicher nach Hause. Kulturstätten wie die Schlösser Schleißheim und Ismaning, die Wallfahrtskirche Möschenfeld, die Burg Grünwald und das Benediktinerkloster Schäftlarn bilden die „Highlights" unseres Landkreises. Sie sind nicht wegzudenken.

> Rund 40 Jahre studierte ich, mit Unterbrechungen, in den Lesesälen die Archivalien. Einen kleinen Teil meiner Erkenntnisse veröffentlichte ich als Ortschronist in drei Geschichtsbänden.

Ein Wissen, das es nicht in Lehrbüchern gibt

Wer als Laie das erste Mal von der Firma ProPack Dichtungen und Packungen AG in Sauerlach hört, könnte durch den Firmennamen auf eine falsche Fährte gelockt werden. Das Unternehmen stellt nicht – wie es die Bezeichnung „ProPack" vermuten lässt – Kartonagen her, sondern sogenannte Stopfbuchspackungen. Das bedeutet in der täglichen Arbeit: Aus Garnen werden Schnüre geflochten, die später in Stopfbuchsen von Industrieaggregaten eingebaut werden, um sie abzudichten – ein Arbeitsvorgang, den man dann „verpacken" nennt.

(v. li.) Benedikt Wicklmayr mit Vater und Unternehmensgründer Peter Wicklmayr

Ein konkretes Beispiel nennt Benedikt Wicklmayr, technischer Berater im Unternehmen und Sohn des Unternehmensgründers Peter Wicklmayr: „Die Welle, die in einem Schiff für den Antrieb sorgt, läuft vom Motor zum Propeller – damit das Schiff durch die Öffnung im Rumpf nicht sinkt, muss diese mittels einer Stopfbuchse abgedichtet werden."

Neben der Schiffsbaubranche gehören unter anderem auch die Papier- und Zellstoffindustrie, die Lebensmittelindustrie oder der Bergbau zu den Kunden von ProPack – also Branchen, die zuverlässige Dichtungen benötigen. 40 Prozent der Ware wird exportiert, 60 Prozent sind Inlandsgeschäft. „Wir haben derzeit einen jährlichen Output von 70 Tonnen", sagt Benedikt Wicklmayr. Die gesamte Produktionsanlage umfasst 17 Flechtmaschinen. „Unsere Stärke ist unsere schnelle Reaktion auf Anfragen und die damit verbundene Lieferfähigkeit." Wen wundert es also, dass das Lager 20 Tonnen fertige Stopfbuchspackungen und 12 bis 15 Tonnen Rohmaterial umfasst.

Die angefertigten Schnüre werden kilo- oder meterweise auf Spule verkauft oder in der Ringpresserei als einbaufertige, vorverdichtete Dichtsätze weiterverarbeitet. Um diese Dichtsätze herzustellen, hält das Unternehmen einen Formenpark mit 1.500 verschiedenen Pressformen vor – von klein bis groß ist jede Größe und Anforderung vorrätig.

Seinen Maschinenpark zur Herstellung der Stopfbuchspackungen bezeichnet Benedikt Wicklmayr als einen der modernsten weltweit. Um eine Packung zu flechten, werden Garne auf eine Spule gebracht und verbunden

– im anschließenden Flechtvorgang entstehen Stopfbuchspackungen zwischen 3 und 100 mm Querschnitt. „Wir prüfen während der Fertigung kontinuierlich die Abmessungen und justieren, gestützt auf eine statistische Prozesskontrolle, in kürzester Eingriffszeit nach – sicher auch ein Punkt, der uns von unseren Marktbegleitern unterscheidet." Zum Schluss läuft das fertige Produkt noch durch den sogenannten Kalandervorgang: Er glättet die Oberflächen, kontrolliert die Maße und erhöht die Kompaktheit des Endprodukts.

Die reibungslose Produktion und Auftragsbearbeitung stellen natürlich auch die 23 Mitarbeiter am Standort Sauerlach sicher. Alle Kollegen in der Produktion sind Quereinsteiger und bringen handwerkliches Geschick und technisches Verständnis mit. Eine gesonderte Ausbildung gibt es nicht, viele von ihnen haben eine Lehre als Maschinenbauschlosser oder Feinmechaniker absolviert. Das benötigte Fachwissen wird innerhalb des Unternehmens weitergegeben: Rund zwei Jahre dauert es, bis ein Produktionsmitarbeiter eine Flechtmaschine alleine bedienen kann.

Seit 2014 ist Benedikt Wicklmayr im Unternehmen tätig, das 1989 von seinem Vater gegründet wurde. Peter Wicklmayr hat die Firma aufgebaut und ist noch heute im Vorstand aktiv. Für die Zukunft von ProPack haben Vater und Sohn einen gemeinsamen Wunsch: „Neue Flächen am Standort Sauerlach finden." Denn das Areal, auf dem das Unternehmen derzeit fertigt, ist zu klein. „Wir benötigen insgesamt 5.000 Quadratmeter Grund. Rund 2.500 Quadratmeter für die Fertigungs- und Lagerhalle, 300 Quadratmeter fallen für die Büroflächen an." Peter und Benedikt Wicklmayr möchten zudem bestimmte Umweltstandards erfüllen, und das lässt sich nur mit Platz umsetzen.

Auf Nachhaltigkeit, Umwelt- und ISO-Normen legt ProPack großen Wert – und folgt damit dem Vorbild

Das Unternehmen verfügt über 1.500 verschiedene Pressformen

des Dachkonzerns in Großbritannien. „Wir arbeiten in Sauerlach eigenständig, aber gehören einer weltweit agierenden Gruppe an", erklärt Benedikt Wicklmayr.

> Wir möchten der modernste und größte Flechter in Europa werden, dabei als Marke so weiter bestehen und mit unserer Produktion in Sauerlach bleiben.

„Das eröffnet uns viele Märkte, die ProPack allein nicht erreicht hätte." Der Geschäftsführer verfolgt eine klare Vision: „Wir möchten der modernste und größte Flechter in Europa werden, dabei als Marke so weiter bestehen und mit unserer Produktion in Sauerlach bleiben." Dafür hoffen Vater und Sohn auf die Unterstützung der Gemeinde, indem diese neue Gewerbeflächen ausweist.

PROPACK AG
Rudolf-Diesel-Ring 28
82054 Sauerlach

www.propack.ag

Familienunternehmen in bereits vierter Generation

Als der Firmengründer und Namensgeber des Unternehmens, Richard Anton, Anfang des vergangenen Jahrhunderts geschäftlich im damaligen Ceylon unterwegs war, war er von den dort lebenden Elefanten tief beeindruckt. Sie transportierten den Naturgrafit, mit dem die Erfolgsgeschichte der Richard Anton KG begann, in riesigen Holzfässern aus den Minen im Landesinneren bis in den Hafen von Colombo. Der Unternehmer war so angetan von den Dickhäutern, dass er sich entschloss, das Tier in sein Firmenwappen aufzunehmen. Steht es doch sinnbildlich für Kraft und Standfestigkeit. Noch heute ziert der Elefant die inzwischen weltweit vertriebenen Produkte der Richard Anton KG aus Gräfelfing. Das in vierter Generation geführte Familienunternehmen ist Spezialist für Kohlenstoffprodukte und einer der führenden Lieferanten von synthetischem Grafit, grafitiertem Koks sowie kalziniertem Petrolkoks und Anthrazit. Der Betrieb verarbeitet die in unterschiedlichsten Kornfraktionen hergestellten Granulate zu hochqualitativen Vorprodukten. Darüber hinaus hat sich das Unternehmen auf die Vermahlung bis in niedrigste µ-Bereiche spezialisiert. Ferner wird seit Jahrzehnten mit Roheisen in Masselform gehandelt.

Der Hauptsitz der Richard Anton KG ist in Gräfelfing bei München, produziert wird an zwei hochmodernen und voll automatisierten Produktionsstandorten in Obernzell bei Passau und in Mannheim, wo man über einen direkten Schiffsanschluss verfügt. Die Kunden des Unternehmens stammen aus der Gießerei- und Stahlindustrie, aus dem Bereich der Bremsbelag- und Schmierstoffhersteller sowie aus der chemischen Industrie. Das Unternehmen ist weltweit führender Lieferant von Kohlenstoffprodukten für die Aufkohlung. Hier dienen die Produkte zur Anreicherung des Kohlenstoffgehaltes im flüssigen Eisen. Außerdem ist die Richard Anton KG weltweit einer der größten Hersteller von synthetischem Grafit und Spezialkoksen für Bremsbeläge. Aus diesen Vorprodukten, die das Unternehmen aus Gräfelfing unter dem weltweit geschützten Markennamen RANCO vertreibt, werden mehr als 200 Millionen Scheibenbremsbeläge pro Jahr hergestellt.

Weitere Anwendungsgebiete sind unter anderem der Einsatz als Abdeckmittel in der Kupferschmelze, die Verwendung in der Pulvermetallurgie, in der

Der Haupteingang des Firmensitzes in Gräfelfing bei München

Das Produkt RANCO mit dem Elefanten als Markenzeichen

Florian (li.) und Richard Mader bilden in 3. und 4. Generation die Geschäftsführung der Richard Anton KG

chemischen Industrie sowie die Herstellung von Schmierstoffen, Fülldrähten und Schweißelektroden. Wie schon in den Gründerjahren kauft das Unternehmen die Rohstoffe weltweit selbst ein. In den Werken wird das Material einer genauesten Prüfung im eigenen Labor unterzogen. So kann die Richard Anton KG bis zum Ende der Lieferkette eine Topqualität garantieren. Auf Kundenwunsch übernimmt das Unternehmen auch die komplette Logistik.

Die Richard Anton KG hat sich eine fortlaufende Expansion der Produktbereiche und die stetige Weiterentwicklung und Qualitätsverbesserung, einhergehend mit kontinuierlicher Modernisierung auf die Fahne geschrieben. Für das Erreichen dieser Unternehmensziele steht heute Florian Mader, der in vierter Generation seit 2012 die Geschicke des Unternehmens lenkt.

Nach der Gründung im Jahr 1904 betrieb Richard Anton zunächst einen Importhandel von Naturgrafit aus Ceylon, dem heutigen Sri Lanka, nach Europa. 1927 wurde das Werk in Obernzell gekauft. Mit diesem Schritt erfolgte auch der Wandel vom reinen Handelshaus zum Produzenten. Im Jahr 1964 stieg Richard Mader, Ehemann der Enkelin des Firmengründers, Dorothea Anton, ins Unternehmen ein. 14 Jahre später wurde das neue Werk im Mannheimer Industriehafen gebaut. Florian Mader trat als Sohn von Richard und Dorothea Mader und somit als Mitglied der vierten Generation 2003 in das Unternehmen ein. Im Jahr 2012 wurde die neue Produktionsanlage in Obernzell errichtet, in den Jahren 2021 bis 2023 erfolgte die Erweiterung des Mannheimer Werkes. An den drei Standorten beschäftigt die Richard Anton KG rund 70 Mitarbeitende.

> Florian Mader trat als Sohn von Richard und Dorothea Mader und somit als Mitglied der vierten Generation 2003 in das Unternehmen ein.

Mit ihren Qualitätsansprüchen und dem Bestreben nach fortlaufender Modernisierung und Entwicklung ist die Richard Anton KG für die Zukunft bestens gerüstet. Kraft und Standhaftigkeit sind Bestandteile der Firmenphilosophie. So wie bei den Elefanten, denen Richard Anton vor knapp 120 Jahren begegnet ist. Und die stehen übrigens auch noch für ein weiteres Attribut: Die Dickhäuter sind ausgesprochene Familientiere.

RICHARD ANTON KG
Würmstraße 55
82166 Gräfelfing

www.richard-anton.de

Mit kleinen Gesten Großes bewegen

Isabell Klein

geb. 1984 in Oberschleißheim, verheiratet, zwei Kinder | ab den Minis TSV Schleißheim | 2003 TSV Ismaning | 2003 - 2007 HSG Bensheim/Auerbach | 2007 - 2016 Buxtehuder SV | 2016 - 2018 Nantes Loire Atlantique Handball | 2006 Vizeweltmeisterin im Beachhandball | 2006 Beachhandballeuropameisterin | 2008 - 2018 Spielerin der deutschen Frauennationalmannschaft | seit 2013 Fernsehkommentatorin für den Sender Sport1, Eurosport und Sportdeutschland TV | 2024 Botschafterin der Handball-EM in Deutschland

Oberschleißheim beschreiben wir am liebsten mit drei Schlagworten: Schlösser, Ruderregatta und Olympische Spiele 1972. Die Gemeinde ist recht klein, hat aber gleich drei Schlösser. Welche Kommune kann so etwas von sich behaupten? Die Schlossanlage rund um den Schlosspark gehört zu unseren absoluten Lieblingsplätzen – hier findet auch das Sommerfest des Landtags statt. Die Regierungsmaschinen landen dann auf unserem über 100 Jahre alten Flugplatz – früher haben wir immer gesagt: Da kommt die Merkel.

Ein weiterer Wohlfühlort sind der Regattasee und die Ruderregatta – so nennen die Einheimischen die Regattastrecke, die 1972 für die Olympischen Sommerspiele angelegt wurde. Wir verbinden mit beiden Orten viel sportliche Anstrengung. Als Profihandballspieler hat Dominik hier Runde um Runde Vorbereitungsläufe gedreht, um sich auf eine herausfordernde Handballsaison vorzubereiten. Heute lassen wir es entspannter angehen, spielen im nahe gelegenen Munich Beach Resort Beachhandball oder -volleyball, spüren den Sand unter den Füßen und genießen dieses Erholungsgefühl. Überhaupt freuen wir uns, wenn wir Unternehmungen in unmittelbarer Umgebung machen können. Zu gerne schnappen wir uns die Räder, packen die Kinder ein und fahren zum Eis essen an den Bürgerplatz.

Natürlich ist der Handballsport Dreh- und Angelpunkt in unserem Leben, er hat die Wahl unseres Lebensmittelpunkts jahrelang mitgestaltet. Wir sind beide in handballverrückten Familien aufgewachsen: Dominiks Mutter trainierte die Bambini beim TuSpo Obernburg, der Vater war der Vorsitzende des Vereins und später auch Dominiks Trainer, Dominiks Bruder Marcel und Schwester Christin haben sich gegenseitig trainiert – das Leben fand also in der Handballhalle statt. Isabells Mama begleitete als Trainerin die Jugend- und Herrenmannschaft des TSV Schleißheim und hat den Beachhandball in Schleißheim entscheidend mitgeprägt – eine Sparte, die bekanntlich sehr erfolgreich ist. Isabells Schwester Michaela leitete lange Zeit die Damenmannschaft des TSV Schleißheim an, ihr Bruder Christoph war als Spieler und Trainer aktiv, während Isabells Vater noch mit über 40 als Spieler den Weg zum Verein fand.

Wir haben uns 2001 beim Beachhandball in Ismaning kennengelernt und sind von da an auf unsere gemeinsame Reise gestartet. Dominik wohnte zu diesem Zeitpunkt im fränkischen Obernburg und spielte beim Zweitligisten TuSpo Obernburg – Isabell war in ihrem Geburtsort Oberschleißheim heimisch und spielte beim TSV Ismaning. Das heißt, wir sind direkt mit einer Fernbeziehung gestartet.

Auch als Isabell nach dem Abitur zum BWL-Studium nach Mannheim gezogen ist und dort beim Zweitligisten Bensheim/Auerbach spielte, rückten wir zumindest geographisch nicht näher zusammen. Unser Treffpunkt zu dieser Zeit: Oberschleißheim und das Elternhaus von Isabell. Dominik lernte die Familie, den Freundeskreis und die Region rund um Oberschleißheim und Ismaning kennen – und natürlich auch lieben. Der Bezug zu unseren Freunden und zur Familie, das soziale Netz, liegt uns beiden sehr am Herzen. Zu gerne erinnern wir uns an all die Erlebnisse und

Dominik Klein

geb. 1983 in Miltenberg, verheiratet, zwei Kinder | 2001/02 - 2005/06 TuSpo Obernburg (2. Bundesliga Süd) | 2002/03 TV Großwallstadt | 2003 Junioren-WM | 2003/04 - 2004/05 SG Wallau/Massenheim | 2005/06 TV Großwallstadt | 2006 - 2016 THW Kiel | 2007 Weltmeister | 2016 - 2018 HBC Nantes | 2015 Auszeichnung mit der Sportplakette des Landes Schleswig-Holstein | ab 2019 Geschäftsführer BHV Marketing GmbH | seit 2017 TV-Experte ARD Sportschau | 2007 Auszeichnung mit dem Silbernen Lorbeerblatt | 2024 Botschafter der Handball-EM in Deutschland

Bekanntschaften, die wir als junge Menschen in der Region erlebt haben.

Dennoch zog es uns zunächst in den Norden: Dominik spielte ab der Saison 2006/2007 für zehn Jahre beim THW Kiel, Isabell von 2007 bis 2016 beim Buxtehuder SV. Nach zwei gemeinsamen Jahren als Handballspielerpaar im französischen Nantes wurden wir aber schlussendlich in unserem Oberschleißheim sesshaft. Was wir hier schätzen, ist das Engagement im Ort. Die Gemeinde ist nicht wohlhabend, setzt sich aber sehr für das Wohl der Menschen ein, sei es mit Veranstaltungen oder sozialem Engagement. Auf dem Bürgerplatz organisiert die Gemeinde viele Veranstaltungen, und das Vereinsleben ist sehr stark ausgeprägt. Am Eröffnungstag des Frühlingsfestes präsentieren sich alle Vereine rund um Oberschleißheim bei einem festlichen Einzug – da geht einem das Herz auf, das bewegt und prägt auch die Kinder in der Gemeinde.

Die gegenseitige Unterstützung in Oberschleißheim ist groß. Die Gemeinde organisiert Aktionen für wohltätige Zwecke und greift den Menschen unter die Arme. So haben sich zum Beispiel im Rahmen einer Knochenmarkspende mehrere Hundert Leute für einen erkrankten Jungen typisieren lassen. Man braucht keine hohen Summen, um Großes zu erreichen. Dankbarkeit und Wertschätzung lassen sich mit kleinen Gesten ausdrücken. Diese Gemeinschaft erleben wir nicht nur in unserem Wohngebiet, sondern auch im Sportverein, in den tollen Familien und Charakteren in der Gemeinde selbst.

> Am Eröffnungstag des Frühlingsfestes präsentieren sich alle Vereine rund um Oberschleißheim bei einem festlichen Einzug – da geht einem das Herz auf, das bewegt und prägt auch die Kinder in der Gemeinde.

Das Schöne ist, dass auch unsere Familien rund um Oberschleißheim zu Hause sind. Wenn wir beruflich unterwegs oder auf Reisen sind, gibt es deshalb ein Ritual: Wir treffen uns als Erstes alle zusammen beim Griechen. Dann kommt die gesamte Familie zusammen, die Eltern und Geschwister, bei leckerem Zaziki und Gyros. Wir machen eine große Tafel auf, die Kinder können zusammen spielen und entspannt durchs Restaurant flitzen. Eigentlich ein eher untypischer bayerischer Ort, aber für uns ist der Grieche zu einer Art Wohnzimmer geworden.

> Diese Dankbarkeit schwebt über allem – und die möchten wir genauso weitergeben und weiterleben. Das gibt man eben auch an die Menschen und sein Umfeld ab.

Uns war es immer wichtig, am Boden zu bleiben. Wir sind wir, wir gehen nicht damit hausieren, dass wir einmal erfolgreiche Handballnationalspieler waren. Die Menschen im Ort behandeln uns andersherum auch ganz normal. Für uns ist es ebenso selbstverständlich, zu helfen, wo man kann. Als Eltern bringen wir uns im Kindergarten und der Schule genauso ein wie die anderen Eltern. So sind wir eben erzogen worden. Immer wenn uns jemand sagt, dass wir so „normal" sind, schicken wir ein gedankliches Lob an unsere Eltern und ihre Erziehung. Wir sind im Verein, in der Gemeinschaft aufgewachsen. Dominiks Vater hat in seinen Reden als Vereinsvorsitzender beispielsweise immer erst dem Hausmeister, dem Hallensprecher und den Wischerinnen gedankt, bevor er sich an den Trainer oder die Sponsoren gewandt hat. Diese Dankbarkeit schwebt über allem – und die möchten wir genauso weitergeben und weiterleben. Das gibt man eben auch an die Menschen und sein Umfeld ab.

Isabell engagiert sich bei dem Verein als Trainerin, in dem sie das Handballspielen angefangen hat: beim TSV Schleißheim. Dort trainiert sie nicht nur unseren ältesten Sohn, auch Isabells Mutter ist die Vorsitzende im Gesamtsportverein. Dominik hat dort die Bambini trainiert, ist Übungsleiter und nutzt jede Gelegenheit, um Kinder für Bewegung zu begeistern. Etwa mit Camps, Ferienbetreuungen oder der gemeinnützigen Organisation „Handballcampus München". Ein echtes Herzensprojekt, zusammen mit Christian Emrich, mit dem wir Vereine, Schulen und Kindergärten unterstützen und Kinder zwischen drei und zwölf Jahren durch wertschätzende und gewaltfreie Kommunikation zu sportlichen Aktivitäten motivieren möchten. Außerdem sind wir beide regelmäßige Blutspender, Dominik ist sogar Botschafter für den Blutspendedienst Bayern. Mit einem Mini-Piks kann man Bedeutendes bewirken.

Einfach mal machen und mit kleinen Gesten etwas Großes schaffen – das wünschen wir Oberschleißheim auch für die Zukunft. Aus der Gemeinschaft heraus kann viel Gutes entstehen, wenn man sich in seine Mitmenschen hineinversetzt und die Perspektiven wechselt.

Die Anlage rund um den Schlosspark gehört zu den Lieblingsplätzen von Isabell und Dominik Klein

In Unterschleißheim lagert tonnenweise Federleichtes

Geschäftsführer Daniel Schenavsky

Decken, Kissen, Schlafsäcke oder Daunenjacken: Die Federn und Daunen von ROHDEX gehören weltweit zum Alltag dazu. Als globaler Großhändler und Verarbeiter von Rohwaren hat sich das Familienunternehmen international einen Namen gemacht und beliefert Hersteller in ganz Europa, den USA und Asien.

Das weltweite Netzwerk und die globalen Marktkenntnisse verdankt das Unternehmen vor allem seinem Mut: „Federn? Die braucht hier keiner. Wie oft haben wir das als Antwort gehört?", erinnert sich Daniel Schenavsky, Geschäftsführer von ROHDEX. „Wir haben es uns nicht leicht gemacht und immer Märkte betreten, die kaum zugänglich waren. Das hatte wiederum den Vorteil, dass wir immer unter den Ersten am Markt waren und schlussendlich überzeugt haben. Echte Pionierarbeit eben." Mit dieser Kühnheit gelingt es dem Großvater Dezsö Langer, der das Unternehmen 1953 in der Allacher Mühle gründet, zu Zeiten des Eisernen Vorhangs Geschäftsbeziehungen mit Polen, Ungarn und China aufzubauen.

Im Jahr 1992 übergibt er die Geschäfte an seine Tochter Susanne Schenavsky, die wiederum nach der Wende die schwierigen Märkte in der Ukraine und Russland erschließt. Sie teilt sich heute mit Sohn Daniel die Geschäftsführung.

Mit über 70 Jahren Erfahrung steht das Familienunternehmen für Branchenkenntnis, Zuverlässigkeit und Qualität, die bei der sorgsamen Beschaffung der Rohware und damit der Erschließung von Beschaffungsmärkten und dem Aufbau von zuverlässigen Lieferketten anfängt. Hier wird unter anderem sehr viel Zeit in die Ausbildung der Lieferanten investiert, damit die Rohware auch in der Weiterverarbeitung die höchstmögliche Qualität entfalten kann. „Daunen und Federn sind ein reines Naturprodukt mit unverwechselbaren und unnachahmlichen Eigenschaften, die nicht auf künstlichem Wege erreicht werden können und einer fachgerechten Behandlung bedürfen", erklärt Daniel Schenavsky.

Die Daunen und Federn werden gewaschen, getrocknet, aufbereitet, gepresst und säckeweise in einem riesigen Lager aufbewahrt. Die Lagerkapazität bei ROHDEX beträgt rund 1.000 Tonnen – zum Vergleich: Eine mit Daunen gefüllte Ganzjahresdecke in Standardgröße enthält etwa 500 bis 700 Gramm. Hier lagern verschiedene Qualitäten unterschiedlichster Herkunft und stellen so die saisonal unabhängige Lieferfähigkeit sicher.

Jede Charge wird bei ROHDEX im hauseigenen Labor nach Qualitätsmerkmalen untersucht – etwa hinsichtlich des Reifegrads des Gefieders, Flockengröße, Bauschkraft und Elastizität. „Unsere Proben bewahren wir drei bis vier Jahre auf, um die Daunen und Federn exakt nachzuverfolgen. Etwa wenn ein Kunde eine Feder oder Daune nachkaufen möchte."

Die Rückverfolgbarkeit ist aber auch wichtig für den Tierschutz, der ROHDEX sehr am Herzen liegt. „Wir sind nach mehreren, auch international anerkannten Standards, zum Beispiel hinsichtlich Tierwohl, Rückverfolgbarkeit, unternehmerische Sozialverantwortung und Qualität zertifiziert und haben selbst an einigen

Jede Charge wird bei ROHDEX im hauseigenen Labor nach Qualitätsmerkmalen untersucht *Die Feder oder Daune ist ein nachhaltiges Produkt, langlebig und recycelbar*

Zertifikaten mitgearbeitet." In diesem Zusammenhang sind besonders die regelmäßigen Kontrollen und Audits hervorzuheben, die alle relevanten Themenbereiche abdecken und Federn sowie Daunen als nachhaltiges Naturprodukt im Markt stärken und für die Kunden transparenter machen.

Neben dem Tierwohl setzt sich das Unternehmen auch für Nachhaltigkeit ein: Eine eigene Fotovoltaikanlage stellt seit 2011 die eigenständige Energieversorgung sicher, und beim Waschen der Daunen und Federn bereitet ein Recyclingsystem das Wasser für erneute Nutzung auf. „Auch die Feder oder Daune an sich ist ein nachhaltiges Produkt. Sie entsteht als „Abfall"-Produkt der Fleischerzeugung, ist langlebig und recycelbar. Ausgediente Kissen und Decken können wieder aufbereitet werden und zum Beispiel als recycelte Daunen in Jacken wiederverwendet werden."

Auf Langfristigkeit ist auch die Führung des 27-köpfigen Teams ausgelegt. „Wir kennen unsere Mitarbeiter alle persönlich. Von manchen arbeitet bereits die zweite Generation mit, einige Beschäftigte kenne ich von Kindesbeinen an."

> Wir haben es uns nicht leicht gemacht und immer Märkte betreten, die kaum zugänglich waren. Das hatte wiederum den Vorteil, dass wir immer unter den Ersten am Markt waren und schlussendlich überzeugt haben.

Seit 1978 ist der Betrieb im Gewerbegebiet Unterschleißheim ansässig – auch hier war ROHDEX einer der Ersten: „Als wir gebaut haben, waren um uns herum nur grüne Wiesen. Unsere Mitarbeiter kommen zum größten Teil aus Unterschleißheim, einige aus dem benachbarten Haimhausen und Eching. Wir sind international ausgerichtet, aber als Arbeitgeber in der Region verwurzelt."

ROHDEX GMBH & CO. KG
Morsestraße 8
85716 Unterschleißheim

www.rohdex.com

Mit Herz, Hand und Verstand zum Schulabschluss

Frühmorgens hängt manchmal noch malerisch der Nebel über den Feldern am südöstlichen Ortsrand von Ismaning. Die Sonne geht auf hinter der prächtigen Allee mit 60 Jahre alten Pappeln, und bei schönem Wetter bietet sich ein herrlicher Ausblick auf die Alpen. Mitten im Grünen, am Kernbach, liegt die Rudolf-Steiner-Schule Ismaning.

Wenn man über das wunderschöne, voller Liebe und Hingabe gepflegte Schulgelände geht, mit dem Brunnen in der Mitte des Amphitheaters am Pausenhof, den unzähligen Pflanzen, dem Schulgarten mit Teich und Bachlauf, dem großen Hügel neben dem „Zwergenwäldchen", der das Zuhause der Schulhühner ist, kann man sich nur mit sehr viel Fantasie vorstellen, dass sich an dieser Stelle vor 25 Jahren noch Ackerland befand.

Im Juni 2002 bezog die Waldorfschule das 3,6 Hektar große Gelände – ein entscheidender Meilenstein der langen Gründungszeit: Ein Schuldorf im Dorf. Die Geschichte der Schule ist geprägt von einer unermüdlichen Elterninitiative, die im April 1986 ihren Anfang nahm. Dem Eindruck der Reaktorkatastrophe in Tschernobyl wollten die Eltern aufbauende Lebenskräfte entgegensetzen. Nach intensiven Jahren der Improvisation und Diskussion nahm die Schule hier in Ismaning dann ihre äußere Gestalt an: Im Bürgersaal der Gemeinde fand im Oktober 1991 die öffentliche Gründungsfeier statt.

Der damalige Bürgermeister Michael Sedlmair erklärte, es sei schön, dass die stürmische Entwicklung die Schule nunmehr nach Ismaning gebracht habe. Er fasste seine Gedanken in das Bild einer Pflanze, bei der man es mit Werden, Wachsen und Gedeihen zu tun habe, und versicherte, der Ismaninger Boden sei fruchtbar. Seine Einschätzung bewahrheitete sich, und bis heute ist die Zusammenarbeit von Schule und Gemeinde äußerst vertrauensvoll und von gegenseitiger Wertschätzung geprägt. Dank der Unterstützung durch Bürgermeister, Räte und Verwaltung, im Großen und alltäglichen Kleinen, konnte die Waldorfschule Ismaning in der vergangenen Jahren kräftig wachsen und gedeihen. Heute besucht schon die zweite Generation die Schule, und viele Mütter und Väter freuen sich, dass sie in dieser neuen Rolle noch einmal Teil dieser besonderen Schule sein dürfen.

Die enge Verbundenheit mit Ismaning prägt nicht nur die Geschichte, sondern auch den heutigen Schulalltag. So ist eine Besonderheit der Schule der große Festsaal mit aufwändig ausgestatteter Bühne, reichhaltigem

Der Schulgarten mit Teich und Bachlauf auf dem liebevoll gestalteten Schulgelände

Rund 400 Schülerinnen und Schüler besuchen die Rudolf-Steiner-Schule Ismaning

Kostümfundus und Orchesterinstrumentarium. Hier finden nicht nur die mit professioneller Hilfe vorbereiteten Theater- und Konzertaufführungen der Schulklassen statt, sondern auch andere, größere Gemeinschaften umfassende Ereignisse, wie ein mehrjährig organisiertes Schüler-Wirtschaftsforum, eine einwöchige Gesamtaufführung des Goetheschen Fausts mit Beteiligung von fünf weiteren Waldorfschulen oder ein international besetztes Eurythmie-Festival mitsamt Uraufführung eines schuleigenen Werkes. Genauso aber auch lokale Gastaufführungen der Ensembles der Ismaninger Musikschule und von Kammermusikensembles der Stadt München sowie andere kulturelle Highlights, zu denen die Öffentlichkeit herzlich eingeladen ist. Hierdurch wird die Schule nicht nur ein Ort der Bildung, sondern zugleich aktiver Bestandteil des Gemeindelebens.

Die Schule ist ebenso gerne zu Gast auf dem Ismaninger Christkindlmarkt und trägt mit ihrem Stand und dem Auftritt des Mittelstufenchores jedes Jahr zur festlich-vorweihnachtlichen Stimmung bei. Die Waldorfschule Ismaning steht allen Kindern und Jugendlichen offen – als Alternative zu den staatlichen Regelschulen. Der Lehrplan orientiert sich an den Entwicklungsphasen des Kindes und beruht auf den Methoden und Zielen der Waldorfpädagogik. Er fördert Kinder und Jugendliche in ihrer gesamten Persönlichkeit.

> Die Waldorfschule Ismaning steht allen Kindern und Jugendlichen offen – als Alternative zu den staatlichen Regelschulen.

Heute besuchen etwa 400 Schülerinnen und Schüler die Klassen 1-13 der staatlich genehmigten Schule. Sie führt über den eigenen Waldorfabschluss hinaus zur bayerischen Mittleren Reife und zum Abitur. Aufgrund ihrer Attraktivität erstreckt sich das Einzugsgebiet über den Landkreis München und die Stadt München bis hin nach Freising, Erding oder Ebersberg. Wer nicht zu Fuß oder mit dem Fahrrad kommen kann, erreicht die Schule mit Schulbussen, S-Bahn und Linienbussen.

RUDOLF-STEINER-SCHULE
ISMANING FREIE
WALDORFSCHULE E.G.

Dorfstraße 77
85737 Ismaning

www.waldorfschule-ismaning.de

Die ersten Versuche erinnern an schwangere Regenwürmer

Kathie Knuth

geb. 1954 in Port Huron, USA | 1961 Umzug nach München, im Anschluss schulische Ausbildung an der Flurschule, am St.-Anna-Gymnasium und Edith-Stein-Gymnasium München | 1974 - 1980 Studium und Promotion an der Ludwig-Maximilians-Universität im Fach Medizin | 1985 - 1995 wohnhaft in Unterhaching | 1995 Umzug nach Oberhaching | 1981 - 1983 Assistentin für Chirurgie, danach für Anästhesie | 1987 - 2017 Städtisches Krankenhaus München Harlaching | 1987 Fachärztin für Anästhesie | 1995 Spezielle Anästhesiologische Intensivmedizin | 1987 - 2009 Notärztin auf dem Rettungshubschrauber Christoph 1 | 1990 Fachkunde Rettungsdienst | seit 1993 leitende Notärztin | 2005 Ärztin für Notfallmedizin | 2017 Eintritt in den (Un-)Ruhestand

Vom Handspinnen habe ich zum ersten Mal als junge Frau in Österreich gehört. Eine Sennerin in Maria Alm hat mir das Handwerk gezeigt, und ich war wie elektrifiziert. Vor rund 30 Jahren bin ich dann in der Nachbargemeinde Taufkirchen auf einen VHS-Kurs zum Handspinnen gestoßen. Dort habe ich das Handwerk von Grund auf gelernt und meine Faszination für diese Handarbeit entwickelt. Damals war ich noch Ärztin im Krankenhaus und schätzte das Spinnen als Ruhepol zu meinem stressreichen Berufsalltag. Während des Handwerks komme ich ins Meditieren, kann meinen Gedanken nachhängen und den Kopf freimachen.

Aus dem VHS-Kurs hat sich dann nach und nach eine feste Gruppe entwickelt, die sich regelmäßig zunächst in Taufkirchen, dann in Oberhaching getroffen hat. In der Gemeinschaft ist das Spinnen sehr unterhaltsam und inspirierend, man tauscht sich zu verschiedenen Techniken aus, und es haben sich langjährige Freundschaften entwickelt. Heute treffen wir uns alle zwei Wochen in einem denkmalgeschützten Bauernhaus, das der Gemeinde gehört und von ihr renoviert wurde: das Wagnerhaus. Das dürfen wir großzügigerweise nutzen. Um der Gemeinde unsere Dankbarkeit und Verbundenheit auszudrücken, haben wir unsere Gruppe in „Hachinger Spinner" umbenannt.

Ich bin die erste Ansprechpartnerin für den Verein und möchte diesen kooperativ und kameradschaftlich gestalten. Denn eigentlich bin ich kein Vereinsmensch, habe aber als Rentnerin Zeit für die Organisation und kenne viele Menschen im Ort. Neue Gesichter sind immer herzlich willkommen. Die grundlegende Technik des Spinnens lässt sich an einem Abend erlernen. Bis aus den Fasern ein ansehnlicher Faden entsteht, braucht es allerdings einige Zeit. Die ersten Versuche erinnern an schwangere Regenwürmer. Die Koordination von Füßen und Händen und der Umgang mit dem Spinnrad ist anfangs etwas knifflig. Irgendwann macht es dann aber klick, und auf einmal verdreht man einen Faden, so wie man ihn haben will.

Das Handspinnen ist in den letzten Jahren wieder populär geworden, und es gibt viele lokale Spinngruppen. In diesem Zusammenhang erinnere ich mich zu gerne an eine Begegnung vor langer Zeit in meinem Garten. Ich saß mit meinem Spinnrad auf meiner Terrasse, als mich die betagte Mutter unseres Nachbarn entdeckte und entsetzt rief: „Ich glaube, ich spinne, da spinnt ja jemand!" Sie dachte zu diesem Zeitpunkt wirklich, sie sei die letzte lebende Spinnerin, da ihr der Austausch zu Gleichgesinnten fehlte. Die alte Dame ahnte nicht, dass es inzwischen wieder viele Spinnerinnen gab. Das alte Handwerk geht eine wunderbare Verbindung mit dem Zeitalter des Internets ein – mit einem Klick kann ich Gleichgesinnte kontaktieren, Wolle aus der ganzen Welt bestellen und anhand von YouTube-Videos von anderen Spinnern lernen.

Viele alte Handarbeitstechniken faszinieren mich immer wieder. Ich bin begeistert davon, wie kunstfertig die Menschen zum Beispiel in der Kelten- oder Bajuwarenzeit waren, um aus Tierhaar, etwa von Schafen, oder Pflanzenfasern Bekleidung oder wie die Wikinger ein Schiffsegel herzustellen. Aus einem Rohstoff ein schönes Kleidungsstück anzufertigen, ist für mich ein besonderes Gefühl. Dank des Handwerks bin ich in der

Lage, etwas Individuelles und Einmaliges für mich oder einen besonderen Mitmenschen herzustellen.

Gleichzeitig macht es mich traurig, dass viele Menschen mit ihrer Zeit scheinbar nichts Produktives anzufangen wissen – wenn ich zum Beispiel mit der S-Bahn nach München fahre, nehme ich immer mein Strickzeug mit, um die Zeit wunderbar produktiv zu verbringen, während die meisten ihre Zeit mit ihren Smartphones „totschlagen". Oder ich stricke oder spinne abends bei einem Glaserl Wein auf der Couch in Gesellschaft meiner schnurrenden Katze Franzi – so erinnert mich jede selbst angefertigte Jacke oder jeder selbst gestrickte Pullover an einen besonderen Termin in der Stadt oder einen gemütlichen Abend zu Hause.

Durch die Spinnerei werden wir oft zu Veranstaltungen eingeladen, um dort das Handwerk zu demonstrieren. Unser jährliches Oberhachinger Straßenfest, das Erntedankfest sowie unsere 1275-Jahr-Feier sind ein Highlight. Wir kommen mit unseren Spinnrädern aber auch an verschiedenste Orte im bayerischen Oberland, sogar bis in die Oberpfalz.

Übrigens habe ich seit 2017 noch ein zweites Hobby, nämlich das Veehharfe-Spielen. Ich bin Mitglied des Ensembles „Gleißentaler Veehharfen" – mit diesen Freundinnen darf ich viele schöne gemeinsame Stunden erleben.

Darüber hinaus engagiere ich mich gerne innerhalb der Gemeinde, zum Beispiel für die Nachbarschaftshilfe Oberhaching. Während der Flüchtlingskrise 2015 und der Coronazeit war ich für die Gemeinde tätig. So hatte ich die Gelegenheit, in Strukturen der Gemeinde und des Landkreises reinschnuppern zu dürfen. Der Landkreis scheint mir in Krisenzeiten gut aufgestellt, ich empfand ihn als sehr fürsorglich und auf das Wohl der Menschen ausgerichtet.

Das Zusammenspiel von Händen und Füßen braucht etwas Übung

In meiner Gemeinde Oberhaching fühle ich mich sehr wohl. Der hohe Freizeitwert rund um Oberhaching mit dem vielen Grün vor der Haustüre war schon zu meiner Zeit als Ärztin ein wunderbarer Ausgleich. Wir haben eine sehr nette Nachbarschaft, die aufeinander schaut und achtet. So wie man sich in der Gemeinde einbringt, so kommt es auch zurück – und das schätze ich sehr. Man wird mit offenen Armen empfangen, es ist längst nicht so anonym wie in der Stadt.

> Aus einem Rohstoff ein schönes Kleidungsstück anzufertigen, ist für mich ein besonderes Gefühl. Dank des Handwerks bin ich in der Lage, etwas Individuelles und Einmaliges für mich oder einen besonderen Mitmenschen herzustellen.

Zudem habe ich von der ärztlichen Versorgung bis zu verschiedenen Einkaufsmöglichkeiten alles in greifbarer Nähe. Und wenn ich doch etwas außer der Reihe brauche, liegen die Nachbargemeinden und München vor der Haustür. Dass sehr vieles gut mit dem Fahrrad erreichbar ist, ist ein riesengroßer Vorteil. In und um Oberhaching habe ich mehrere Lieblingsorte, mal ganz abgesehen von meinem kleinen, vom Landesbund für Vogelschutz ausgezeichneten „vogelfreundlichen Garten".

> Der hohe Freizeitwert rund um Oberhaching mit dem vielen Grün vor der Haustüre war schon zu meiner Zeit als Ärztin ein wunderbarer Ausgleich.

Ganz vorne dabei ist natürlich unsere grüne Umgebung mit dem Perlacher Forst sowie die grünen Idyllen im Ort, wie das wunderbare Gleißental mit dem Hachinger Bach und dem Augarten. Der Deininger Weiher, ein Moorsee, liegt ein gutes Stück Gleißental-aufwärts und ist ideal zum Schwimmen. Gut fürs Fernweh ist die herrliche Aussicht von der Ludwigshöhe an der südlichen Landkreisgrenze: Die Schönheit der Alpenkette lässt mich immer wieder staunen.

Wer sich im Landkreis umsehen möchte, dem empfehle ich die verschiedenen Heimatmuseen in der Region: Zu erfahren, wie unsere Altvorderen gelebt und gearbeitet haben, ist der beste Geschichtsunterricht. Da ist natürlich als Erstes unser Wagnerhaus in Oberhaching zu nennen, eine Bauernsölde aus dem 18. Jahrhundert. Aber auch die Museen in Arget, Unterhaching, Aschheim und der wunderbare Bajuwarenhof in Kirchheim sind sehenswert, und das sind noch lange nicht alle. Die vielen örtlichen Feste im Jahresverlauf halten einen ganz schön auf Trab, wie viele engagierte Menschen es doch gibt! Immer wieder gerne besuche ich die Veranstaltungen unseres Kulturamtes: Konzerte, Lesungen, Kino und nicht zuletzt Kabarett. Fazit: Hier gibt es keine Zeit für Langeweile.

Auch der Besuch unserer örtlichen Lokale ist immer wieder lohnenswert. Eine absolute Institution ist natürlich der Kandlerwirt, der unter anderem der Drehort des Films „Wer früher stirbt, ist länger tot" war. Fußläufig für mich erreichbar ist der traditionelle Biergarten Kugler Alm, das ist manchmal ganz schön praktisch ...

Die Heimat der Hachinger Spinner: das Wagnerhaus

Gemeinsames Spinnen macht Freude und inspiriert

Schweres heben. Großes bewegen. Zukunft gestalten.

Geschäftsführer Werner Schmidbauer bringt auf den Punkt, was sein Unternehmen auszeichnet. „Wir heben Faszination – und haben das Privileg, uns mit überaus anspruchsvollen Projekten und Aufgabenstellungen beschäftigen zu dürfen." Die weltweit agierende Schmidbauer GmbH & Co. KG mit Sitz in Gräfelfing ist Synonym für mobile Krane und Spezialtransporte.

Es sind überdimensionale Güter, die für Schmidbauer alltägliche Normalität bedeuten. So baut das Unternehmen gegenwärtig viele Windkraftanlagen auf. „Nachhaltigkeit nimmt eine echte Schlüsselrolle in unserer Unternehmensstrategie ein. Nicht zuletzt durch unsere Arbeit wird die Energiewende erst möglich gemacht", erläutert Werner Schmidbauer. Riesige Krane hieven die gewaltigen Komponenten von Windrädern an teils entlegensten Standorten.

Auch beim Bau des Südost-Links – eine der neuen Stromtrassen, die CO_2-neutralen Windstrom vom Norden Deutschlands nach Bayern bringt – spielt Schmidbauer eine tragende Rolle: Für große Bauteile und Geräte, die übers Wasser transportiert werden, übernimmt das Unternehmen die Logistik in den Donauhäfen in Regensburg und Kelheim.

„Wir sind ein Familienunternehmen, inzwischen schon in der dritten Generation", so Werner Schmidbauer. 1932 wurde der Kranverleih von seinem Großvater in der Münchner Innenstadt gegründet, 1972 folgte der Umzug nach Gräfelfing. Heute ist die Schmidbauer GmbH & Co. KG mit über 600 Mitarbeitenden an mehr als 30 Standorten in Europa vertreten.

Längst vermietet das Unternehmen nicht mehr nur Krane. Zwar geht ohne schweres und zugleich hochmodernes technisches Gerät nach wie vor kaum etwas, doch Schmidbauer ist inzwischen vor allem Dienstleister und auch Wissensvermittler. Bei komplizierten oder sehr großen Projekten ist es vor allem die Expertise in Sachen Transport und Logistik, die die Kunden überzeugt. In diesem Bereich zählt Schmidbauer zu den Marktführern in Europa.

„Wir arbeiten mit sehr viel Herzblut", betont Werner Schmidbauer. Sicheres Arbeiten und die Zufrieden-

Ein 700-Tonnen-Mobilkran kurz vor dem Einsatz

Werner Schmidbauer leitet das Familienunternehmen in dritter Generation

heit der Mitarbeitenden genießen im Unternehmen höchsten Stellenwert. Beim Logistikdienstleister aus Gräfelfing gibt es kaum Fluktuation. Neben Betriebswirten, Juristen und Handwerkern sind auch ungelernte Kräfte im Unternehmen tätig. Umso wichtiger sind dem Geschäftsführer die Aus- und Weiterbildung, die in der eigenen Schmidbauer-Akademie stattfinden.

Fast jeder kennt große und wichtige Projekte, die dank der Experten von Schmidbauer realisiert wurden: Die Münchner U-Bahn, die Flutlichtmasten im denkmalgeschützten Münchner Olympiastadion oder der Bau der Allianz Arena. Und auch für die Erneuerung von Brücken, vor allem in Ostdeutschland, hat Schmidbauer viele Tausend Tonnen Brückenteile transportiert.

Manche Einsätze gehen den Mitarbeitenden auch an die Nieren. Wenn es um die Bergung nach größeren Unfällen geht, wird Schmidbauer ebenfalls gerufen. So waren die Beschäftigten zum Beispiel nach dem Zugunglück in Burgrain bei Garmisch-Partenkirchen im Juni 2022 sofort vor Ort aktiv.

Genauso gibt es auch Arbeiten, die ein echtes Abenteuer darstellen. So baute Schmidbauer im Hafen von Marseille eine schwimmende Windkraftanlage. Der Premiumanbieter erhielt auch einen mehrjährigen Auftrag, eine Wetterstation zu errichten – und zwar in der Antarktis.

Dabei sind es nicht immer die großen, monumental wirkenden Arbeiten, die besonders herausfordernd sind, sondern manchmal auch die kleinen Aufträge.

> Nachhaltigkeit nimmt eine echte Schlüsselrolle in unserer Unternehmensstrategie ein. Nicht zuletzt durch unsere Arbeit wird die Energiewende erst möglich gemacht.

Etwa wenn eine Fertiggarage an ein Wohnhaus gesetzt werden soll. Das Gebiet ist dort womöglich dicht bebaut, und die Zufahrtsstraßen sind eng. Für solche Tätigkeiten kommt der kleine Schmidbauer-Kran zum Einsatz, der 30 bis 40 Tonnen heben kann. Am anderen Ende des Spektrums steht der Raupenkran mit einer Traglast von gewaltigen 1.350 Tonnen. Um ihn in Einzelteilen von einem Ort zum anderen zu bringen, benötigt das Unternehmen sage und schreibe 150 Lkw.

SCHMIDBAUER
GMBH & CO. KG

Seeholzenstraße 1
82166 Gräfelfing

www.schmidbauer-gruppe.de

Mein wunderschönes Gräfelfing, meine Heimat

Sonja Mayer

geb. 1946 in Planegg, verwitwet, eine Tochter | nach der Geburt zwei Tage in Planegg gelebt und seitdem wohnhaft in Gräfelfing | 1991 - 2002 Mitglied des Gemeinderats | 2000 - 2002 Dritte Bürgermeisterin von Gräfelfing und Nachfolgerin des unvergessenen Sigi Segl | 2000 - 2015 Sprecherin der Gräfelfinger Vereine | 2004 Gründung der sozialen Initiative „Zeit statt Geld" zur Begleitung der Bewohnerinnen und Bewohner des Seniorenheims St. Gisela | 2004 Mitbegründerin der Gräfelfinger Neujahrskonzerte | ab 2010 Mitglied im Stiftungsrat der Gemeindestiftung Gräfelfing | 2015 Auszeichnung mit der goldenen Bürgermedaille

In vielen Berichten wird das Hier und Heute thematisiert. Viel interessanter ist jedoch: Wie ist Gräfelfing so geworden, wie es heute ist? Vom Dorf zum elitären Wohnort, zur Gartenstadt.

Ich wurde glücklicherweise in eine Familie mit großem Namen hineingeboren. Viel Herz und soziales Engagement wurden mir in die Wiege gelegt. Alle meine Verwandten waren inmitten des alten Gräfelfing und Altlochham zu Hause. Hier sind meine Wurzeln.

Mein Urgroßvater Josef Huber (1878 - 1954) war lange Jahre Bürgermeister, dann Ehrenbürger der Gemeinde Gräfelfing. Die Hubersche Familie gliederte sich in drei Zweige: mein Großvater Johann (1900 - 1979) mit seinem Kohlengeschäft im Herzen Gräfelfings, sein Bruder Josef (1904 - 1990) mit seinem Bauernhof und einem Milchgeschäft am Ende der Bahnhofstraße und mittendrin Alois (1906 - 1945), der dritte Bruder meines Großvaters, mit seinem Gemüseladen.

Das war schön, leider aber in puncto Ferien für mich problematisch. Andere Kinder fuhren in den Ferien zu Onkeln und Tanten in andere Städte, ich habe meine Großmutter und Tanten in Gräfelfing besucht. Dabei musste ich immer nur ums Karree gehen und hatte schon alle an einem Tag besucht. Als Kind einer so rührigen Familie hatte ich natürlich eine sehr behütete Kindheit. Meine Cousinen und mein Cousin wurden von allen Familienmitgliedern quasi gemeinsam erzogen und „durchgefüttert". Ganz nach dem Motto: Einer für alle, alle für einen.

Bei Starkregen war regelmäßig die Bahnhofsunterführung überschwemmt. Wir Kinder sind sofort mit unserem Badeanzug losgelaufen und durch die Unterführung geschwommen. Der tollste Swimmingpool der Welt! Das war ein Spaß! Und unsere Eltern haben nicht daran gedacht, dass das vielleicht ungesund sein könnte. Heute wäre das kaum mehr denkbar.

Mit der Bauersfrau Haindl habe ich als Fünfjährige regelmäßig Kühe gehütet. Ausgangspunkt war der kleine Hof der Familie direkt neben dem Milchladen meines Onkels Sepp in der Stefanusstraße. Wir sind mit fünf Kühen die Bahnhofstraße rauf bis zum Eichendorffplatz. Dort habe ich mich mit Frau Haindl unter einen Baum in den Schatten gesetzt – und wir sowie auch die Kühe waren zufrieden. Abends dann der Weg zurück. Natürlich alles barfuß.

Gräfelfing hatte zu dieser Zeit rund 7.000 Einwohnerinnen und Einwohner. Eine Insel der Glückseligkeit! Ein kleines Dorf mit vielen Bauernhöfen an der Pasinger und Planegger Straße. Jeder kannte jeden, besonders mich, denn meine Eltern hatten in der Bahnhofstraße einen kleinen Tante-Emma-Laden mit einer Gärtnerei.

Ich war bekannt wie ein bunter Hund. Das kleine Mädel aus dem Kramerladen. Zu meiner Mutter, die sehr sozial eingestellt war, kamen viele Familien mit wenig Geld zum Einkaufen. Da wurde einen Monat lang in einem Hefterl der Einkauf notiert, und wenn wieder Geld da war, wurde bezahlt. Das hat meistens geklappt. Bei meiner Oma hat sogar ein bekannter Maler ein Bild eingetauscht für zehn Zentner Koks und Briketts. Das waren noch Zeiten.

Mit sechs Jahren kam ich dann in die Volksschule an der Bahnhofstraße. Aufgestanden, Zähne geputzt, Schulranzen geschultert und rüber über die Straße in die Schule. Buben und Mädchen lernten getrennt, brav und sittsam. Wenn ich nichts zu tun hatte, ging ich in die Wendelsteinstraße zum Kunstmaler Gollinger. Dort saß ich auf einem kleinen Hocker und habe mit Inbrunst stundenlang zugeschaut, wie er gemalt hat. Auf einem kleinen Bild, das er mir geschenkt hat, steht in schwungvoller Künstlerschrift: „Der kleinen Sonja als Andenken an die schöne Kinderzeit." Oftmals bin ich in die Tassilostraße zu Herrn Dr. Kracht. Dieser spielte Querflöte, und ich war hingerissen von seiner Musik. Eine ganz andere Welt als bei mir zu Hause.

Gespielt haben wir Kinder im heutigen Areal der Doemens Akademie. Früher war dies das wunderschöne Anwesen von Anna und Marie Kotzbauer. Meinen Großeltern gehörte das Anwesen in der Stefanusstraße 9, direkt an der Würm gelegen, am „Würmschuss", im Sommer Treffpunkt der damaligen Gräfelfinger Jugend. Lauter wunderbare Erinnerungen. Mit zehn Jahren hatte ich dann meine Kommunion in der Herz-Jesu-Kirche, die es heute leider auch nicht mehr gibt. Sie wurde 1969 abgerissen. Leider ist so viel vom alten Gräfelfing mit der Zeit verschwunden!

Dann wurde ich auch noch in die Ballettschule zu Frau Oswald ins Gasthaus „Weißes Rößl" geschickt. Dort tanzte ich mit Heidi Brühl auf der Bühne. Meine Großeltern saßen im Saal, meine Großmutter neben Herrn Professor Dieckmann, Begründer der Flugfunkforschung und Pionier der Hochfrequenztechnik. Sie hat mir fast nicht zugeschaut, so vertieft war sie in ein

Die überschwemmte Bahnunterführung als Swimmingpool in den 1950er-Jahren (oben), Sonja Mayer 1969 bei der Nacht der Figaros im Deutschen Theater (unten)

> Gräfelfing hatte zu dieser Zeit rund 7.000 Einwohnerinnen und Einwohner. Eine Insel der Glückseligkeit! Ein kleines Dorf mit vielen Bauernhöfen an der Pasinger und Planegger Straße.

Gespräch mit ihm. Was die sich wohl erzählt haben? Das „Weiße Rößl" gibt es auch nicht mehr, an seiner Stelle steht das heutige Rathaus.

So verging eine wunderbare Kindheit in meinem schönen Gräfelfing. Wenn ich diese Kindheitserinnerungen heute meinen Enkeln erzähle, schütteln sie ungläubig den Kopf. Mit meinem großen Enkel bin ich zum Bauernhof der Klostermeiers am Martinsrieder Berg gelaufen. Wie man weiß, sprachen die Klostermeiers ein echtes Bayrisch. Mein Enkel, der nichts verstand, fragte mich verwundert: „Oma, aus welchem Land kommt dieser Mann?" Kühe auf der Bahnhofstraße zu hüten, dürfte heute auch nicht mehr möglich sein, im Geschäft anschreiben lassen schon gar nicht. Gräfelfing mit seinen Einwohnerinnen und Einwohnern hat sich sehr verändert. Positiv oder negativ? Ich weiß es nicht, sicher von beidem ein bisschen.

Das Gen, in der Gemeindepolitik mitzumischen, liegt in unserer Familie. Mein Urgroßvater machte den Anfang als Bürgermeister und Ehrenbürger, dann kam mein Onkel Hans Huber (1921 - 2023), Gemeinderat und Träger der goldenen Bürgermedaille und, als bisher letztes Familienmitglied im Gemeinderat, ich. Ich habe in dieser Zeit viel gelernt und habe immer versucht, meine Heimat durch meinen Einfluss im Gemeinderat zu schützen und wenigstens ein bisschen so zu erhalten, wie ich es als Kind zu lieben gelernt habe. Ich hoffe, es ist mir gelungen.

> So verging eine wunderbare Kindheit in meinem schönen Gräfelfing. Wenn ich diese Kindheitserinnerungen heute meinen Enkeln erzähle, schütteln sie ungläubig den Kopf.

Eine Initiative von Sonja Mayer: Im Rahmen von „Zeit statt Geld" begleiten Ehrenamtliche die Bewohnerinnen und Bewohner des Seniorenheims St. Gisela.

Kompetentes Wirtschaften im sozialen Bereich

Melanie Schwaiger hat ihre Passion zum Geschäftsmodell gemacht. „Ich finde es spannend, mit Zahlen zu arbeiten", sagt sie und lächelt dabei. Wovon andere gerne Abstand nehmen, darin blüht sie auf: Controlling, Kalkulation, Überwachung, Steuerung und Analyse von Einnahmen und Ausgaben. Das erledigt sie für jene, deren Fähigkeiten in anderen Fachgebieten ausgeprägter sind: für den sozialen Bereich, und zwar für Pflegeheime und Einrichtungen der Behindertenhilfe. Denn auch dort müssen die Finanzen und Zahlen stimmen.

Melanie Schwaiger und Julian Braun sind Geschäftsführer und Inhaber der Schwan & Partner GmbH in Oberhaching. „Wir sind ein wirtschaftlicher und organisatorischer Dienstleister für den sozialen Bereich." Beide sind davon überzeugt, dass in Heimen nur gute, wirtschaftliche Ergebnisse erzielt werden können, wenn die Strukturen und Prozesse stimmen – von der Pflegeorganisation über Buchhaltung und Controlling bis zu den komplexen Verhandlungen der Pflegesätze. „Was wir anbieten, ist in dieser Form ziemlich einzigartig."

Etwa hundert Organisationen mit ca. 25.000 Pflegeplätzen in Bayern nehmen die Dienstleistungen von Schwan & Partner in Anspruch. „Unser Kundenkreis erstreckt sich von Aschaffenburg, Hof und Coburg bis nach Kempten oder Traunstein", so Julian Braun. Gut ein Drittel der Partner sind in München und Oberbayern angesiedelt, der Rest verteilt sich auf andere Regionen des Freistaats. Alle großen Wohlfahrtsverbände arbeiten mit Schwan & Partner zusammen, Städte und Kommunen mit ihren Einrichtungen und auch private Heimbetreiber.

Ein großer Partner ist etwa die MÜNCHENSTIFT, eine gemeinnützige Gesellschaft der Stadt München, die unter anderem 14 Einrichtungen in der Landeshauptstadt betreibt und rund 2.000 Mitarbeitende beschäftigt. Die Träger der Altenhilfe machen 95 Prozent des Geschäfts des Unternehmens aus, die Einrichtungen der Behindertenhilfe derzeit 5 Prozent – die Tendenz ist aber steigend. Die Leistungen von Schwan & Partner sind vielfältig: Beratung und Management gehören dazu, ebenso Wirtschaftlichkeitsanalysen, Buchhaltung,

Melanie Schwaiger und Julian Braun übernahmen 2022 die Geschäftsführung von Schwan & Partner – ein Jahr später wurden sie auch Inhaber

Heimkostenabrechnung, Controlling oder Verhandlungen von Pflegesätzen. Heimbetreiber können im Paket alles aus einer Hand buchen oder auch nur die Unterstützung in einzelnen Bereichen in Anspruch nehmen. „In Bayern kennt uns wohl jedes Pflegeheim, auch dank unseres BAYERNLETTER®, einem Newsletter, der monatlich über die wichtigsten Änderungen in der Pflegebranche informiert", sagt Julian Braun. Durch die Einzigartigkeit des BAYERNLETTER® und der kombinierbaren Leistungen können die Partner dauerhaft schnell und kompetent bedient werden.

> Wir sind ein wirtschaftlicher und organisatorischer Dienstleister für die Sozialwirtschaft – was wir anbieten, ist in dieser Form ziemlich einzigartig.

Wie darf man sich die Arbeit von Schwan & Partner konkret vorstellen? Melanie Schwaiger nennt ein Beispiel: „Ein Träger tritt an uns heran, weil er in eine finanzielle Schieflage geraten ist. Wenn der Auftraggeber es wünscht, analysieren wir alle Bereiche. So kann es etwa sein, dass die Buchhaltung ein Riesen-Chaos ist. Manchmal sind es aber auch mehrere Baustellen." Bei erfolgreicher Umsetzung der Handlungsempfehlungen gibt es zwei Gewinner – den Träger, der seine Ergebnisse oder Strukturen verbessert hat und Schwan & Partner, die helfen und dadurch ihren Kunden zufriedenstellen konnten.

Das Unternehmen wurde 1994 von Heinz und Gertrud Schwan mit sechs Beschäftigten gegründet. 2013 erwarben die Mitarbeiter und Partner der ersten Stunde, Hartmut und Rita Joithe, die Firma und bauten sie weiter aus. Heute zählt das Unternehmen 45 Angestellte. Mit Mitte dreißig übernahmen Melanie Schwaiger und Julian Braun, die einst als Werkstudenten ins Unternehmen eintraten, im Jahr 2022 die Geschäftsführung – ein Jahr später wurden sie auch Inhaber. „Wir sind solide

Geschichtsträchtiger Firmensitz: Hier war einmal eine Bäckerei untergebracht, in der das erste Knäckebrot in Deutschland gebacken wurde.

aufgestellt und wollen langsam wachsen." Was sie sich für die Zukunft wünschen? Dass Pfleger und Pflegerinnen aus dem Ausland in Bayern wesentlich schneller anerkannt werden und keinen Marathon durch die Bürokratie bewältigen müssen.

So wie die Mitarbeiterzahl hat sich auch der Firmensitz in Oberhaching Stück für Stück vergrößert. Auf das alte Bürohaus, um das herum Erweiterungsbauten errichtet wurden, ist man bei Schwan & Partner besonders stolz. Darin war einmal eine Bäckerei untergebracht. In den 1930er-Jahren wurde hier vom Bäcker Fritz Lieken, bekannt für das „Lieken Urkorn", zusammen mit Alfred Batscheider das erste Knäckebrot in Deutschland gebacken.

SCHWAN & PARTNER GMBH

Gebr.-Batscheider-Straße 4a
82041 Oberhaching

www.schwan-partner.de

Auf dem Land bist du weder Jet- noch Trendsetter

Sophie Pacini

geb. 1991 in München | 2001 - 2007 Gymnasium in München | 2001 - 2011 Hochbegabteninstitut des „Mozarteum" Salzburg, Abschluss als 19-Jährige im Konzertfach Klavier mit Auszeichnung | ab 2001 intern. Auftritte als Konzertpianistin – solo und mit Orchester in bedeutenden Sälen wie in München, Wien, Berlin, Tokio, Paris oder London | 2011 „Förderpreis Deutschlandfunk" als „eine der größten Begabungen ihrer Generation" | 2015 Auszeichnung „Echo Klassik" | 2017 „International Classical Music Award" | zahlreiche CD-Einspielungen, die sich regelmäßig in den Klassikcharts platzieren | ab 2019 Präsentation und Moderation klassischer Musik im Deutschlandfunk, SWR und WDR | Stipendiatin des „Deutschen Musikrats" | seit 2023 Mitglied der „European Academy of Sciences and Arts"

Nächster Halt Großhelfendorf: Bäume, die ich seit meiner Kindheit kenne, prangen wie Schutzriesen noch immer am selben Ort. Der Geruch der Landluft – teils wie frisch gemäht, erdig, gedüngt – und die Luft, schwül, schneidend kalt oder stehend heiß – glätten meine Stirnfalten, bringen mich zum Schmunzeln, geben mir das unmittelbare Gefühl anzukommen, mich dem unberührten Bild der Umgebung anpassen zu wollen: einfach die High Heels in den Keller stellen und unbeobachtet-authentisch zur Eierfarm gehen, Kartoffeln bei meinem Bauern des Vertrauens freudig in Empfang nehmen und die Eigenernte der Tomaten des Nachbarn „einfach so" vor meiner Haustür vorfinden. Dazu hier und da ein Schwatzerl und Musik, Beruf, Alltag, Welt-Sorgen, Zusammenhalt und liebevolle Achtsamkeit ohne Übergang ständig beisammenhaben.

Auf dem Land bist du weder Jet- noch Trendsetter: Der oberste Trend ist, authentisch und beständig zu bleiben. „Servus Sophie, wie war's in Hamburg? Haben's dich gebührend gfeiert? Du, grad san die Dinkelkracher ausm Ofen gekommen, die du so gern magst – wie viele magst mitnehmen? An Guglhupf fürn Papa? Sag daheim an lieben Gruß. So schee, dass'd wieder da bist." So hört sich ein typisches Gespräch bei meinem Lieblingsbäcker im Ort an. Da braucht's keine Erklärung, warum es mir eine Herzensangelegenheit war, wieder raus aufs unkompliziert unanonyme und gleichzeitig unbeurteilende, austauschsbejahende Land zu ziehen.

Hier kann man offline und stets verbunden sein. Digitalität ist ein Hilfsmittel, aber kein Lebensinhalt, und nur so kann ich nach all dem emotionalen, tiefgreifenden, musikalischen Austausch auf der Bühne wieder Kraft tanken. Echt fühlen. Die Ruhe ist keine bedrohliche Stille, sondern ein befreiendes Lauschen. Man ist perfekt angebunden, ohne das Gefühl zu haben, den Anschluss an die Welt zu verlieren, wenn das tägliche Kofferrauschen und hetzende Taschenwühlen einer Großstadt ausbleiben. Wenn „Licht aus" „Träume an" bedeutet. Wenn Inspiration in der Luft liegt und Bilder für dich gemalt werden, die nur darauf warten, mit Erlebnissen und Emotionen verbunden zu werden, um Erinnerungen für die Zukunft zu gestalten.

Und so war es für mich auch ein absolut logischer Schritt, meinen lang gehegten Traum, ein eigenes Musikfestival zu gründen, nun jährlich in Aying zu verwirklichen. Es ist ja auch dieser Ort, an dem ich meinen allerersten Klavierabend mit elf Jahren gegeben habe, und welcher mich auf innigste Weise geprägt und dauerhaft inspiriert hat.

Gemeinsam mit der Gemeinde Aying, ihrem Bürgermeister Peter Wagner, meinen Vorstandskollegen der Ayinger Gmoa Kultur und der Ayinger Brauerei um Inhaber Franz Inselkammer Jun. habe ich im April 2023 dann die erste Ausgabe meines eigenen Festivals „NUANCEN" feiern dürfen. Mein Anliegen: etwas in meine Heimat, den Landkreis München, zurückzubringen. Und zwar den musikalischen Erfolg, den ich mit meiner hier draußen in all den Jahren meiner Kindheit und Jugend herangereiften Persönlichkeit erreichen durfte. Ebenso möchte ich meine herausragenden Musikerkolleginnen und Musikerkollegen nach Aying bringen und mit dem Heimathaus „Sixthof"

In der Ruhe von Großhelfendorf, einem Ortsteil von Aying, tankt Sophie Pacini neue Energie

der Familie Inselkammer als wunderbaren Spielort ein richtiges kulturelles Kleinod etablieren.

Man muss nicht in die große Stadt fahren, um Kultur zu erleben, sondern hier draußen kann man in den gleichen Genuss kommen, da das „Stadtgeschehen" hierherkommt und auf noch viel nähere, intimere Weise Kunst erleben lässt. Wir alle gehen gemeinsam auf eine musikalische Reise. In der Region, von der Region, für die Region. Mit der Alpenkette im Hintergrund, der freien, frischen Landbrise in der Konzertpause und umgeben von der unvergleichlichen Gastfreundschaft und dem unzerrüttbaren Miteinander der Gemeinde Aying.

Jedem und jeder kann ich nur ans Herz legen, so viel Zeit wie möglich im einzigartigen Landkreis München zu verbringen, die großartige Infrastruktur zu nutzen, auf den Spuren der Natur das eigene Seelenheil zu finden, die Geheimnisse von unbekannten Orten und magischen Landschaften zu entdecken und das Herz zu öffnen für regionale Kost, Kunst und Schätze. Am Bach sitzen, im Glitzerschnee stapfen, Blätter tanzen sehen oder einfach umherstreifen. Ideen, Energie und Persönlichkeit sammeln und damit in die Welt strahlen. Dafür möchte ich an dieser Stelle einfach DANKE sagen. Als glückliches Landkind.

> Man ist perfekt angebunden, ohne das Gefühl zu haben, den Anschluss an die Welt zu verlieren, wenn das tägliche Kofferrauschen und hetzende Taschenwühlen einer Großstadt ausbleiben.

Planegg als Lebenszentrum und Kraftort zugleich

Harald Puetz

geb. 1950 in Bamberg | 1972 Abitur am Kurt-Huber-Gymnasium in Gräfelfing | 1973 - 1978 Studium an der Akademie der Bildenden Künste in München | 1978 - 1980 I. Staatsexamen, Seminarausbildung und II. Staatsexamen | 1980 - 1985 Lehrtätigkeit am Gymnasium | seit 1985 Freischaffender Künstler, lebt und arbeitet in Planegg und Imperia (Italien) | zahlreiche Ausstellungen im In- und Ausland; Teilnahme an Kunstmessen und Auktionen; zahlreiche Veröffentlichungen in Tages- und Fachzeitungen, Büchern, Lexika und TV-Berichten

Geboren in Bamberg, zähle ich angeblich nicht zu den echten Bayern. Andererseits gibt es aber die Ansicht, dass die Franken die Preußen Bayerns sind. Wie auch immer, wurde ich hauptsächlich in Bayern sozialisiert, da ich ja schon 1958 mit meinen Eltern nach Pasing gekommen bin. Seitdem bin ich aus dem Würmtal nicht mehr weggezogen und seit 1981 in Planegg ansässig. Dies bedeutet aber nicht, dass der Rest der Welt für mich uninteressant wäre. Vielmehr gab mir der perfekte Standort Planegg die Ruhe und die Kraft, die Welt zu erobern. Mein Startpunkt für diverse künstlerische und andere Unternehmungen.

Nach dem Kunststudium an der Akademie der Bildenden Künste in München startete ich erst einmal als Kunsterzieher im damals neu gebauten Feodor-Lynen-Gymnasium in Planegg, um später diesen sicheren Hafen zu verlassen und mich als freischaffender Künstler zu etablieren. Die erste öffentliche Ausstellung fand sofort großes Interesse und führte zu einem stetig wachsenden Sammlerkreis. Auch die Gemeinde Planegg ist durch mehrfache Ankäufe diesem Kreis zuzuzählen. Als sichtbares Zeichen hängt ein großes Bild aus meiner gegenständlichen Phase im Foyer des blauen Rathauses in Planegg. Somit haben die Gemeinde Planegg und meine künstlerische Tätigkeit schon ein wenig Tradition.

Die Entwicklung Planeggs vom ländlich geprägten Ort zu einem international bekannten Wissenschafts- und Forschungszentrum findet sich auch in meiner künstlerischen Arbeit wieder. Dieser Wandel vom Ländlichen zum Hochwissenschaftlichen schlug sich in meiner Malerei in einem Bild nieder, auf dem das Hintergrundmotiv „Mann mit Pferd" von mannigfaltigen freien Formen überspielt wird, wie sie bei den Martinsrieder Forschern unter dem Elektronenmikroskop möglicherweise in ähnlicher Form auftauchen.

Allerdings ist nicht nur Planegg/Martinsried die Quelle meiner Inspiration. Eingebunden in das internationale Kunstgeschehen über Galerien, Auktionen und Kunstmessen, ist die Erweiterung des Horizonts im Künstlerischen und Geografischen eine stetige Herausforderung. So habe ich im Jahr 2000 in Italien ein Atelier in der Stadt Imperia erworben, in der verbürgtermaßen im 17. Jahrhundert der niederländische Maler A. van Dyck wirkte, aber heutzutage auch der weltberühmte Georg Baselitz. Diese künstlerischen Hochkaräter sind sowohl Motivation als auch Ansporn. „Möge die Macht mit mir sein!" (Star Wars).

Obwohl mein Atelier im italienischen Imperia auch die Möglichkeit eines langen Aufenthalts bietet, ist Planegg mein Lebenszentrum und Kraftort für weitere künstlerische Entwicklung und Ideenfindung. Dies spiegelt sich auch in meinen kleinen und großen lokalen Ausstellungen wider wie „Carne vale" von 1998 im Foyer des Klinikums Großhadern oder meine Präsentation im Jahr 2001 im Rathaus Planegg. Gerne blicke ich auch auf meine große Ausstellung im Landratsamt München 2015 „Vom Gegenstand zum Licht" im Jahr des Lichts zurück, bei der ich auf vier Etagen meine malerische Entwicklung vom Gegenstand zum Licht darstellen konnte. Ein weiteres Highlight meines künstlerischen Schaffens war sicherlich meine Ausstellung am Münchner

Harald Puetz, „Mann mit Pferd", Öl auf Leinwand, 200 x 300cm, 1996

Seit 1981 lebt Harald Puetz bereits in Planegg

Flughafen im Jahr 2018, wo ich im Terminal 2 in der großen Galerie der Lufthansa eine Ausstellungsmöglichkeit auch für meine Großformate nutzen konnte.

Aber neben den Ausstellungen in Galerien, auf Kunstmessen und bei Auktionen ist auch die Publikation in Fachzeitschriften, Lexika und Kunstkatalogen für jeden Künstler wichtig. Gefreut hat mich in diesem Zusammenhang die Aufnahme in das „Lexikon der fantastischen Künstler" sowie das mehrfache Porträtieren in der renommierten Kunstzeitschrift „Art Profil", zweimal mit Titelbild, letzthin im Oktober 2023. Gut angekommen sind auch mein Katalog „Lichtspuren" von 2005 und der Katalog „Lichtträume", der im Jahr 2016 mit 140 Seiten und 100 Farbabbildungen im renommierten Hirmer Kunstverlag erschien.

Als sehr inspirierend für die künstlerische Arbeit empfinde ich die ausbalancierte Position von Planegg zwischen der Großstadt München und dem Fünf-Seen-Land. Gerade diese Lage und ihre mannigfaltigen Möglichkeiten fallen ins Auge, wenn man aus Megastädten wie Shanghai oder New York zurückkommt. Dies habe ich stark empfunden, als ich 2009 nach der Teilnahme an der Shanghai Art Fair anlässlich der Weltausstellung nach Planegg zurückgekehrt bin. Auch die Eindrücke, die ich nach meiner Ausstellung in New York empfunden habe, lassen mich den Wohn- und Arbeitsort Planegg als äußerst lebens- und liebenswert schätzen.

Außerdem gilt: „If you can do it in New York, you can do it everywhere!" Dies mögen auch Künstler früherer Generationen wie Otto Pippel und Leo Putz empfunden haben, die in Planegg tätig waren. Daher ist das Dreigespann Pippel/Puetz/Putz zumindest alphabetisch begründet in der Kunstwelt schon aufgetaucht. Alphabet ist eben hilfreich: So wurde ich im Neumeister-Katalog „Auktion 45, ‚Ausgewählte Werke'" zwischen Pablo Picasso und Gerhard Richter positioniert.

> Als sehr inspirierend für die künstlerische Arbeit empfinde ich die ausbalancierte Position von Planegg zwischen der Großstadt München und dem Fünf-Seen-Land.

Für die Zukunft wünsche ich mir, dass Planegg und ich weiterhin eine gute Entwicklung nehmen und wissenschaftlich, künstlerisch und gesellschaftlich als Kraftzentrum weiterwirken. Hoffentlich kann ich noch einige Jahre dazu beitragen.

Der Heimat und der Tradition verbunden

Wenn sich das Riesenrad im Lichtermeer dreht, die Menschen sich um Bierstandl und Imbissbuden scharen und die Musik aus allen Richtungen kommt, dann fühlen sich Felix Lechner und seine Familie so richtig wohl. Volksfeste ziehen die Familie Lechner aber nicht nur privat magisch an. Hier und in vielen anderen Bereichen ist der Chef der SLPN GmbH aus Neuried auch mit seinen Unternehmen aktiv.

Die SLPN ist eine Full Service-Dienstleistungsagentur für Veranstaltungen, Personal und Sicherheit. Seit über 15 Jahren bietet das Unternehmen aus dem Landkreis München seine Dienste Privatkunden, Vereinen und Firmen sowie Behörden und öffentlichen Stellen an. Von der Geburts- oder Gartenparty über Hochzeiten und Vereins- oder Firmenjubiläen bis hin zu Konzerten oder Festivals sowie internationalen Messen und Events – von der SLPN bekommt man alles aus einer Hand. Dazu gehören zum Beispiel Veranstaltungsequipment und -organisation, Service-, Kassen-, Auf- und Abbau-, Garderoben- und Reinigungspersonal sowie Veranstaltungsschutz, Revierstreife, Objektschutz und vieles mehr – immer unter dem Motto „Leben, Feiern, Arbeiten – aber mit Sicherheit!". Dafür ist die SLPN GmbH ein idealer Partner, auch im Brandschutz- und Sanitätsdienst.

Den Großteil des Firmenumsatzes erwirtschaftet das Unternehmen im Bereich Sicherheit. Mit jahrelanger Erfahrung steht die SLPN den Auftraggebenden zur Seite. Diese werden professionell begleitet, von der Planung und Erstellung des Sicherheitskonzeptes über die Vorbereitung und Kommunikation mit Behörden bis hin zur Durchführung der Veranstaltung oder Betreuung des Schutzobjektes. Die Erfahrung und das breite Wissen des Unternehmens mit seinen etwa 40 Festangestellten und rund 100 Saisonkräften sorgen nicht nur für die Sicherheit von Veranstaltungen und deren Gästen. Zum Portfolio gehört auch die Bestreifung von Objekten, die garantierte und überwachte Durchführung von Verschlüssen oder die Objektüberwachung von Immobilien oder Baustellen – und das mit qualitativ hochwertig geschultem Fachpersonal. Felix Lechner: „Für den Bereich Sicherheit brauchen wir keine Gorillas, sondern Menschen, die mitdenken."

Mit ihrem gesamten Leistungsspektrum ist die SLPN GmbH & Co. KG international unterwegs, vielfach im Großraum München und Bayern, aber auch oft überregional, zum Beispiel in Hamburg, Berlin, Tschechien oder in Österreich. Referenzen hat die SLPN eine Men-

Rund 40 Festangestellte und etwa 100 Saisonkräfte arbeiten im Team der SLPN GmbH

ge vorzuweisen. So ist man unter anderem Partner des ADAC Südbayern, des Tourismusverband Seefeld im österreichischen Tirol, diverser Kommunen und mehrerer bekannter Wirtsfamilien. Für die Kunden war das Team bereits unter anderem auf der Weltleitmesse für Baumaschinen, Baufahrzeuge und Baugeräte (Bauma) in München, der Nordischen Skiweltmeisterschaft, den European Championships und natürlich jedes Jahr auf dem Münchner Oktoberfest im Einsatz.

Zwar bietet das Unternehmen einen Full Service in allen Bereichen an, oft werden aber auch nur einzelne Dienstleistungen angefragt, zum Beispiel die Anmietung eines Kühlanhängers. „Im Gespräch mit den Kunden ergibt sich daraus dann oft mehr", erzählt Felix Lechner. „Wir stellen dann halt die richtigen Fragen, um den Kunden vollends zufriedenstellen zu können."

Mit Vater Guido und Bruder Alexander zusammen betreibt Felix Lechner die Schwesterfirma Lechners Almhütt'n. Ob Faschingsparty, Dorffest, Après-Ski-Party, Schlachtschüssel-Essen, Kultur-Wintermarkt, Hüttenparty, Weihnachtsfeier oder Kultur-Open-Air: Die urige und beheizte Almhütt'n ist überall dabei und versorgt die Besucher mit kulinarischen Köstlichkeiten, Wein und frischem Bier.

Die Familie ist eh ein sehr wichtiges Thema bei den Lechners. Ehefrau Regina unterstützt ebenfalls im Betrieb. „Wir sind selbst ein Familienunternehmen und haben auch viele Familienbetriebe als Partner", so der Chef. „Auch wenn wir national und international viel unterwegs sind, sind wir dennoch sehr heimat- und traditionsverbunden." Unter anderem drückt sich

Mit Vater Guido (re.) und Bruder Alexander (li.) betreibt Felix Lechner die Firma Lechners Almhütt'n

Familienmenschen und Volksfestliebhaber: Regina und Felix Lechner mit ihren beiden Kindern

diese Verbundenheit im ehrenamtlichen Egagement der Familienmitglieder und vieler Mitarbeiterinnen und Mitarbeiter aus. So war Felix Lechner unter anderem Vorsitzender des Maibaumvereins, ehe er die Kommandantur der Freiwilligen Feuerwehr Neuried übernommen hat.

> Auch wenn wir national und international viel unterwegs sind, sind wir dennoch sehr heimat- und traditionsverbunden.

Engagement und Familie haben Felix Lechner und sein Unternehmen übrigens nicht nur für sich im Blick. „Wir legen sehr großen Wert darauf, dass unsere Mitarbeiterinnen und Mitarbeiter Familie, Ehrenamt und Beruf gut vereinbaren können." So gehören auch zum Führungsteam einige Mitglieder, die in Teilzeit arbeiten. Und da bleibt dann auch außerberuflich mal Zeit, mit der Familie ein Volksfest zu besuchen.

SLPN GMBH & CO. KG
Dr.-Rehm-Straße 54
82061 Neuried

www.slpn.de

Mein Gräfelfing – eine Gemeinde im Gleichgewicht

Dr. Eberhard Reichert

geb. 1942 in Königsberg in Ostpreußen | 1971 Promovierung an der juristischen Fakultät der Universität Würzburg | 1972 - 2002 1. Bürgermeister von Gräfelfing | Mitglied Präsidium des Deutschen Städtetages und der Südosteuropa-Gesellschaft | Vors. Planungsverband Äußerer Wirtschaftsraum München | Kreisrat | Medienrat | Rundfunkrat | Stiftungsratsvors. Gemeindestiftung Gräfelfing | Vors. Stiftungsvorstand Seidlhof-Stiftung | 1999 Verleihung Bundesverdienstkreuz am Bande | Ehrenmitglied der IGG | seit 2009 Ehrenbürger von Gräfelfing

Als ich 1958, 16-jährig, mit meinen Eltern in den Ortsteil Lochham zog, war Gräfelfing zunächst gefühlt sehr weit weg. In Lochham gab es alles: Bahnhof, Post, Bäckerei, Metzgerei, eine Drogerie, einen Supermarkt sowie einen Schreibwarenladen, drei Kirchen und vor allem „Jazz in the Woods", ein ganz besonderes, kleines Jazzfestival, dessen Premiere im Frühjahr 1959 in einer Scheune stattfand. Auch mein bester Freund wohnte in Lochham, wenn auch auf der anderen Seite der Bahn. Zur Schule fuhr ich nach Pasing. Nach Gräfelfing musste man nur, wenn der Pass abgelaufen war, zur Wehrerfassung oder – zum Heiraten.

Diese Sicht auf Gräfelfing änderte sich schlagartig und grundlegend für mich, als ich nach meiner Rückkehr vom Studium 1972 zum Bürgermeister gewählt wurde. Jetzt erlebte ich die Vielfalt und Lebendigkeit einer Gemeinde und war erfüllt von der unendlichen Breite der Aufgaben. Die „Allzuständigkeit der Gemeinde" erfasste mich ganz und gar und bescherte mir in den 30 Jahren im Amt ein Leben, das abwechslungsreicher nicht hätte sein können.

Der Umgang mit Menschen, deren Sorgen und Bedürfnissen, bewegte mein Leben täglich neu. Daneben galt es, einige Entwicklungen zu korrigieren, die der vorolympische Boom so mit sich gebracht hatte: die sechsspurige Autobahn, die Gräfelfing bis heute in seiner Mitte durchtrennt, war nicht mehr zu verhindern. Die Pläne für 14- und sogar 17-stöckige Hochhäuser an der Würm waren trotz sogenannter Planreife jedoch noch zu kippen, und auch sonst waren noch einige Fehlentwicklungen zu korrigieren.

Dazu bedurfte es eines klaren Konzepts, das rechtlich in eine bis dahin weitgehend fehlende Bauleitplanung mündete. Ein ideenreicher und diskussionsfreudiger Gemeinderat brachte das auf die Reihe und schuf ein Bollwerk gegen den überbordenden Baudruck, der zu allen Zeiten aus München regelrecht herüberquoll. Dieser ist auch deswegen so deutlich spürbar, weil die Landeshauptstadt München unsere Gemeinde an drei Seiten umgibt und freie Flächen zumeist Bannwälder, Landschaftsschutzgebiete, überörtliche Grünzüge oder Frischluftschneisen sind. So ist eine Bebauung an den Außenrändern weitgehend ausgeschlossen und lediglich eine Innenentwicklung möglich. Diese so zu steuern, dass eine Gemeinde im Gleichgewicht entstand, war eine Herausforderung für den Gemeinderat und mich.

Wohlgemerkt – es geht hier nicht um ein stabiles Gleichgewicht, das dann statisch wäre, sondern um ein Gleichgewicht, das kontinuierlich austariert und elegant jongliert werden muss, um es in der Waage zu halten. Dabei zerrten Kräfte wie Verkehr, Lärm, Baudruck, Wohnungsnot und Arbeitslosigkeit an dem empfindlichen Gebilde, zumal der große Nachbar München einhundertmal größer ist als die Kommune Gräfelfing und deshalb auch ungleich größere Erschütterungen und Unwucht auslösen kann. Aber mithilfe kluger Köpfe und einer wachsamen, langfristig angelegten Strategie in der Gemeindepolitik behauptete sich das Gleichgewicht, das bestimmt ist vom Selbstbewusstsein seiner Bürgerinnen und Bürger, von Bildung, Sport, Gesellschaft, Vereinen, einer großen Vielfalt sowie einem hohen Anspruch an Lebens- und Wohnqualität.

Und so stelle ich fest: Gräfelfing ist eine Gemeinde, die aktiv in der Region München mitwirkt und sogar den Landrat stellt. Wer sich hier aktiv einbringt, kann mitgestalten. Die Gemeinde war die erste, die ein Gymnasium im Landkreis als ihr eigenes betreibt – bis heute. Hier kann sie auf die große Unterstützung durch den an sich zuständigen Landkreis zurückgreifen. Im Gräfelfinger Gemeinderat gibt es einen breiten Konsens darüber, dass jeder Euro, der für Bildung ausgegeben wird, ein guter Euro ist.

Gräfelfing ist aber auch eine Gemeinde, die für alle gesellschaftlichen Gruppen ein offenes Ohr hat und Unterstützung gewährt, die ein Bürgerhaus in die Ortsmitte gestellt hat, das allen offensteht. Hier wird öffentlich geförderter Wohnungsbau betrieben, um auch denen Heimat zu geben, die die Grundstückspreise nicht bezahlen können. Die Gemeinde schätzt Gewerbe und Handwerk, begleitet Brauer und Bäcker sogar bei der Meisterprüfung. Hier wird an ältere Mitmenschen gedacht, und gleichzeitig werden die jungen nicht vergessen. Die Gemeinde Gräfelfing schützt die Freiräume, erwirbt Grundstücke zur Würmuferfreihaltung und beherbergt die Umweltbildung betreibende Seidlhof-Stiftung.

Eine solche Gemeinde nenne ich „meine Gemeinde", mein Gräfelfing!

Oben: Das Rathaus in Gräfelfing

> Der Umgang mit Menschen, deren Sorgen und Bedürfnissen, bewegte mein Leben täglich neu. Daneben galt es, einige Entwicklungen zu korrigieren, die der vorolympische Boom so mit sich gebracht hatte.

Synergie aus Tradition und Fortschritt

Gegründet wurde die Firma Spinner durch H. Adolf Spinner im Jahr 1949 im Stadtbereich von München. In einer kleinen Werkstatt im Hinterhof wurden, damals noch als reiner Lohnbetrieb, feinmechanische Bauteile gefertigt.

Zunächst für die eigene Produktion wurden ab 1955 hochpräzise Drehmaschinen entwickelt und gebaut, später, ab 1960, wurden diese Maschinen auch anderen Fertigungsbetrieben zum Kauf angeboten. Daraus entwickelte sich neben dem Standbein der Lohnfertigung zunehmend ein Fertigungsbetrieb für Werkzeugmaschinen.

Das Spinner-Hauptwerk in Sauerlach

Der Bereich des Maschinenbaus wuchs schnell, die Lohnfertigung wurde aufgegeben, und so wurde im Jahr 1968 der erste Bau einer modernen Produktions- und Montagehalle in Sauerlach begonnen. Der Umzug der Firma Spinner erfolgte im Jahr 1970, damals als erster Betrieb des neu entstandenen Gewerbegebiets in Sauerlach. Mit dem Einzug der Computertechnik in den Maschinenbau setzte sich die Entwicklung kontinuierlich fort. Das Unternehmen entwickelte moderne CNC-Maschinen zum Drehen und Fräsen und erschloss neue, weltweite Märkte.

Am Standort und Hauptwerk in Sauerlach wurden ab 1990 weitere Fertigungs- und Montagehallen gebaut, und so konnte der Betrieb in mehreren Schritten erweitert werden. Ebenso wurden ab dem Jahr 2000 Fertigungskapazitäten an neuen Standorten in der Türkei und Bulgarien geschaffen, um international wettbewerbsfähige Produkte anbieten zu können.

Die Spinner Werkzeugmaschinenfabrik bietet im Hauptwerk in Sauerlach moderne Hightech-Arbeitsplätze für Techniker und Ingenieure sowie zukunftweisende Ausbildungsberufe für den Nachwuchs. Die Ausbildungsabteilung allein umfasst beinahe 50 junge Menschen, die in dem Sauerlacher Unternehmen ihre Ausbildung zum Mechatroniker, Zerspanungsmechaniker oder Elektroniker absolvieren.

Insgesamt beschäftigt die Spinner Werkzeugmaschinenfabrik GmbH rund 500 Mitarbeitende. Jedes Jahr werden circa 1.000 CNC-Werkzeugmaschinen produziert, die in mehr als 60 Länder exportiert werden. Heute ist die zweite Generation des Familienunternehmens aktiv, und die dritte steht schon bereit, um die Firma im Sinne des Unternehmensgründers fortzuführen. Mit dem im Jahr 2022 fertiggestellten Produktionswerk in Sauerlach bekennt sich Spinner klar zu ihrem Standort im Landkreis München.

SPINNER WERKZEUG-MASCHINENFABRIK GMBH

Rudolf-Diesel-Ring 24
82054 Sauerlach

www.spinner.eu.com

IT-Begeisterung von Kindesbeinen an

Vom Brillenfachgeschäft über den Lebensmitteldiscounter bis hin zum Baukranlogistiker: So unterschiedlich die Kunden der Steigauf Daten Systeme GmbH sind, sie alle eint der Wunsch, ihre Dokumente digital zu erfassen und zu archivieren. „Dokumentenmanagementsysteme braucht fast jeder Betrieb. Die meisten Kunden wissen, was sie möchten, aber nicht, wie man es macht", erklärt Roul Steigauf, Geschäftsführer des IT-Unternehmens.

Als Händler und Berater in Sachen Dokumentenmanagement setzt Steigauf auf zwei Kernprodukte: seit 1997 auf DocuWare aus Germering bei München und seit 2007 auch auf JobRouter aus Mannheim. „Der große Vorteil bei beiden Programmen: Sie besitzen Schnittstellen zu anderen Softwarelösungen für etwa die Buchhaltung oder das Personalmanagement. So können die Unternehmen weiterhin ihre bekannte digitale Arbeitsumgebung nutzen und müssen sich nicht völlig umstellen."

Das Team von Steigauf berät bundesweit und begleitet den Auftraggeber von der ersten Anfrage bis zur Nutzung des Systems. „Je nach Betriebsart oder -größe dauert es meist schon zwei bis drei Monate von der Beauftragung bis zur Implementierung der Software, bei größeren Unternehmen auch ein halbes bis Dreivierteljahr, da man intensiv auf die Mitarbeit der Auftraggeber angewiesen ist." Schon über 300 Unternehmen unterschiedlichster Größen und Branchen haben Steigauf ihr Vertrauen geschenkt. Besonders stolz ist man auf den ersten Auftraggeber: „Das besagte Unternehmen hat uns 1998 den ersten Auftrag erteilt und ist auch heute noch unser Kunde – und das zeichnet uns aus: Unser Bestreben ist nicht das schnelle Geschäft, sondern die langjährige Zusammenarbeit und eine Partnerschaft auf Augenhöhe."

Steigauf gehört zu den erfolgreichsten DocuWare-Partnern in der D-A-CH-Region und befindet sich schon seit mehreren Jahren unter den Top Fünf. Weltweit ist das Unternehmen derzeit der achtgrößte Händler von DocuWare. „Für ein Unternehmen mit 28 Mitarbeitenden ist diese Positionierung gar nicht mal so schlecht", so Roul Steigauf mit einem Augenzwinkern. Der Firmenmitbegründer erbte seine Begeisterung für Computer-

(v. li.) Gabriele, Roul und Mona Steigauf

Das Team begleitet den Auftraggeber von der ersten Anfrage bis zur Nutzung des Systems

Den Ansatz der langfristigen Zusammenarbeit lebt Steigauf auch mit seinen Mitarbeitenden

technik von seinem Vater. Die Eltern von Roul Steigauf betrieben zunächst ein Reisebüro, doch schon zu diesem Zeitpunkt tüftelte der Vater an einer Software für die elektronische Archivierung. „Und das lange, bevor Microsoft mit Windows Fuß fassen konnte", erinnert sich Roul Steigauf. Schon damals hatte sein Vater Kontakt zu einem System mit dem Namen „Oparis", das später in das Kanzleiverwaltungsprogramm COLLEGA integriert war.

Basierend auf diesen Bestrebungen und Erfahrungen gründete Roul Steigauf 1993 mit seinen Eltern und dem Ziel, digitale Archive aufzubauen und andere dabei zu unterstützen, die Steigauf Daten Systeme GmbH. „Zu Beginn waren wir vorrangig mit dem IT-Support für PCs und Netzwerke betraut. In den Zentralen verschiedener Technologiekonzerne haben wir zum Beispiel bis zu 300 PCs betreut." Mit der voranschreitenden Digitalisierung und Nachfrage von Dokumentenmanagement stellte Steigauf 2008 den IT-Support ein und konzentrierte sich nunmehr auf Vertrieb und Beratung von Dokumentenmanagementsystemen.

Neben Roul Steigauf sind im Unternehmen auch seine Frau Gabriele und seine Schwester Mona tätig. Das bedeutet familiäre Strukturen und teamorientiertes Arbeiten. „Wir bemühen uns, unsere Mitarbeitenden stark einzubinden. Denn wir sehen uns nicht nur als wirtschaftliche Einheit. Da wir nicht unerheblich viel Zeit miteinander verbringen, möchten wir eine Gemeinschaft sein, die Spaß macht und in der sich jeder verwirklichen kann. Wir berücksichtigen die Stärken eines jeden Mitarbeitenden und formen die jeweilige Stelle um die Fähigkeiten herum."

> Da wir nicht unerheblich viel Zeit miteinander verbringen, möchten wir eine Gemeinschaft sein, die Spaß macht und in der sich jeder verwirklichen kann.

Die Angestellten arbeiten in ganz Deutschland verteilt und sitzen etwa in Lübeck, Frankfurt, Köln, Regensburg, Traunstein oder dem Erzgebirge. „Homeoffice war schon vor der Pandemie gelebter Arbeitsalltag, die Kommunikation und die Zusammenarbeit im Team klappt sehr gut." Der beste Beweis: Von den 28 Beschäftigten arbeiten mehr als zehn Mitarbeitende schon mindestens zehn Jahre beim Familienbetrieb – viele sind mit ihrer Ausbildung eingestiegen und geblieben. Den Ansatz der langfristigen Zusammenarbeit setzt Steigauf eben in allen Bereichen um.

STEIGAUF DATEN SYSTEME GMBH

Otto-Hahn-Straße 13a
85521 Riemerling

www.steigauf.de

Ein lebenswerter Ort mit kurzen Wegen

Dr. Oliver Schulze Nahrup

geb. 1970 in Pfullendorf (Linzgau), verheiratet, drei Kinder | 2004 - 2006 Vorsitzender FDP-Ortsverband | 2005 Umzug nach Neuried | 2008 - 2020 Mitglied des Gemeinderats | seit 2009 (stellv.) Vorstand des TSV Neuried e.V.

Im Herbst des Jahres 2005 bezogen meine Frau Julia und ich unsere erste Wohnung in Neuried. Zwei Jahre später kam unser ältester Sohn, 2008 unsere Tochter und 2010 unser jüngster Sohn zur Welt. Alle besuchten die Grundschule Neuried, genossen eine Ausbildung an verschiedenen Instrumenten in der örtlichen Musikschule und besuchen aktuell am Feodor-Lynen-Gymnasium in Planegg die Mittel- beziehungsweise Oberstufe. Als wir 2015 umgezogen sind, damit jedes Kind sein eigenes Zimmer haben konnte, war uns wichtig, in Neuried zu bleiben. Denn die Gemeinde ist ein lebenswerter Ort mit kurzen Wegen und vielen persönlichen Begegnungen.

Schon zu Beginn unserer Zeit in Neuried waren meine Frau und ich sehr bemüht, uns ins Gemeindeleben zu integrieren. Ob als Sängerin im Kirchenchor der katholischen Pfarrei, als Spieler in den Seniorenfußballmannschaften beim TSV Neuried, als Vorsitzender des FDP-Ortsverbands oder später im Elternbeirat von Kindergarten oder Grundschule wie auch als Mitglied des Gemeinderats ist es uns wichtig gewesen, das Zusammenleben mitzugestalten und durch unser Engagement aufrechtzuerhalten.

Als 2009 durch eine Satzungsänderung der Vorstand des TSV Neuried e.V. auf drei Mitglieder reduziert wurde, viele der damaligen Vereinsvorstände die Einführung einer professionellen Geschäftsführung nutzten, ihr Engagement zu beenden, und auch der bis dahin mehr als drei Jahrzehnte lang tätige Vorsitzende Norbert Hauser seinen Rücktritt erklärte, wurde noch eine neue Person als Stellvertreter des Vorsitzenden gesucht. Dr. Rolf Swidersky als Bewerber für den Vorsitz des TSV hatte mein Eintreten für die Belange des Sportvereins bei der Haushaltsdiskussion im Gemeinderat zur Kenntnis genommen. Deshalb warb er nun darum, mich neben Marion Höhne als Mitglied des Vereinsvorstands zu gewinnen.

Gerne konnte ich ihm dies zusagen, da es eine sehr reizvolle Aufgabe war, den weitaus größten Verein der Gemeinde zu lenken, der erst drei Jahre zuvor den neuen Sportpark bezogen hatte, was einen großen Sprung bei den Mitgliederzahlen mit sich brachte und den TSV zu einem der attraktivsten Sportvereine im Würmtal werden ließ. Als Vorstandsmitglied war ich zunächst verantwortlich für die Vereinsfinanzen sowie die Liegenschaften, die im Eigentum der Gemeinde standen und für 30 Jahre an den Verein verpachtet waren. Als Mitglied des Gemeinderats hatte ich dabei direkten

Kontakt zur Verwaltung und konnte auch bei den Diskussionen mit den Kolleginnen und Kollegen des Gemeinderats die Anliegen des TSV vertreten – lediglich bei unmittelbaren Entscheidungen, die den Verein betrafen, musste ich mich wegen Befangenheit der Stimme enthalten.

Die fast 15 Jahre, die ich den Verein mittlerweile begleite, waren durch abwechslungsreiche Aufgaben geprägt. Immer wieder gab es neue Abteilungen, die aktuelle Trends für Sporttreibende abdecken konnten, aber auch traditionelle Sportarten wie Fußball oder Tischtennis entwickelten sich quantitativ oder qualitativ weiter. Mit der Ersten Herrenmannschaft war zwischenzeitlich Fußball auf Landesliganiveau im Neurieder Sportpark geboten, was auch den Tischtennisherren gelang. Verschiedene Turniere der Badmintonspielenden, der Volleyballmannschaften oder Fechterinnen und Fechter brachten internationale Wettkämpfe in die Dreifachturnhalle, und die Karatekas reisten sogar bis nach Japan, um dort Lehrgänge zu besuchen.

Vor Ort waren die Neurieder Läufe zwischen 2010 und 2019 für Kinder, Jugendliche und Erwachsene ein von zahlreichen Sportbegeisterten angenommener Beitrag zum Gemeindeleben. Die Laufstrecken zwischen 800 Metern und 10 Kilometern wurden im angrenzenden Forstenrieder Park absolviert – anschließend wurden die Erfolge auf dem Sportparkgelände gefeiert. Seit mehr als vier Jahrzehnten richtet die Skiabteilung eine Dorfmeisterschaft im Riesenslalom aus, und auch mit seinen Betreuungsangeboten während der Schulferien leistet der TSV Neuried wertvolle Dienste für die Bevölkerung der Gemeinde.

(v. li.) Bürgermeister Harald Zipfel, BLSV-Kreisvorsitzende Elke Baumgärtner, Dr. Oliver Schulze Nahrup, TSV-Co-Vorstände Dr. Volker Levering und Klaus Rottmann sowie Landrat Christoph Göbel

Im Lauf des gesamten Jahres 2022 konnte mit mehreren Veranstaltungen das 50-jährige Jubiläum unseres Vereins gefeiert werden, der offizielle Festakt mit Vertretern aus Kommunalpolitik und den Sportverbänden fand am 30. April statt. Aus diesem Anlass habe ich im Vereinsarchiv recherchiert und die Jahre seit dem damaligen Gründungstreffen rekapituliert.

> Gerne konnte ich ihm dies zusagen, da es eine sehr reizvolle Aufgabe war, den weitaus größten Verein der Gemeinde zu lenken, der erst drei Jahre zuvor den neuen Sportpark bezogen hatte.

Mit einigen der ersten Mitglieder konnte ich persönlich sprechen und mir über die Anfangsjahre berichten lassen. Wie der Bau der gemeindlichen Mehrzweckhalle als Aufforderung zur Vereinsgründung gesehen wurde, wobei die die Olympischen Sommerspiele in München die allgemeine Sportbegeisterung befeuerten.

> Solange meine Kinder im TSV Neuried Sport treiben und meine Frau und ich die Angebote dort wahrnehmen, bin ich gerne in verantwortlicher Position tätig.

Der TSV Neuried ist nicht mehr der „kleine Dorfverein" als der er vor 50 Jahren begonnen hat, und manche vermissen die Kameradschaft und Übersichtlichkeit einer kleinen Gemeinschaft von Sporttreibenden. Doch die Größe des Sportparks verlangt nach einer hohen Anzahl an Sportlerinnen und Sportlern, damit die Anlage effizient genutzt wird. Der TSV gehört heute zu den 14 Breitensportgroßvereinen in Bayern und hat durch die Mitgliedschaft im Freiburger Kreis sogar bundesweiten Einfluss auf die Sportpolitik.

Im aktuellen Vorstand mit Klaus Rottmann und Dr. Volker Levering beschäftigt uns nach einer ruhigeren Phase aufgrund der Coronapandemie von 2020 bis 2021 die zukünftige Entwicklung. Durch den Anstieg der Einwohnerzahlen aufgrund neuer Baugebiete sind wir gefordert, die Sportstätten zu erweitern, um das Angebot vergrößern zu können.

Die politische Entscheidung, Ganztagsbetreuung für Grundschulkinder als Verpflichtung für die Kommune zu machen, betrifft auch den TSV. Denn statt des bisherigen offenen Angebots im KIDS-Programm wird es zukünftig darum gehen, allen Grundschülerinnen und Grundschülern regelmäßig die Möglichkeit zu sportlicher Aktivität zu bieten und ihre körperliche Entwicklung zu fördern. Und nicht zuletzt sehen wir im Seniorenbereich großes Potenzial, für sportliche Betätigung zu werben, damit die steigende Lebenswartung bei guter Gesundheit genutzt werden kann.

Der TSV Neuried feierte 2022 sein 50-jähriges Bestehen

Solange meine Kinder im TSV Neuried Sport treiben und meine Frau und ich die Angebote dort wahrnehmen, bin ich gerne in verantwortlicher Position tätig. Doch nicht nur diese eher eigennützige Perspektive motiviert mich dazu. Vielmehr sehe ich meine Vorstandstätigkeit auch als gesellschaftliches Engagement, mit dem ich dazu beitragen kann, Neuried weiterhin als Kommune wahrnehmen zu lassen, die ganz im Sinne von Artikel 83 der bayerischen Verfassung für die körperliche Ertüchtigung der Jugend und die Gesundheit ihrer Bürgerinnen und Bürger Sorge trägt. So soll nicht zuletzt eine Entwicklung der Gemeinde hin zu einer reinen Schlafstadt der Landeshauptstadt München verhindert werden. Darum wird es auch in den kommenden Jahren mein Bestreben sein, unsere kleine Gemeinde am Rand des Forstenrieder Parks zwischen München und Starnberger See für Alt und Jung, für Singles und Familien attraktiv zu halten.

Eine traditionsreiche Manufaktur für Zahnarztwünsche

Es herrscht geschäftiges Treiben an diesem Freitagnachmittag kurz vor Feierabend. Hier fährt ein Gabelstapler, dort räumt ein Kollege Bauteile in eine Kiste. Die großen, hellen Räume der Unternehmenszentrale von ULTRADENT in Brunnthal heißen Besucher, Gäste und Kunden willkommen – und präsentieren in einem Ausstellungsraum das Herzstück des Familienbetriebs: Behandlungseinheiten – in zahllosen Farben und Ausführungen.

Hightech und Handwerk: Beides miteinander zu verbinden, gelingt ULTRADENT seit nunmehr 100 Jahren. 1924 von Hans Ostner gegründet, führen das Unternehmen heute sein Neffe, Ludwig Ostner, und dessen Sohn, Ludwig Johann Ostner. Das Unternehmen stellt dentalmedizinische Geräte her, ganz im Stil einer Manufaktur. Das bedeutet: Das Grundmodell eines Behandlungsstuhls wird individuell konfiguriert und auf die Ansprüche der Zahnmediziner zugeschnitten und angefertigt.

ULTRADENT zählt in Deutschland zu den drei größten Anbietern für zahnmedizinische Ausstattung. „Wobei unsere direkten Mitbewerber um ein Vielfaches mehr Mitarbeiter haben. Wir hingegen sind viel schlanker aufgestellt", sagt Ludwig Johann Ostner und fügt mit Stolz hinzu: „Das bringt viele Vorteile: Wir sind oft schneller als unsere Mitbewerber, wir können uns besser anpassen und auf die Bedürfnisse am Markt eingehen." ULTRADENT fertigt die dentalmedizinischen Produkte in der eigenen Manufaktur mit 6.000 Quadratmetern Produktionsfläche und kann so die Fertigung bei Sonderwünschen und außergewöhnlichen Bedürfnissen direkt mit einbinden.

Den Grundstein des Unternehmens legte mit viel Unternehmergeist Hans Ostner, der Onkel von Ludwig Ostner, dem heutigen Seniorchef und Inhaber des Unternehmens: Im Jahr 1924 gründet Hans Ostner ULTRADENT und produziert zunächst Elektronikteile und Antennentechnik. Sechs Jahre später gelingt dem Familienbetrieb der Einstieg in den Dentalmarkt. Als zwischen 1940 und 1950 die ersten elektrisch angetriebenen Bohrantriebe auf den Markt kommen, erkennt Hans Ostner das Bedürfnis der Zahnärzte und schafft die Grundlage der heutigen Geschäftsidee – das Grundmodell des Behandlungsstuhls, das

Der ULTRADENT Showroom mit Behandlungsstühlen in zahllosen Farben und Ausführungen

Ludwig Johann Ostner und Ludwig Ostner führen das Familienunternehmen gemeinsam

angepasst werden kann. Die Produktentwicklung U 100 avanciert zum erfolgreichsten Nachkriegsmodell. Dieser Erfolg wird mit Behandlungseinheiten wie den Versionen U 3000/U 4000 weiter ausgebaut bis hin zum heutigen Erfolgsmodell, der Design-Edition Odeoo.

Über Jahrzehnte hinweg wird die ULTRADENT GmbH & Co. KG von zwei Eigentümern getragen, 1998 kauft Ludwig Ostner alle Anteile. Seit 2005 ist auch sein Sohn Ludwig Ostner jr. mit an Bord. Die Frage, ob er in den Familienbetrieb einsteigen solle, hat sich für ihn nie gestellt: „Mein Vater hat mich nicht gedrängt, aber ich war oft am Wochenende hier und habe mitgearbeitet, das Lager umgeräumt und Akten sortiert." Nach der Schule macht er eine Ausbildung zum Elektromechaniker, sattelt den Meister drauf und entwickelt sich in Schulungen und Fortbildungen weiter. „Natürlich würde ich mich freuen, wenn auch der älteste meiner drei Söhne, heute 15 Jahre alt, in die Firma einsteigen würde", sagt Ludwig Ostner jr. und fügt lachend hinzu: „Der Opa impft ihn dahingehend schon – die beiden haben einen sehr engen Bezug zueinander."

Viele Jahre war die Firma in München-Schwabing und anschließend im Münchener Osten am ehemaligen Flughafen (heute Messe) angesiedelt. Seit 2010 ist ULTRADENT in Brunnthal ansässig. „Wichtig war uns beim Umzug", meint Ludwig Ostner jr. mit einem Augenzwinkern, „das Münchener Kennzeichen und eine Münchener Vorwahl zu behalten." Der Geschäftsführer wohnt schon immer im Landkreis München und schätzt seine Heimat sehr. „In der einen Richtung die Stadt mit ihrem vielfältigen Angebot. In der anderen das Land mit seinen traditionellen Bräuchen und Festen, auf die man in Tracht geht. Und dann ist da ja auch noch Italien mit der Adria – quasi auch Nachbarschaft."

> Wir sind oft schneller als unsere Mitbewerber, wir können uns besser anpassen und auf die Bedürfnisse am Markt eingehen.

Viel Zeit für Hobbys bleibt dem Inhaber und Geschäftsführer allerdings nicht. „Ich bin die meiste Zeit hier. Mir ist es wichtig, ein gutes, angenehmes, tolles Arbeitsumfeld zu schaffen." Zwei- bis dreimal pro Woche ist auch sein Vater, inzwischen 78 Jahre alt, vor Ort. Dass er bereits beim Neubau in Brunnthal vor knapp 15 Jahren daran dachte, dass man eines Tages eine zweite Etage aufstocken muss, zeigt seine zukunftsweisende Denke. 2023 wurde seine Vision umgesetzt, und Hightech und Handwerk haben nun noch mehr Raum.

ULTRADENT DENTAL-MEDIZINISCHE GERÄTE GMBH & CO. KG

Eugen-Sänger-Ring 10
85649 Brunnthal

www.ultradent.de

Als Tennisprofi war Riemerling mein Ruhepol

Hansjörg Schwaier

geb. 1964 in Mindelheim, verheiratet, zwei Kinder | 1984 - 1986 Mitglied im deutschen Davis Cup-Team | 1985 Platz 38 in der Weltrangliste | 1985 Finalist im Davis Cup | 1985 Sieger ATP Tunis | 1986 1990 Gewinner ATP Casablanca | 1987 Sieger ATP Messina | 1990 Deutscher Meister in allen Jugend-Altersklassen und bei den Herren | ab 1994 DTB B-Trainer im Bereich Leistungssport | seit 2000 Gründer und Headcoach der Tennisschule Schwaier in Riemerling

Der Gemeindeteil Riemerling ist zum einen ein anonymes Wohngebiet mit Vorstadtcharme, zum anderen zeigt sich an vielen Ecken der Dorfcharakter, für den die Münchener Vororte bekannt sind. Die Kommune ist schon lange bewohnt und zeichnet sich durch viele Grünflächen, alten Baumbestand und Parkanlagen aus. Der Ortskern Hohenbrunn gleicht einem typischen bayerischen Dorf mit Zwiebelturmkirche und Rathaus in der Ortsmitte.

Ich bin mehr oder minder zufällig in Riemerling gelandet. Seit meinem 19. Lebensjahr war ich professioneller Tennisspieler und bin von meiner Heimatstadt Bad Wörishofen fast täglich nach München zum Training gependelt. Der zeitintensiven Fahrten überdrüssig, habe ich mich auf die Suche nach einem verkehrsgünstigen Ort zwischen meinen Trainingsstätten in der damaligen Sportschule Grünwald, der Tennisanlage Großhesselohe und meinem ehemaligen Verein MTTC Iphitos gemacht und bin in der Gemeinde Hohenbrunn fündig geworden. Seit dem Jahr 1987 wohne ich im Ortsteil Riemerling. Zunächst zusammen mit meiner Ehefrau, dann auch mit unseren Kindern.

Die ersten Berührungspunkte mit der Gemeinde hatte ich bereits in den 80er-Jahren, da dort ein kleines internationales Tennisturnier, der Demos-Cup, ausgetragen wurde, an welchem ich teilnahm. Es war eines meiner ersten internationalen Turniere im Erwachsenenbereich. Auch einige meiner Freunde spielten für den TC Riemerling, sodass ich bereits damals einige Trainingseinheiten auf der wunderschön gelegenen Tennisanlage absolviert habe.

Als Tennisprofi war ich viel unterwegs und zu diesem Zeitpunkt auch nicht allzu oft zu Hause. Umso schöner war es für mich, immer wieder in die neue Heimat zurückzukommen. Anfangs war das Reisen spannend und abwechslungsreich, doch im Laufe der Jahre empfand ich das Unterwegssein als Belastung. Mein Zuhause, in dem ich mich wohlfühle, war da ein schöner Ausgleich. Mit der Geburt unserer Kinder beendete ich dann auch meine internationale Karriere. Ich spielte zunehmend auf nationaler Ebene, dann nur noch Mannschaftsspiele in der Bundesliga und der Regionalliga.

Kurz danach begann ich meine Karriere als Trainer – am Anfang gemeinsam mit meinem früheren Trainer und guten Freund Tom Würth. Er war lange Jahre Cheftrainer des Bayerischen Tennisverbandes. Zeitweilig sind wir beruflich getrennte Wege gegangen, standen später aber wieder Seite an Seite in Riemerling auf dem Trainerposten. Ich leitete das Training beim TC Unterhaching und ein paar Jahre später, fast vor der eigenen Haustür, im Tennispark Riemerling von Toni Sperk. Dort etablierte ich auch meine Tennisschule, die ich auch heute noch betreibe.

Ich schätze an Riemerling besonders die verkehrsgünstige Lage. Ob mit dem Auto oder mit dem Fahrrad – man ist sofort raus aus dem mittlerweile dicht besiedelten Gemeindegebiet. Auf der anderen Seite ist man auch sehr schnell in der Innenstadt von München und kann dort das kulturelle Angebot nutzen. Ich höre gerne Musik und gehe von daher gerne auf Konzerte – sowohl von bekannten Künstlern als auch von einigen eher unbekannten Songwritern.

Der Hohenbrunner Rundwanderweg bietet malerische Aussichten auf die Gemeinde

Auch kurze Ausflüge in die benachbarten Gemeinden wie zum Beispiel Höhenkirchen-Siegertsbrunn oder Brunnthal, aber auch in benachbarte Landkreise wie Ebersberg oder Miesbach unternehme ich gerne. Bereits kurz nach Verlassen von Riemerling kann man bei gutem Wetter einen Blick auf die Berge genießen.

Für unsere Kinder war Riemerling auch ein idealer Ort zum Aufwachsen. Sie konnten in unserer Straße Bobby-Car-Rennen veranstalten, Kleinfeld-Tennisnetze spannen, Tischtennis bei den Nachbarn im Garten spielen und vieles andere mehr. Auch das Sportangebot in der Kommune war und ist sehr vielfältig. Neben Tennis stand für die beiden noch Schwimmen bei den Riemerlinger Haien auf dem Plan, mein Sohn spielt zudem Basketball und meine Tochter lernte Tanzen.

In Riemerling gefallen mir die kurzen Wege – von unserem Zuhause aus erreiche ich die Tennisanlage in wenigen Minuten. Auch Dinge des täglichen Bedarfs, vieles davon in der Nachbargemeinde Ottobrunn, sind bequem mit dem Fahrrad erreichbar. Die Infrastruktur vor Ort ist ein großes Plus, so stehen auch Einrichtungen wie Kindergärten, Grundschulen und Gymnasien jeweils mehrfach zur Verfügung. Kurzum: Ich fühle mich hier sehr wohl.

> Als Tennisprofi war ich viel unterwegs und zu diesem Zeitpunkt auch nicht allzu oft zu Hause. Umso schöner war es für mich, immer wieder in die neue Heimat zurückzukommen.

Als Trainer verbringe ich natürlich viel Zeit auf der Tennisanlage, die direkt am Waldrand liegt. Diesen wunderbaren Sport übe ich seit meinem siebten Lebensjahr aus. Er hat mich von Anfang an fasziniert, und diese große Freude ist bis heute geblieben. Ich genieße es sehr, dass ich dieses Hobby zu meinem Beruf machen konnte, den Sport immer noch mit Begeisterung ausüben und an andere weitergeben kann. Es ist schön, viele Schüler kontinuierlich zu trainieren, die Fortschritte zu beobachten und sie über Jahre zu begleiten.

Tradition und Moderne ideal miteinander verbunden

Ein Bankhaus mit einer langen Tradition und auf der Höhe der Zeit – so kann man die VR-Bank Ismaning Hallbergmoos Neufahrn eG kurz und prägnant charakterisieren.

Das beginnt schon beim ersten Eindruck, den man beim Betreten der Hauptstelle in Ismaning bekommt. Die Räume sind hell, der Empfang ist herzlich, sodass man sich direkt willkommen fühlt. Gleichzeitig merkt man, dass diese Bank auch im modernen Banking zu Hause ist, unter anderem an den Beratungszimmern, die mit der aktuellen Technik ausgestattet sind. Die Verwurzelung in der Region zeigt sich an den Motiven der an den Wänden hängenden Bilder, die vor Ort aufgenommen wurden und das Erscheinungsbild prägen.

Bilder aus der Region zieren den Innenbereich der Hauptstelle in Ismaning

Die Ursprünge gehen auf das Jahr 1899 zurück, sodass die Bank 2024 das 125-jährige Jubiläum begeht. Im letzten Jahr des 19. Jahrhunderts wurden sowohl der „Darlehenskassenverein Ismaning" als auch der „An- und Verkaufsverein Hallbergmoos Goldach" gegründet. In beiden Fällen handelt es sich um Vorgängerinstitute der heutigen VR-Bank. Der aktuelle Name ergab sich 2014 aus der Fusion der Volksbank Raiffeisenbank Ismaning eG mit der Raiffeisenbank Hallbergmoos-Neufahrn eG. Neben dem Bankgeschäft betreibt das Kreditinstitut ein großes Raiffeisen-Lagerhaus in Ismaning. Hier wird in 2024 eine weitere Lagerhalle fertiggestellt, um den gestiegenen Kapazitätsanforderungen gerecht zu werden.

Im Gespräch mit dem Vorstand der Bank, der sich aus Herbert Kellner (Vorsitzender), Dr. Matthias Dambach (stellvertretender Vorsitzender) und Christian Hilz zusammensetzt, kommt man immer wieder auf die Werte zu sprechen, die das Geldhaus ausmachen: Verlässlichkeit, Offenheit, Geradlinigkeit, Bodenständigkeit und Kompetenz. Auch die Idee Friedrich Wilhelm Raiffeisens empfindet der Bankvorstand als aktueller denn je: „Was einer nicht schafft, das schaffen viele" beschreibt die genossenschaftliche Solidarität, Stärke und ein Gemeinschaftsgefühl, das über das klassische Bankgeschäft hinausgeht. So entstehen eine Relevanz in der Region und oft jahrzehntelange Verbindungen zwischen den Menschen und „ihrer" Bank. Und es geht vor allem um individuelle und passgenaue Lösungen. Diese Orientierung am Kunden macht das Geldinstitut aus. Ziel ist es, dass Visionen wie das Eigenheim, der neue Firmensitz oder private Träume Wirklichkeit werden.

Der Vorstand (v. li.): Dr. Matthias Dambach (stellv. Vorstandsvorsitzender), Herbert Kellner (Vorstandsvorsitzender) und Christian Hilz

Äußeres Zeichen dieser Nähe sind die Geschäftsstellen der Bank, die das gesamte Kerngeschäftsgebiet engmaschig abdecken. Aber auch das „Innenleben" spielt in dieser Bank eine große Rolle, wie Herbert Kellner mit erkennbarem Stolz ausführt, denn es gibt unter den gut 160 Beschäftigten sehr viele, die auf eine lange Betriebszugehörigkeit zurückblicken können. Und trotz der Bilanzsumme in Höhe von circa 1,3 Milliarden Euro möchte die Bank weiter familiär bleiben. „Die Wege sind kurz, und die Türen des Vorstandes sind immer offen", so Herbert Kellner.

Die Verantwortung für die Region im und um den Landkreis München zeigt sich einerseits in einem fünfstelligen Spendenvolumen für Schulen, Kindergärten, Vereine sowie weitere Hilfsaktionen und -organisationen und andererseits in konkreten Aktionen für bedürftige Menschen in der Region. Hierbei liegt der Bank die „Weihnachtsbaum-Wunschaktion" besonders am Herzen. Bei dieser Aktion werden Wünsche von Kindern aus bedürftigen Familien anonym übermittelt und an den Weihnachtsbäumen in den zahlreichen Geschäftsstellen aufgehängt. Von dort können sie von jedem, der helfen möchte, abgenommen und anonym erfüllt werden.

Um auch in den nächsten 125 Jahren erfolgreich am Markt bestehen zu können, setzt der Vorstand auf die gewachsenen Kundenbeziehungen in Verbindung mit einer gelungenen Transformation auf Nachhaltigkeit und Digitalisierung. „Wir als Bank möchten auch weiterhin an der Seite unserer Kundinnen und Kunden stehen und mit ihnen an einem Strang ziehen", wie es Christian Hilz ausdrückt.

> Die Verantwortung für die Region zeigt sich einerseits in einem fünfstelligen Spendenvolumen für Schulen, Kindergärten, Vereine sowie weitere Hilfsaktionen und -organisationen und andererseits in konkreten Aktionen für Bedürftige in der Region.

Und was ist nun zum Jubiläum geplant? Es werden viele Aktionen und Veranstaltungen das Jahr über stattfinden, denn „wir gehören als Bank zum Leben der Menschen, und die Menschen gehören zu uns", wie Dr. Matthias Dambach die wechselseitigen Beziehungen beschreibt. Den Blick auf die Zukunft gerichtet fügt er an: „Auf die nächsten 125 Jahre, liebe VR-Bank Ismaning Hallbergmoos Neufahrn eG!"

VR-BANK ISMANING HALLBERGMOOS NEUFAHRN EG

Bahnhofstraße 3
85737 Ismaning

www.vrbank-ihn.de

Die Blaskapelle ist aus meinem Leben nicht mehr wegzudenken

Florian Sepp

geb. 1974 in Nürnberg, verheiratet, zwei Kinder | 1978 Umzug nach Siegertsbrunn | 1998 - 2002 Mitglied des Pfarrgemeinderats | 2002 - 2012 Gemeinderatsmitglied in Höhenkirchen-Siegertsbrunn | seit 2007 Vorstandsmitglied der Blaskapelle Höhenkirchen-Siegertsbrunn | 2008 - 2012 Dritter Bürgermeister von Höhenkirchen-Siegertsbrunn | 2012 Umzug nach Brunnthal | seit 2021 Leitung des Referats Bavarica der Bayerischen Staatsbibliothek in München

Als ich vier Jahre alt war, 1978, zog ich mit meiner Familie von Nürnberg nach Siegertsbrunn. Dort, im südöstlichen Landkreis München, bin ich aufgewachsen und seitdem – mit Ausnahme meines Auslandsstudiums – ununterbrochen ansässig. Seit 2012 wohne ich in Neukirchstockach, einem Gemeindeteil von Brunnthal, nur wenige Autominuten von Höhenkirchen-Siegertsbrunn entfernt. Meine Ehefrau stammt aus dem nahen Riemerling.

In Zeiten, in denen hohe Mobilität schon fast zum guten Ton gehört, mag das ungewöhnlich erscheinen. Aber es ist eben auch ein Indiz für die hohe Lebensqualität im Landkreis München, die so etwas möglich macht. Und natürlich ist der Landkreis für mich Heimat, vor allem Siegertsbrunn.

Siegertsbrunn ist nicht nur eine Pendlergemeinde, sondern vor allem ein traditionsreiches Dorf. Wesentlich dazu gehört die Kirche St. Leonhard mit ihrer Wallfahrt. Die Siegertsbrunner Leonhardikirche ist ein leider viel zu wenig bekanntes Kleinod mit hochrangigen Kunstwerken – sogar der Bildhauer Ignaz Günther hat hier Spuren hinterlassen. Siegertsbrunn gehört zu den bedeutendsten Leonhardswallfahrten Bayerns und ist deutlich älter als die bekannte Tölzer Leonhardifahrt. Wallfahrergruppen, die am Samstag des Leonhardifestes nach St. Leonhard ziehen, gehören zu meinen frühesten Kindheitserinnerungen. Das traditionelle Fest ist fester Bestandteil des Siegertsbrunner Jahreslaufs: Volksfestbetrieb und religiöses Fest gehören dabei fest zusammen. Seit dem Abschluss der Renovierungen 1998 gebe ich in der Wallfahrtskirche St. Leonhard in den Sommermonaten regelmäßig Führungen, weswegen ich mich intensiv mit dieser Kirche befasst habe. Dort, in diesem besonderen Rahmen, habe ich auch geheiratet.

Dazu kommt dann die Musik. 1980, da war ich gerade sechs Jahre alt, wurde die Blaskapelle in Höhenkirchen-Siegertsbrunn neu gegründet. Zwei Jahre zuvor wurden im Rahmen der Gemeindegebietsreform Höhenkirchen und Siegertsbrunn zusammengelegt. Die Blaskapelle war der erste Verein, der beide Gemeindeteile verband. Mein Vater wurde noch 1980 Dirigent und leitete die Kapelle bis ins Jahr 2000. Seine Position übernahm mein Bruder.

Blaskapelle, das klingt meistens nach einer kleineren Gruppe von Männern in Lederhose, die mehr schlecht als recht versuchen zu musizieren. Ganz anders in

Höhenkirchen-Siegertsbrunn. Da entstand aus kleinen Anfängen ein großer Verein, der aus meinem Leben nicht mehr wegzudenken ist. Aus einem Orchester wurden zwei, dann drei und schließlich vier Formationen – vom Nachwuchsblasorchester bis hin zum Symphonischen Blasorchester. Mittlerweile unterhält die Kapelle einen großen musikalischen Ausbildungsbetrieb und ist mit über 300 aktiven Mitgliedern – dazu zählen alle auch in Ausbildung befindlichen Mitwirkenden – einer der größten Laienmusikvereine Oberbayerns.

Anfänglich fanden die Konzerte noch in örtlichen Wirtshaussälen statt. In den 1990er-Jahren wechselten wir in die Turnhalle der heutigen Erich-Kästner-Schule und Anfang der 2000er-Jahre in die Mehrzweckhalle von Höhenkirchen. Bei den Konzertwochenenden im Frühjahr und Advent – es finden immer jeweils zwei Auftritte statt – kommen regelmäßig bis zu 1.000 Besucherinnen und Besucher. Gleichzeitig absolviert der Verein zahlreiche Konzerte für verschiedene Anlässe, sodass genauso auch die Begleitung von Martinszügen und Gottesdiensten, die Umrahmung von Vereinsfeiern sowie Biergarten- und Bierzeltauftritte ins Repertoire des Vereins gehören.

Diese großartige Entwicklung habe ich fast die ganze Zeit begleitet. Seit 1985 bin ich als aktiver Musiker bei der Kapelle dabei und seit 2007 auch in deren Vorstandschaft. 2009 wurde ich Erster Vorsitzender, seit 2023 bin ich in einem stark veränderten Vereinsmanagement Verwaltungsleiter. Es gab einige schwierige Zeiten zu bewältigen, vor allem die der Coronapandemie – aus dieser Zeit ging der Verein letztlich gestärkt hervor. Eine weitere große Herausforderung war und ist es, für einen so großen Verein adäquate Räume zu finden. Der 1999 bezogene Probenraum in der Sigoho-Marchwart-Schule wurde rasch zu klein. Seit 2008 habe ich als Vorstandsvorsitzender die Gemeinde bezüglich größerer Räume angesprochen. Jetzt endlich steht eine Lösung bevor.

Die Wallfahrtskirche St. Leonhard in Höhenkirchen-Siegertsbrunn

> Blaskapelle, das klingt meistens nach einer kleineren Gruppe von Männern in Lederhose, die mehr schlecht als recht versuchen zu musizieren. Ganz anders in Höhenkirchen-Siegertsbrunn.

Voraussichtlich ab 2026 wird die Blaskapelle neue Räumlichkeiten im Erweiterungsbau des Gymnasiums Höhenkirchen-Siegertsbrunn nutzen können. Mit ebenso großer Freude blicke ich auf die Auszeichnungen, die der Verein erhalten hat. 2015 gewann er den Bayerischen Staatspreis für Musik, den ich als Vorstand entgegennehmen durfte, 2022 wurde der Verein mit dem Kulturpreis für den Landkreis München prämiert.

Der kulturelle Glanz entstand in der Aula der Schule

Peter Settele

geb. 1936 in Regensburg; bis 1967 wohnhaft in München | 1959 Abitur | 1959 - 1966 Studium Philosophie, Pädagogik, Politikwissenschaften an der LMU München | 1967 Umzug nach Unterföhring | 1969 Pfarrgemeinderatsvorsitzender | 1972 - 2008 Gemeinderat | 1984 - 1996 Dritter Bürgermeister | 1980 - 2000 Rektor an der Grund-Teilhauptschule | 2000 - 2010 Kulturreferent | 1990 - 2002 Vorsitzender Freie Wähler | 1975 - 1985 Zweiter Vorstand und Jugendtrainer FC Unterföhring

Das war ein geografischer Paradigmenwechsel: von der Millionenstadt München aufs Land, in ein ehemaliges Bauerndorf mit gerade einmal 3.000 Einwohnern. Ich kam natürlich nicht aus freiem Willen, sondern nach dem der Regierung von Oberbayern, die hier einen katholischen Lehramtsanwärter brauchte. Mein neues Wirkungsfeld: ländlich geprägt und sehr überschaubar. Jeder kannte jeden. Und alle sprachen bayerische Mundart. Kein Wunder in Unterföhring, denn alle Orte mit der Nachsilbe „ing" sind von den Bajuwaren um das Jahr 500 gegründet worden. Unterföhring zum Beispiel geht auf den Stamm der „Feringas" zurück.

Einen alten Spruch fand ich hier tatsächlich bestätigt, nämlich dass in einer kleinen Landgemeinde nur drei Menschen wichtig sind: der Bürgermeister, der Pfarrer und der Lehrer. So genoss ich es, durch die Straßen zu gehen und allerorten „Grüß Gott, Herr Lehrer" zu hören. Ich kam als Unbekannter und war doch sehr schnell bekannt. So wurde mir schnell bewusst, dass ich als Lehrer ein wichtiger Teil dieser Gemeinde war. Ich bin schon sehr lange kein Lehramtsanwärter mehr, sondern als pensionierter Rektor im Ruhestand.

Heute zählt Unterföhring fast 12.000 Einwohner, hat sich schnell entwickelt zu einem bedeutenden Versicherungs- und Medienort (Allianz, ProSiebenSat.1, ZDF, Sky). Darüber hinaus gehört die Gemeinde zu den landesweit steuerkräftigsten. Die Gemeinde Unterföhring hat mir die Chance gegeben, sehr prägend Einfluss auf ihre weitere positive Entwicklung zu nehmen, ihr ein freundliches Gesicht zu verleihen, das über die eigenen Grenzen hinausstrahlt. Seit nunmehr 56 Jahren dürfen meine Frau und ich uns „Bürger von Unterföhring" nennen, 40 Jahre davon war ich in verschiedensten, wirkungsmächtigen Funktionen aktiv.

In meiner Doppelfunktion als Schulleiter und Gemeinderat hatte ich schnell die Erkenntnis, dass Schule ein sehr relevanter Teil der Gemeinde sein muss. Daher muss Schule stets bestrebt sein, in die Gemeinde hineinzuwirken, immer zum Dialog fähig sein. Aus regelmäßig von Schülern gestalteten Schülerzeitungen erfährt die Gesellschaft, was die in der Schule so alles treiben. Bis zum Ende meiner Amtszeit wurde unsere Schule auch noch auf weitere Art und Weise wahrgenommen: durch das alljährliche Adventssingen, zu dem wir die Bevölkerung einluden. Und als eine der ersten Schulen Bayerns begründete die Unterföhringer Grundschule 1990, gleich nach der Wiedervereinigung, eine lebendige Partnerschaft zu einer Schule in Thüringen, die allerdings ohne das Engagement vieler Eltern nicht hätte funktionieren können.

Im Zuge einer notwendig gewordenen Schulhauserweiterung genehmigte der Gemeinderat den Bau einer Aula nach Art eines antiken Amphitheaters. Später sollte der bekannte Kabarettist Dieter Hildebrandt darüber urteilen, diese Unterföhringer Schule sei die schönste in Deutschland. Sie gab auch den Anstoß für die Einführung eines Kulturprogramms der Gemeinde. Eröffnet wurde das Kulturprogramm im Februar 2001 mit einem furiosen Faschingskonzert in eben dieser Schulaula. Die Gemeinde strahlte plötzlich neuen Glanz aus. So schrieb die überregionale Presse: „Die reichste Gemeinde der Region war bisher in der Kulturlandschaft ein weißer Fleck. Das ist Vergangenheit."

Das Bürgerhaus Unterföhring, seit 2010 das Kultur-Herz der Gemeinde

Bis zum Jahr 2010 fanden in der Aula etwa 500 Veranstaltungen statt mit beinahe 100.000 Besuchern. Die Verpflegung der Künstler übernahm liebenswerterweise meine Frau. Viele bedeutende Persönlichkeiten und Gruppen fanden den Weg nach Unterföhring, unter anderem Teile des Symphonieorchesters des Bayerischen Rundfunks, des Leipziger Gewandhausorchesters oder der Berliner Symphoniker. Neben dem erwähnten Dieter Hildebrandt waren zu Gast Jörg Hube, Luise Kinseher, Christian Springer, Hanna Schygulla, Katja Ebstein, Udo Wachtveitl, Michael Lerchenberg, Gerhard Polt, die Biermösl Blosn oder Frido Mann. Der Besuch dieser Berühmtheiten stärkte das Empfinden, dass Kultur ein menschliches Grundbedürfnis ist, dass sie Gemeinschaft und Identität stiftet und ein Leben ohne Kultur ein Irrtum ist. Innerhalb von zehn Jahren war Unterföhring damit zu einer Kulturhochburg avanciert, mit einem Publikum, über das die Musikerin Monika Drasch sagte: „Unterföhring überall – das wär's!"

Die große Publikumsresonanz war es denn auch, die den Gemeinderat den Bau eines großen Kultur- und Bürgerhauses in Unterföhring beschließen ließ. Bei dessen Eröffnung im Jahr 2010 erinnerte der damalige Bürgermeister Franz Schwarz daran, dass es dieses Haus ohne die zehn Jahre Kultur in der Schulaula nie gegeben hätte. Die Gemeinde Unterföhring verfügt nun über das größte Kulturhaus im gesamten Münchener Umland. Vor dem Bürgerhaus entstand ein großzügiger Außenbereich mit einem Marktdach, das dem Olympiapark nachempfunden wurde. Hier finden weitere Höhepunkte wie Christkindlmarkt, Maifeier oder der wöchentliche Bauernmarkt statt.

> So genoss ich es, durch die Straßen zu gehen und allerorten „Grüß Gott, Herr Lehrer" zu hören. Ich kam als Unbekannter und war doch sehr schnell bekannt.

Und natürlich erhöhen unser Unterföhringer See und der große Feringasee die hiesige Lebensqualität. An schönen Sommertagen tummeln sich hier bis zu 3.000 Erholungsuchende. Und wer gerade nicht am See liegt, betreibt vielleicht Sport in einem der 65 Vereine Unterföhrings. Hier kann Heimat in der Tat wachsen. Und so fasse ich meine Ausführungen in einem abgewandelten Satz des Münchener Lyrikers Eugen Roth zusammen: „Vom Ernst des Lebens halb verschont ist der schon, der in Föhring wohnt."

Als Komplettentsorger unterm Radar und doch präsent

Die weiß-grüne Lkw-Flotte der Wittmann Entsorgungswirtschaft ist nicht mehr aus dem Erscheinungsbild des Landkreises München wegzudenken. Das Familienunternehmen beschäftigt über 300 Mitarbeiterinnen und Mitarbeiter. Es bedient mit seinen Entsorgungsdienstleistungen und 170 Fahrzeugen sowohl Privatpersonen als auch Kommunen sowie Start-ups und Konzerne.

Insgesamt 16 Leistungsbereiche umfasst das Portfolio des Komplettentsorgers: von Abfallbeseitigung in Städten und Gemeinden, Aktenvernichtung sowie Rohr- und Kanalsanierung über Recycling bis hin zu Sonderabfällen. Die Unternehmensgruppe verteilt sich auf mehrere Standorte, die sich auf unterschiedliche Schwerpunkte der Kreislaufwirtschaft spezialisiert haben.

Das Herz des Unternehmens Wittmann schlägt jedoch seit der ersten Stunde in Gräfelfing, wo sich die Zentrale des Entsorgungsfachbetriebs befindet. „Das Besondere an unserem Familienunternehmen ist: Wir waren schon immer in Gräfelfing ansässig und sind als Entsorgungsdienstleister mit dem Landkreis gewachsen. Je größer ein Landkreis wird, umso größer wird auch die Entsorgungslogistik dahinter", so Geschäftsführer Johannes Wittmann.

Gemeinsam mit seinem Vater Markus und seinen Zwillingsbrüdern Michael und Alexander führt er das mittelständische Traditionsunternehmen in dritter Generation. Angefangen hat bei der Wittmann Entsorgungswirtschaft GmbH alles mit Schafen. Diese trieb Josef Wittmann als Schäfer zwischen den Landkreisen München und Augsburg hin und her und nutzte sie schließlich als Sicherheit, um für sich und seinen Sohn Johann in den Nachkriegsjahren die „Würmtaler Grubenentleerung" zu kaufen. Gemeinsam kümmerten sie sich mit ihrem ersten Entsorgungswagen um die Reinigung der örtlichen Plumpsklos. 1957 gründete Johann Wittmann dann die Einzelfirma Wittmann.

„Früher war es nicht en vogue, für ein Entsorgungsunternehmen zu arbeiten. Inzwischen sind wir weit mehr als Müllbeseitigung. Wir führen wertvolle Roh-

Das Herz der Wittmann Entsorgungswirtschaft GmbH schlägt in Gräfelfing

Weiß und sauber – so präsentiert sich die Wittmann-Flotte

stoffe in den Kreislauf zurück, leisten unseren Beitrag zum Umweltschutz und stehen als regional verwurzelter Dienstleister den Landräten und Bürgermeistern beratend zur Seite. Zum Beispiel bei der Einrichtung von Wertstoffinseln in den Gemeinden. So haben wir die Möglichkeit, die Region mitzugestalten, und das freut uns als alteingesessenes Unternehmen natürlich sehr", sagt Johannes Wittmann.

Am Landkreis München schätzt er neben der sehr hohen Lebensqualität und der guten Infrastruktur die vielen mittelständischen Unternehmerfamilien, die hier zu Hause sind: „Immer mehr große, international tätige Konzerne drängen auf den Entsorgungsmarkt. Umso schöner ist es, dass hier viele Familienunternehmen zu Hause sind, die sich am Gemeindeleben beteiligen und als Arbeitgeber nahbar sind." Dank der familiären Strukturen sind flache Hierarchien und kurze Abstimmungswege bei Wittmann gelebter Arbeitsalltag – nicht selten bringen Mitarbeiter ihre Kinder mit ins Unternehmen, damit die nächste Generation ihren beruflichen Weg bei Wittmann ebnen kann.

Doch nicht nur als Arbeitgeber ist das Traditionsunternehmen in der Region präsent, sondern beispielsweise auch auf den Sportplätzen der Region. Wenn die erste Herrenmannschaft des TSV Gräfelfing im Fußball aufläuft, ist Wittmann als Trikotsponsor immer mit von der Partie. Genauso wie beim Handballclub HSG Würm-Mitte, den die Wittmann Entsorgungswirtschaft seit 2023 sponsert. Da Firmengründer Johann Wittmann 20 Jahre lang Kommandant der Freiwilligen Feuerwehr Gräfelfing sowie Kreisbrandrat und Kreisbrandinspektor war, ist Wittmann auch heute noch eng mit der örtlichen Feuerwehr verbunden.

Trotz des starken Engagements in der Region bleibt Wittmann als Entsorger am liebsten unter dem Radar: „Müllabfuhr ist am besten unsichtbar: Man sieht sie nicht, man hört sie nicht und man riecht sie nicht. Vor allem unsere Gewerbekunden schätzen die diskrete Entsorgung. Entdeckt man die Müllfahrzeuge dennoch im Straßenbild, fallen sie auf: Wittmann setzt auf weiße Müllwagen mit grüner Aufschrift: „Entsorgung gilt immer noch als schmutziges Geschäft. Als Alleinstellungsmerkmal sind wir ausschließlich mit weißen und vor allem sehr sauberen Fahrzeugen unterwegs, darauf legen wir großen Wert. Sauberkeit wird bei uns in allen Bereichen großgeschrieben."

> Wir waren schon immer in Gräfelfing ansässig und sind als Entsorgungsdienstleister mit dem Landkreis gewachsen. Je größer ein Landkreis wird, umso größer wird auch die Entsorgungslogistik dahinter.

WITTMANN ENTSORGUNGSWIRTSCHAFT GMBH

Lochhamer Schlag 7
82166 Gräfelfing

www.wittmann.de

Ich habe die Brotzeit nach New York gebracht

Julia Stegner

geb. 1984 in München, verheiratet, eine Tochter | 1999 erster Modelvertrag mit Louisa Models | 2002 mittlere Reife an der Realschule Ismaning | 2003 Show von Yves Saint Laurent: Internationaler Durchbruch als Model | 2003 - heute internationale Cover, Editorials & Kampagnen | 2005 Umzug nach New York | 2005 Auszeichnung mit dem Bambi als „Shooting-Star" | 2005 - 2011 Model bei den Shows des Dessouslabels „Victoria's Secret" | seit 2007 Botschafterin für UNICEF | 2007 - 2008 Model für die Kosmetikmarke „Guerlain" | 2008 - 2015 Gesicht der Make-up-Produkte von „Maybelline" | 2014 Hochzeit mit Benny Horne, Geburt der gemeinsamen Tochter | 2018 - 2019 Gesicht von Jil Sander Parfum

Wenn ich an die Gemeinde Ismaning denke, erinnere ich mich an das Haus meiner Eltern, mein Kinderzimmer, meine Grundschule, meine Freunde und all die Orte rund um Ismaning, an denen ich so viel Zeit verbracht habe. Heimat setzt für mich immer eine Verbindung voraus und ist der Ort, an dem meine Familie ist. Meine Eltern leben nach wie vor in Ismaning – mein Mann, meine Tochter und ich wohnen in New York. Trotzdem würde ich New York nicht als meine Heimat bezeichnen, New York ist mein Zuhause.

Ich bin in München geboren, in Ismaning aufgewachsen und habe bis zu meinem 20. Lebensjahr bei meinen Eltern gewohnt. Mit der Gemeinde Ismaning verbinde ich eine heile Welt. Mir kommen die Bauernhöfe in den Sinn, auf denen wir frische Milch geholt haben, die Wälder und die Seen. Als Kind habe ich die Isarauen geliebt und am Bolzplatz oder am Eisweiher Zeit mit meinen Freunden verbracht. Wir waren sehr viel mit dem Radl unterwegs, sind zum Taxetwald gefahren oder ins Moos – ein Ort, den ich besonders gerne mag. Um die Ecke meines Elternhauses befindet sich ein Spielplatz, den ich fußläufig erreichen konnte, und auf dem Schlittenberg sind wir im Winter gerodelt.

Ich bin sehr naturverbunden aufgewachsen. Wie oft haben wir als Familie die Fahrräder aufs Auto geschnallt und sind zum Radeln in die Berge gefahren. Oder haben Wanderungen zur Königsalm am Tegernsee oder in der Eng unternommen. Ismaning und München liegen geografisch einfach perfekt, man kann in kürzester Zeit die Berge erreichen und dort vielen verschiedenen Freizeitaktivitäten nachgehen. Als wir das letzte Mal meine Heimat besucht haben, herrschte gerade Föhn, und man konnte von Ismaning aus sogar die Berge sehen. Sobald ich Berge sehe, vor allem die Alpen, fühle ich Heimat.

Meine glückliche Kindheit verdanke ich zum einen meinen Eltern und ihrer Fürsorge, zum anderen haben auch die Gemeinde und die Ismaninger dazu beigetragen. Seit meinem Wegzug ist Ismaning natürlich gewachsen, dennoch schätze ich den Zusammenhalt und das Miteinander in der Gemeinde sehr. Als Heranwachsende fand ich es beeindruckend, was das Dorf alles auf die Beine gestellt hat. Über das Jahr verteilt fanden zum Beispiel das Bierfest, das Weinfest oder der Ismaninger Fasching statt – eine super Veranstaltung für Kinder und Jugendliche. Bei damals 14.000 Einwohnern kannte man natürlich nicht jeden persönlich, aber viele Leute vom Sehen oder über Klassenkameraden.

Ich habe lange Basketball beim TSV Ismaning gespielt und fand es beachtlich, was der Verein für uns Spielerinnen und Spieler alles organisiert hat. Überhaupt bin ich in Ismaning mit vielen und vor allem erschwinglichen Freizeitmöglichkeiten aufgewachsen. Seitdem ich in den USA wohne und sehe, wie teuer die Freizeitangebote hier sind, weiß ich das breite und kostengünstige Angebot in Ismaning noch einmal mehr zu schätzen.

Natürlich bin ich auch heute noch gerne in Ismaning unterwegs, gehe zur Metzgerei Beck, hole mir eine Leberkässemmel und genieße das Dorfleben. Die Gemeinde steht selbstverständlich im Gegensatz zur extremen Anonymität meines Wohnorts New York – in Ismaning grüßt man sich nett oder hält einen kurzen Plausch. Bei jedem Heimatbesuch freue ich mich darüber, viele bekannte Gesichter zu sehen. Ismaning ist für mich ein Ort zum Wohlfühlen, auch auf dem Höhepunkt meiner Karriere wurde ich nicht anders behandelt als vorher – eben weil mich viele noch als Kind kannten oder mit mir zur Schule gegangen sind. Vielmehr haben sich die Leute mit mir über meinen Erfolg gefreut. Ich durfte mich sogar ins Goldene Buch von Ismaning eintragen, eine sehr nette Geste, die mich sehr geehrt hat. Genauso freue ich mich, dass ich heute über mein Ismaning schreiben darf. Das gibt mir das Gefühl, dass ich trotz meiner international erfolgreichen Modelkarriere im Herzen immer noch eine Ismaningerin bin.

Als ich mit Anfang 20 fortgegangen bin, war das sehr hart für mich. Ich habe Ismaning so geliebt und wäre geblieben, wenn mich mein Beruf nicht in die Welt hinausgeschickt hätte. Während meine Freunde in der Schulzeit ein Jahr im Ausland verbrachten, hatte ich nicht das Bedürfnis, Ismaning zu verlassen. Meine Sehnsucht war entsprechend groß und immer, wenn ich für einen Modeljob nach Europa reiste, habe ich einen Zwischenstopp in Ismaning eingeplant. Manchmal auch nur für ein oder zwei Nächte.

Als 2014 meine Tochter geboren wurde, bin ich mit ihr im Schlepptau zu Weihnachten, Ostern oder wann immer sich die Gelegenheit ergab, nach Ismaning. Nun ist meine Tochter inzwischen im schulpflichtigen Alter, und aus logistischen Gründen können wir leider nicht mehr so oft in Ismaning sein, wie ich es gerne möchte. Im Moment komme ich ein- bis zweimal im Jahr zu Besuch, aber ich wäre lieber öfter da.

Wenn wir da sind, gibt es für mich nichts Größeres, als meiner Tochter meine Heimat näherzubringen. Gemeinsam haben wir schon meine Grundschule und die Musikschule besucht, in der ich Keyboard und Flöte gelernt habe. Meine Tochter hat Gefallen an Ismaning

Für Julia Stegner bedeutet deutsches Brot Tradition und Heimat

> Bei jedem Heimatbesuch freue ich mich darüber, viele bekannte Gesichter zu sehen. Ismaning ist für mich ein Ort zum Wohlfühlen.

gefunden, und würden wir uns dazu entscheiden, nach Bayern zurückzukommen, wäre sie total glücklich. Tatsächlich habe ich den Gedanken, eines Tages zurückzukehren, schon lange im Hinterkopf. Ich muss nur noch meinen australischen Mann von der Idee überzeugen.

> Ich liebe Brot, und inzwischen backe ich mein eigenes, damit wir abends unsere traditionelle Brotzeit machen können: mit Gelbwurst, deutschem Aufstrich und Käse.

Bis es so weit ist, bringe ich die Traditionen meiner Heimat und Kindheit nach New York. Ich zelebriere die Vorweihnachtszeit sehr traditionell und so, wie ich es bei meinen Eltern erlebt habe. Dann versuche ich deutschen Lebkuchen in den USA zu kaufen oder nehme von meinen Besuchen in Deutschland weihnachtliches Gebäck mit. Natürlich fehlt mir in Amerika das deutsche Brot – ich liebe Brot, und inzwischen backe ich mein eigenes, damit wir abends unsere traditionelle Brotzeit machen können: mit Gelbwurst, deutschem Aufstrich und Käse. Die Amerikaner können diese Tradition natürlich nicht verstehen. In meiner Kindheit gab es immer warmes Mittagessen und kaltes Abendbrot, und das lebe ich hier weiter. Meiner Tochter bereite ich auch ein typisch deutsches Pausenbrot für die Schule vor. Für mich hat Essen auch mit Tradition zu tun. So haben wir zum nächsten Weihnachten auch wieder im Freisinger Hof in Oberföhring zum Entenessen reserviert – das ist bei uns Familienbrauch.

Ein bisschen Schwermut überkommt mich, wenn ich sehe, wie sehr sich Ismaning vergrößert. Da ich nicht oft da bin, fallen mir die Veränderungen im Ort stärker auf. Ich wünsche mir, dass die Gemeinde nicht zu städtisch wird und am Ländlichen und Traditionellen wie dem Trachtenverein oder den Schefflern festhält. Zu gerne möchte ich mir das Ismaning aus meiner Kindheit erhalten und hoffe auf ein behutsames Wachstum mit Rücksicht auf die Landschaft. Bewahrt euch die Natur und die Liebe zu eurem Ort – meine Liebe für Ismaning werde ich nie verlieren.

Eine glückliche Kindheit in Ismaning

Mit dem Radl zur Grundschule

Abgehoben und doch immer auf dem Boden geblieben

Den „Grafensatz" sucht man vergeblich im Duden. Und dabei gibt es ihn gleich in zehnfacher Ausfertigung. Die zehn Grafensätze basieren auf den von Graf Zeppelin vorgelebten Werten und stellen die Integrität und Exzellenz der mehr als 10.000 Mitarbeitenden des weltweit tätigen Zeppelin Konzerns in den Mittelpunkt. Und sie tun es tatsächlich, die Werte werden bei dem Zeppelin Konzern mit Hauptsitz in Garching wirklich gelebt. Da steht dann auch schon mal unter einer hilfreichen E-Mail vom einen zum anderen Kollegen: „Grafen kriegen Unterstützung" – einer dieser zehn Sätze.

Überhaupt ist Zeppelin schon etwas Besonderes. Allein schon der Name, so klangvoll, so stolz machend. Zumindest wird es so von ganz vielen Mitarbeitenden empfunden, ob nun in der Zentrale in Garching, am juristischen Stammsitz in Friedrichshafen oder an einem anderen der Zeppelinstandorte in 26 Ländern. Irgendwie hat es der alte Graf geschafft, noch heute in den Köpfen der Mitarbeiterinnen und Mitarbeiter verankert zu sein.

Den unternehmerischen Grundstein für den heutigen Zeppelin Konzern hat einst Ferdinand Graf von Zeppelin gelegt. Das erste von ihm entworfene Luftschiff stieg im Jahr 1900 auf. Acht Jahre später ging das von Ferdinand Graf von Zeppelin gebaute Luftschiff LZ 4 in Echterdingen bei Stuttgart in Flammen auf. Bewegt von der Tragödie und beeindruckt vom Erfindergeist des Grafen, dessen finanzielle Mittel nach diesem Unglück nahezu erschöpft waren, sammelten die Deutschen mehr als sechs Millionen Mark, um den Grafen zu unterstützen. Das Geld floss in den sogenannten „Zeppelin-Fonds des Deutschen Volkes". Die Zeppelin-Stiftung und die Luftschiffbau Zeppelin GmbH wurden gegründet, und mit diesen Spenden wurde ein neuer Zeppelin gebaut. Bis heute ist die Zeppelin-Stiftung alleinige Gesellschafterin des Unternehmens.

Der Zeppelin Konzern bietet, aufgeteilt in fünf strategische Geschäftseinheiten, Lösungen in den Bereichen Bauwirtschaft, Antrieb und Energie sowie Engineering und Anlagenbau. Das Angebot reicht von Vertrieb und Service im Bereich Bau-, Bergbau-, Forst- und Landmaschinen über Miet- und Projekt- sowie Logistiklösungen für die Bauwirtschaft und die Industrie bis hin

Er hat den unternehmerischen Grundstein für den heutigen Zeppelin Konzern gelegt: Ferdinand Graf von Zeppelin

Die Konzernzentrale in Garching

Mehr als 200 Maschinentypen des Weltmarktführers Caterpillar im Bereich Baumaschinen

zu Antriebs- und Energiesystemen sowie Engineering und Anlagenbau und wird durch digitale Geschäftsmodelle ergänzt.

Im Bereich Baumaschinen ist man führend im Vertrieb und Service von neuen und gebrauchten Baumaschinen sowie Anbauteilen und Komponenten. Das Leistungsspektrum beinhaltet mehr als 200 verschiedene Maschinentypen des Weltmarktführers Caterpillar, mit welchem Zeppelin bereits seit 1954 erfolgreich zusammenarbeitet. Mit maßgeschneiderten Lösungen in den Bereichen Maschinen- und Gerätevermietung, temporäre Infrastruktur und Baulogistik sorgt die Strategische Geschäftseinheit Rental für die sichere und effiziente Abwicklung von Projekten in Bau, Industrie, Handwerk und Event. Der Anlagenbau ist spezialisiert auf den Bau von Anlagen für das Handling hochwertiger Schüttgüter. Die Kunden stammen in diesem Bereich aus den Industriezweigen Kunststoffe, Recycling, Chemie, Gummi und Reifen sowie Nahrungsmittel. Ferner liefert Zeppelin Power Systems Antriebssysteme für Maschinen, Lokomotiven und Schiffe sowie Energiesysteme für die sichere Energie- und Wärmeversorgung.

Zeppelin ist somit heute ein sehr breit aufgestelltes Unternehmen. Starke Partnerschaften, eine weltweite Aufstellung sowie die ausgeprägte Unternehmenskultur machen Zeppelin als Arbeitgeber und Geschäftspartner hoch attraktiv. Mit Leidenschaft und Professionalität entwickeln die Mitarbeitenden von Zeppelin passgenaue Lösungen für die Kunden. Aufgrund der hohen Identifikation mit ihrem Arbeitgeber halten zahlreiche Mitarbeitende dem Unternehmen seit vielen Jahren die Treue, ganz im Sinne des Visionärs und Teamplayers Ferdinand Graf von Zeppelin, der seine Ziele immer mit Standfestigkeit und Willenskraft verfolgt hat. Vielleicht ist es der „Geist des Grafen", der sich auch heute noch, trotz der weltweiten Tätigkeit des Konzerns, in der ausgeprägten Bodenständigkeit des Unternehmens und seiner Mitarbeitenden auswirkt.

> Aufgrund der hohen Identifikation mit ihrem Arbeitgeber halten zahlreiche Mitarbeitende dem Unternehmen seit vielen Jahren die Treue, ganz im Sinne des Visionärs und Teamplayers Ferdinand Graf von Zeppelin.

ZEPPELIN GMBH
Graf-Zeppelin-Platz 1
85748 Garching

www.zeppelin.com

Übersicht der PR-Bildbeiträge

WIR DANKEN DEN FOLGENDEN UNTERNEHMEN UND EINRICHTUNGEN, DIE MIT IHREN BEITRÄGEN DAS ZUSTANDEKOMMEN DIESES BUCHES ERMÖGLICHT HABEN:

AeroLas GmbH — www.aerolas.de	16 - 17
AGROB Immobilien AG — www.agrob-ag.de	22 - 23
Albert Hauptstein Bauunternehmung GmbH & Co. KG — www.hauptstein.de	24 - 25
ALFA Rohstoffhandel München GmbH — www.ta-recycling.de	29
Allianz Campus Unterföhring — www.allianz.de	30 - 31
ASM Fernmeldegeräte — www.asm-fernmeldegeraete.de	32 - 33
asuco Fonds GmbH — www.asuco.de	34
Baugesellschaft München-Land GmbH — www.bml-online.de	35
bautex-stoffe GmbH — www.bautex-stoffe.de	39
Bayerischer Tennis-Verband e.V. — www.btv.de	40 - 41
Brauereigasthof Hotel Aying — www.ayinger.de	42 - 43
Bürklin GmbH & Co. KG — www.buerklin.com	48 - 49
Central-Reinigungs-Anstalt für Glas und Gebäude Wilhelm Greiner GmbH & Co. KG — www.cra-dienste.de	50 - 51
Claus Spedition GmbH — www.claus-international.com	54 - 55
Components at Service GmbH — www.components-service.de	56 - 57
Comtel Electronics GmbH — www.comtel-online.com	62 - 63
CS CLEAN SOLUTIONS GmbH — www.csclean.com	64 - 66
Daily Shine GmbH — www.dailyshine.de	67
Deutsche Pfandbriefbank AG — www.pfandbriefbank.com	68 - 69
Doemens — www.doemens.org	73
Dr. Niedermaier Pharma GmbH — www.drniedermaier.com	76 - 77
Enghofer Koch Consulting GmbH — www.ek-cg.com	83
ETTINGER GmbH — www.ettinger.de	86 - 87
Gruber Holding — www.gruber-holding.de	92 - 93
ibidi GmbH — www.ibidi.com	94 - 95
Industrieanlagen-Betriebsgesellschaft mbH — www.iabg.de	98 - 101
JANUS Productions GmbH — www.janus-productions.de	106 - 107
Josef Randlshofer & Sohn Hoch- und Tiefbauunternehmen GmbH — www.nibler.de	115
Kedrion Biopharma GmbH — www.kedrion.de	116 - 117
Kyberg Pharma Vertriebs-GmbH — www.kyberg-pharma.de	120 - 123
LHI Leasing GmbH — www.lhi.de	126 - 127
MHR Vertriebs- und Service GmbH — www.mhr-gmbh.de	129
msg systems ag — www.msg.group	136 - 137
Müller-BBM AG — www.mbbm.com	138 - 139
Münchner Mineralientage Fachmesse GmbH — www.munichshow.de	144 - 145
Musikschule Ismaning e.V. — www.musikschule-ismaning.de	146 - 147
mw büroplanung GmbH — www.mwbueroplanung.de	152 - 153
Orterer Getränkemärkte GmbH — www.orterer.de	154 - 155
ProPack AG — www.propack.ag	158 - 159
Richard Anton KG — www.richard-anton.de	160 - 161
ROHDEX GmbH & Co. KG — www.rohdex.com	166 - 167
Rudolf-Steiner-Schule Ismaning Freie Waldorfschule e.G. — www.waldorfschule-ismaning.de	168 - 169
Schmidbauer GmbH & Co. KG — www.schmidbauer-gruppe.de	174 - 175
Schwan & Partner GmbH — www.schwan-partner.de	180 - 181
SLPN GmbH & Co. KG — www.slpn.de	186 - 187
SPINNER Werkzeugmaschinenfabrik GmbH — www.spinner.eu.com	191
Steigauf Daten Systeme GmbH — www.steigauf.de	192 - 193
ULTRADENT Dental-Medizinische Geräte GmbH & Co. KG — www.ultradent.de	198 - 199
VR-Bank Ismaning Hallbergmoos Neufahrn eG — www.vrbank-ihn.de	202 - 203
Wittmann Entsorgungswirtschaft GmbH — www.wittmann.de	208 - 209
Zeppelin GmbH — www.zeppelin.com	214 - 215